U0796275

河南师范大学学术专著出版基金资助

胡　光／著

Research on the Supply of
Modern Intellectual Property Legal Rules for New Business Forms

面向新业态的现代化知识产权法律规则供给研究

法律出版社
LAW PRESS · CHINA
北京

图书在版编目（CIP）数据

面向新业态的现代化知识产权法律规则供给研究 / 胡光著. -- 北京 : 法律出版社, 2024. -- ISBN 978 - 7 - 5197 - 9233 - 6

Ⅰ. D923.404

中国国家版本馆 CIP 数据核字第 2024FG4489 号

面向新业态的现代化知识产权法律规则供给研究
MIANXIANG XINYETAI DE XIANDAIHUA ZHISHI CHANQUAN FALÜ GUIZE GONGJI YANJIU

胡 光 著

责任编辑 杨悦芊
装帧设计 贾丹丹

出版发行 法律出版社
编辑统筹 学术 · 对外出版分社
责任校对 王语童
责任印制 胡晓雅 宋万春
经　　销 新华书店

开本 710 毫米 × 1000 毫米 1/16
印张 12.75 **字数** 180 千
版本 2024 年 9 月第 1 版
印次 2024 年 9 月第 1 次印刷
印刷 北京建宏印刷有限公司

地址:北京市丰台区莲花池西里 7 号(100073)
网址:www.lawpress.com.cn
投稿邮箱:info@lawpress.com.cn
举报盗版邮箱:jbwq@lawpress.com.cn

销售电话:010 - 83938349
客服电话:010 - 83938350
咨询电话:010 - 63939796

版权所有 · 侵权必究

书号:ISBN 978 - 7 - 5197 - 9233 - 6　　**定价**:59.00 元

凡购买本社图书,如有印装错误,我社负责退换。电话:010 - 83938349

目录

第一章　绪　论

第一节　选题背景与研究意义

一、选题背景

当前国际新一轮的科技革命和产业变革兴起,世界各个国家围绕数字经济展开新一轮有关科技产业技术的争先发展。为应对这一趋势,我国应加强基因技术、大数据、人工智能等“新业态新领域”的知识产权保护制度的完善。“新业态新领域”知识产权保护至关重要,是我国当前和未来国家发展战略层面的重要内容,为紧跟全球新时代经济发展的脚步,激励创新,发展高质量高科技产业,提升自身全球市场竞争力和话语权,我国迫切需要一套适合我国国情和市场经济发展的知识产权制度规则。例如,在人工智能领域,2018 年,世界知识产权组织(WIPO)发布的人工智能在知识产权保护中的运用情况显示出各国已经出现大量成功的实用案例,成效显著。中共中央、国务院印发的《知识产权强国建设纲要(2021—2035 年)》提出:“加快大数据、人工智能、基因技术等新领域新业态知识产权立法”,“研究完善算法、商业方法、人工智能产出物知识产权保护规则”,国家知识产权局《推动知识产权高质量发展年度工作指引(2021)》

提出："研究制定大数据、人工智能、基因技术等新领域新业态知识产权保护规则。"为此，国家、各地方的知识产权发展规划与纲要都从不同角度对变革性技术与知识产权的结合提出了战略部署、具体要求和建议，从党的二十大到2022年政府工作报告再次突出"智能+"这一重要概念。但是，相对人工智能技术的不断发展，知识产权制度与人工智能技术的交叉研究在我国一直相对滞后，成果非常匮乏，已经无法满足我国建设知识产权强国的需要，亟待完善。同时，从基础理论角度出发，知识产权权益构成，包括主体、客体、流转之间的关系，正在被以人工智能、区块链为代表的变革性技术进步产生的外力所影响而在一定程度上产生功能性迁移，如何从结构层面理解这一变化是解决诸如主体适格、客体可适等单一要素问题的基础，亟待解决。

二、研究意义

（一）学术价值

新技术革命带来知识财产创造、交易、消费和分配模式的改变，而由此派生的知识产权权益的稳定分配和规范确权也对传统规范体系提出基础性调整的要求，当下，新的知识产权权益范式必须考虑充分耦合性、流动性和暂时性这些特征。以变革性技术为代表的第四次科技革命已经形成"新业态新领域"，带来知识财产创造、交易、消费和分配模式的改变，而由此派生的知识产权权益的稳定分配和规范确权也对传统规范体系提出基础性调整的要求，当下，新的知识产权规则范式必须考虑充分耦合性、流动性和暂时性这些特征。以此为导向，该著作能够：(1)为解决创新技术适用过程中出现的诸如主体、客体、分配、伦理等知识产权难题提供学理支撑。(2)从效益实现角度审视既有的知识产权权益理论，为削弱其不适应性引入新视角。(3)为系统阐释在面对变革性技术所产生的复合化、系统化与结构化的知识产权权益的运行提出新的概念。

（二）应用价值

当前，大数据、云计算、人工智能等前沿技术发展日新月异，应用场景不断拓展，创新引领作用日益增强，这对新领域新业态的知识产权保护提出了新的更高要求。“十四五”规划和 2035 年远景目标纲要对健全知识产权保护运用体制作出战略部署，强调“完善知识产权相关法律法规，加快新领域新业态知识产权立法”；在《面向 2035 年的知识产权强国战略纲要》，《关于强化知识产权保护的意见》等纲领性文件中都强调：“加快新兴领域和业态知识产权保护制度建设”，深入贯彻落实这一要求，对于促进知识产权制度更好发挥创新激励作用、推动“新领域新业态”科技成果运用、助力产业转型升级和高质量发展具有重要意义。变革性技术则正是“新兴领域和业态”的缘起动力，在厘清变革性技术对建立现代型知识产权法律制度的影响这一关键性问题的基础上，设定与之适应的法律规则，有助于：(1)在微观层面推进我国知识产权保护规范的完善以适应新一代技术革命的到来。(2)为知识产权权益在各主体间顺畅流转以实现目标利益的最大化和平衡性提供指引。(3)在一定层面上为有效排除阻碍技术创新的因素，增加技术创新机遇铲除理论障碍。

第二节　国内外研究现状

一、国内

与创新科技知识产权保护应用法律规制相关的研究集中于 2 个层面，分别为：(1)基础性理论探讨。(2)具体应用分析。研究进路可以分为 2 个阶段。第一阶段为 2015 ~ 2016 年，此为发轫时期。其中，基础性理论的研究成果主要集中于对人工智能、区块链等技术的引荐以及可能对现有知识产权制度的影响，学者普遍认为，智能革命对当下的法律规则和法律秩序带来一场前所未有的挑战，有必要采取风险措施（刘群彦，刘艳，2015；吴汉东，2016）；借鉴西方发达国家知识产权大数据的相关经验，利用人工智能技术加强数据整合与开放、建立完善相关技术和制度等一些措施（崔立红，刘德旺，2016）。另外，在具体应用分析领域，人工智能和区块链技术作为代表，被部分学者关注，并提出区块链技术可以用于多媒体数据版权保护（李绍民，姚远，2015），而人工智能则能够在提升知识产权审核效率等方面发挥作用(吴健,高力,朱静宁,2016)。第二阶段为2017～2019年年初,伴随国家性政策导向,研究进入高发期,大量成果涌现。其中,有关基础性理论的核心讨论聚焦于:(1)人工智能。学者认为人工智能的有效运行带来高效信息处理和内容输出的有益结果,而合理使用的规范实施则促进表达信息的充分使用(孙阳,2018)。(2)区块链技术。学者论证得出区块链技术能够更好服务于知识产权保护,但必须加强制度与技术的协调(陈永伟,2018)。(3)制度挑战与应对。学者阐释应积极应对法律现代化发展中的多元性、阶段性、风险性、非现代性问题,通过知识产权的制度创新以促进知识经济发展(吴汉东,2018)。有学者创造性地提出需要一种系统化和工程化的规范设计与建造,即区块链法律工程(陈立洋,2018)。

在具体应用方面,关注中心有二:(1)人工智能。学者提出人工智能技术在知识产权保护方面的应用将可以解决以下问题:简化分类与检索,提升知识产权管理的效率;提供即时知识产权分析、预警决策;自主评估产权价值,监控市场违法行为;提高法律保护能力(尹锋林,肖尤丹,2018;杨曦,刘鑫,2018;李彦涛,2019)。(2)区块链。学者认为区块链与智能合约这些创新技术运用于知识产权确权和交易将极大简化知识产权确权和交易的过程,但有必要对如何应对法律规制等问题进行深入探讨(华劼,2018);大量学者总结了区块链技术在知识产权领域的潜在使用案例,包括:提供认证证据;控制并追踪知识产权的分布;管理数字权利;检测商标来源等(孙婧,2018;马治国,刘慧,2018;张怀印,凌宗亮,2018;夏朝羡,2018;孟奇勋,李靖,2018;贾引狮,2018;赵丰,周围,2017;聂静,2017;华进,孙青,2019;谭雪芳,2018)。学者关注到新型技术所带来的制度创新的同时避免进入技术决定一切的社会物理学世界,保存法律的价值向度(郑戈,2018)。同时,有学者指出人工智能可以在法律问题上实现对法官的部分替代,而区块链技术可以在事实问题上实现对法官的完全替代(史明洲,2019)。

二、国外

有关以人工智能、区块链为代表的变革性技术在4～5年成为知识产权研究领域的热点问题。2013～2015 年为第一阶段，研究集中于对技术应用的设想，如学者分析了区块链、人工智能技术应用对现有知识产权保护制度的 7 种挑战和限制（Swan，2013）；有学者指出法律制定者在判断人工智能、区块链等技术对法律产生影响时，需要对应用和（或）参与者多样化的利益、目的和（或）意图加以区分（Walch，A.，2015；Guadamuz，A. and C. Marsden，2015）。第二阶段为 2016～2017 年，研究进一步深入，对场景的应用更为细化并关注到随之产生的法律问题。如有学者提出智能合约和区块链技术有利于对数字版权的管理（Gideon Greenspan，2016；Alexander Savelyev，2016；Ruth Burstall and Birgit Clark，2017；Tom W. Bell，2016）；学者指出区块链技术作为一个“去中心化”的认证系统应该在知识产权保护领域发挥作用，但是需要技术和法律的双重制约（Ziegeldorf JH，2016；Morselli R，2016）。第三阶段为 2018 年至今，研究开始向构建深层理论架构发展。有学者阐释创新技术有助于解决科技迭代加速发展对授权时限的挑战以及“分段式”技术知识产权保护与创新产品市场应用之间的矛盾等知识产权保护领域出现的新问题（Tyron Stading，2018；Francis Gurry，2018），有学者论证了传统法律与区块链系统内部规则之间的交互关系可分为“乘间伺隙”、“相辅相成”及“减轻交易摩擦”三种，都存在国家干预的模糊性和代码监管的局限性（Karen Yeung，2019）。同时，有法律学者意识到区块链作为制度技术或法律技术的属性，并讨论技术普遍应用到法律领域后可能带来的范式转换（Primavera De Filippi and Aaron Wright，2018）。由此得出，相对于中国，外国的相关研究更早且呈现出注重实务、应用性强、理论探讨深入、学科交叉广泛等特点。

第三节 研究思路与方法

一、研究思路

本书以着重解决通过何种法律制度设计规范创新科技在知识产权保

护中的应用问题为方向性指引,设计研究思路。首先,对当下世界范围内正在进行的新一轮技术变革进行宏观层面的背景分析,阐释既有的知识产权保护模式在应对这一趋势时所展现的弊端和不足,进而引出其中代表性技术对知识产权理论方式可能造成的影响。其次,对已经出现的创新技术(以人工智能、区块链为代表)在知识产权保护应用领域的探索性成果以及场景演示进行概括总结。再次,详细阐释在应用过程中陆续出现的如证据认定规则、技术适用界限、责任划分等规范性问题,并分析其形成原因,诱导性因素、影响范围、程度等。最后,研究通过完善相关法律的方式,构建能够适应技术发展趋势的,高效、规范化的知识产权保护理论,进而解决出现的问题。研究思路如图1-1所示。

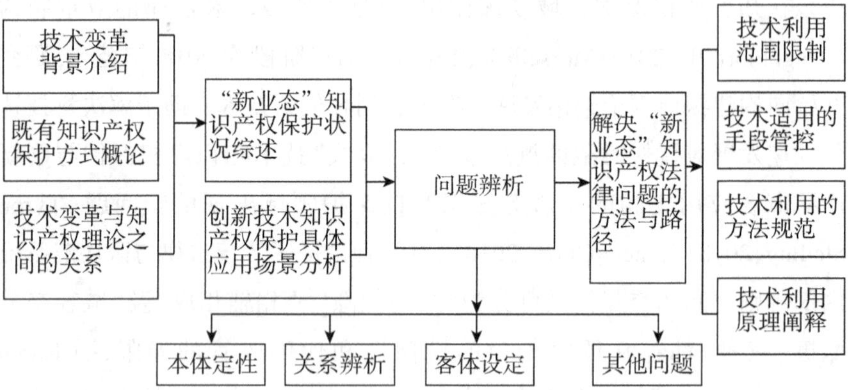

图1-1 研究思路

二、研究方法

1. 实证研究法:通过实地调研、访谈、书面问卷、观察等多种形式,利用统计学、计量学等数据分析方法,深入了解"人工智能""区块链""元宇宙"等技术在"新业态"产业化过程中遇到的知识产权主体、客体、法律关系等规范性问题。

2. 文献研究法:通过收集国内外相关案例、判例、法律规范、理论文章等资料,形成对创新技术在知识产权保护应用中规范性要求的总体把握和认知。

3. 跨学科分析法：运用管理学、社会学、计算机科学、科技哲学等学科的相关原理和研究视角综合研究。

第四节　研究内容、创新点与不足

一、研究内容

本书以技术变革为背景设定，以通过何种法律规范设计的方式解决变革性技术所产生的“新业态”给当下知识产权基本理论所带来问题为研究对象，着重研究以人工智能、区块链等为代表的创新技术在知识产权保护领域应用的法律规制方法，即在要素概念的明晰上，通过对知识产权权益在变革时代的再认识，结合权益流转周期中“关系化”的过程来探讨复杂主客体背景下权益赋权及分配的正当性与流畅性问题，并提出规范性建议，主要包括：(1)创新技术以及与之对应的“新业态新领域”发展综述。(2)实践应用过程中出现的，包括主体、客体、法律关系、规范应用等相关法律问题解析。(3)构建理论基础，创设法律规范，进行有效制度供给的方法及路径。

第一章主要包括：(1)选题背景与研究意义。系统介绍作品主题选择在宏观和微观方面的背景，阐释知识产权法律规范构成，包括主体、客体、流转之间的关系，正在被以人工智能、区块链等为代表的变革性技术进步产生的外力所影响，而在一定程度上产生功能性迁移，如何从结构层面理解这一变化是解决诸如主体适格、客体可适等单一要素问题的基础所具有的理论和实践价值。(2)国内外研究现状，主要对国内外所涉及的论文、著作等进行全方位的总结、分析、归纳，进而提出其中存在的不足和优势。(3)研究思路与方法。提出本书所使用的方法以及研究进路，帮助读者全面了解本书的结构以及思维脉络。(4)研究内容与创新点。本部分分节归纳并简要介绍了作品的主要内容，同时向读者展示本书的创新点，吸引读者注意力，激发读者兴趣。

第二章以知识产权为切入点，主要聚焦于大数据、云计算、基因编辑、人工智能等变革性技术所展现的创新性特点以及对新业态、新领域产生的影响进行宏观分析。主要包括:(1)对变革性技术的简评与对时代背景的介绍,对变革性技术的概念、特点等进行总结,并以此为基础从历史维度对研究予以场景设定。(2)各国家、地区和组织对变革性技术和对知识产权制度所造成影响的审视。以美国、欧盟、日本、世界知识产权组织等为样本,归纳其在变革性技术与知识产权交叉研究领域的既有成果与目标导向。(3)发展趋势的预判。对变革性技术在未来可能的发展动向予以预测,借此推测变革时代知识产权规则可能面对的挑战。

第三章着重研究在变革时代背景下,既有知识产权权益理论在面对变革性技术创新活动时的缺陷。包括:(1)权利主体的单一化设定。单一化的权益主体无法面对以人工智能为代表的类人形态以及与该形态相关的所有者、制造者的介入所造成的权益生成的结构性变化现象。(2)客体适格性判断标准的价值桎梏。传统理论无法解决变革性技术的类人智能生成对象以及其他非传统类型化产品在“创造性”“伦理”“价值认定”等方面造成的知识产权客体保护的“囚徒困境”。(3)赋权基础与伦理自洽危机。效益与伦理的冲突由于变革性技术所引发的“劳动赋权”理论的不足而在知识产权领域被放大,并向深层演进,两者矛盾在既有规范层面没有适当得到体现。

第四章聚焦于新业态对知识产权规则的理论要求。包括:(1)新业态知识产权规则设计的基本原则,创新技术使用所造成的,一方面是权益生成的分散化、便宜化、快捷化以及与之对应的权益流转的紧密性、可控性;另一方面是侵权判断的未知性增幅、知识产权权属架空、伦理挑战等现象。(2)知识产权权益构成要素。既有知识产权理论架构下知识产权权益要素组成部分,涵盖主体、客体、价值赋权等理论。(3)知识产权权益从主体创制到客体保护,再到价值实现过程中各要素之间的互动关系及结构的联系。

第五章主要讨论人工智能等技术对知识产权主体制度形成的挑战,包括其技术原理,在新业态领域发挥的创造性、争议性的作用,未来可能的发展方向,既有知识产权主体理论存在的伦理问题等,通过对满足知识产权主体的关键性要素的深度分析,设计出既满足促进新技术发展需要又具有稳健性、伦理性和价值性的主体认定与权益分配规范。

第六章主要集中于分析新业态中出现的如人工智能生成专利、作品、基因技术产品、区块链、元宇宙技术等对知识产权客体形成的影响,讨论对客体范围进行适当扩张的可能性,划定客体范围存在的堵点以及在解决该类问题时存在的难题,并提出多种具有可操作性的解决方案,以促进确定知识产权客体范围法律规范的完善。

第七章首先从交易环境、经济效益和技术影响三个层面入手,对可能影响知识产权权属关系的要素进行宏观阐释,同时以当下较为复杂的NFT交易以及虚拟商标保护为切入点,通过对NFT属性、交易规则的分析以及对虚拟商标类别划分和侵权认定的详细讨论与阐释,为新业态发展中呈现出的特殊权利义务关系的厘清提供理论支持和路径指引。

第八章主要讨论以人工智能、区块链等为代表技术在以下方面的规范性难题,包括:(1)确权。利用人工智能提升专利、商标确权效率,通过区块链技术和智能合约实现版权安全确认,实施知识产权协定等。(2)存证。利用人工智能实现证据数据比对与提取,利用区块链技术进行电子证据固定、确定商标侵权范围等。(3)溯源与流程监控。利用人工智能的自主分析功能及区块链技术可回溯性精确跟踪专利、版权及商标的流转,验证来源,规范权益变更等方面。同时本章从范围限定、手段管控、方法规制、原理设计等层面提出解决问题的方法。

二、创新点

虽然国内外存在一些相关内容的作品出版,但都局限于对某一单一主题,如人工智能、区块链等知识产权问题的阐释,缺少从宏观角度出发,满足国家知识产权强国建设需要,并结合中国法治现代化特色,以"新业态"为切入点,直面现实问题,全面探讨、仔细分析归纳、构建知识产权规则体系的作品。

具体创新如下:

(1)研究方法。本书对在变革性技术影响下,"新业态"中出现的新型知识产权法律要素进行分析,借以辨明变革性技术对知识产权法律规范的实质性影响,从多角度为规范的制定与完善提供实证支撑。

(2)学术观点。本书不拘泥于关注知识产权法律规范构成中的某一单一要素,而是从结构化的角度介入,对知识产权权益进行关联性观察,整体审视变革性技术对知识产权产生的影响。

(3)学术思想。本书尝试从主体、客体、关系等几个方面建设性地提出解决方案,修正知识产权的赋权基础,并以此为指导,将具有现代化特点的知识产权法律规范引入"大格局"下的知识产权保护体系,形成新的规范机制。

三、不足与改进

(一)存在的问题

(1)实证调研不够充分、全面,本书只集中于某一特定的产业而没有聚焦于跨领域、融合性产业业态,特别是对于我国新业态的特点、发展状况,尤其是其与既有知识产权法律制度运行之间的相互关系缺少深层次的剖析。

(2)研究成果主要集中于理论阐释层面,本书仅提出了具体法律规范的设想及适用方法,但仍然缺少对规则适用效果认定的检测方案及详细论述。本书所采用的案例多局限于国外,国内部分需要加强。

(3)将经济学、管理学(尤其是知识产权管理)、科学学及伦理学等理论进行交叉研究不足,尤其是将这些学科知识运用于知识产权法律规则的设计、科学性判定、效能判断等方面的技巧有待加强。

(4)对"现代化知识产权法律规则供给"中的"现代化"在知识产权制度领域的特殊需求、目标设计等缺少更为深入的分析与阐释。

(二)需要改进之处

(1)从"产业生态"的宏观角度加大实证研究的范围和力度,收集一手数据,掌握一线研发、市场与交易运行领域,明晰主体认知层面对知识产权规范存在的不足和漏洞,全面夯实数据基础,进一步清晰目标。

(2)从务实适用以及可操作性角度出发,将经济学、管理学等在内的交叉学科真正应用于对知识产权法律规则的设计中，以满足“新业态”作为经济形态模型的需要。

(3)设计法律规范适用效果分析机制，以新业态从业主体为目标，从行业规则、规范性指南、指导意见等“软法”切入，收集意见与建议，判定制定法律规则进而适用的可行性。

第二章　新业态综述：基于变革性技术的分析

第一节　概念范畴

根据《数字中国发展报告2022》的数据统计，2021年我国的数字经济规模约为50.2万亿元，经济规模总量仅次于美国，稳稳居于世界第二的位置。就增长速度而言，我国也保持了较高的水平。这些年来，数字经济飞速发展，引发了全球要素资源的配置重组以及全球经济结构的重大变革，全球竞争格局已经发生了改变，我国经济发展战略也从数量变为追求更高质量的经济发展。网络购物、在线教育、在线办公、智慧医疗等新兴商业业态不断涌现，成为了我国经济高质量发展的新的推动力量，对于数字领域知识产权的保护问题，随之也有了新的要求。

“新业态”一词源于日本，最初主要是应用在零售业领域，指零售业的相关具体经营模式，如超市、连锁店等，具体解释涵盖出售什么东西，卖给谁，以及具体如何来卖的所谓的零售业的经营模式。直到后来该词才开始被应用于诸如文化、传媒、旅游等行业，被用来泛指经营的形态。[①] 关于“新业态”一词的概念，国家统计局曾在对我国“三新”经济即“新产业新业态新商业模式”的相关政府信息公开中指出，其是一种在商业流程、服务模式或者产品形态方面的创新、灵活化的活动，其主要依托互联网展开，提供具有多元化、多样化、个性化的产品或者服务，并能够以此从不同产业和领域中衍生叠加出的新环节、新链条、新活动形态。[②] 从国家统计局给出的解释中不难理解，新业态是在传统产业基础上，依托技术上的创新，融合发展而来的区别于传统产业模式的新经营形态。

一、数据计算

数据计算中最具创新性的是“云计算”，指的是通过类似于“云”的运行形态将网络数据计算处理程序分解成无数个小程序，然后，多部服务器组成的系统对这些小程序进行处理和分析，其后得到结果并返回给网络用户。云计算也可以被称为网格计算，是因为云计算在发端是首先通过分布式方法进行简单的计算，再经过多重任务分别发放给数据端，最后通过合并的方式统计计算结果。这种计算方式在极短的时间内可以进行大量的数据处理，在原有基础上增强整个网络的运算能力，大大加强了对网络运算的服务要求。云计算通过互联网将各种虚拟的资源材料提供给每一个有需求的客户，从而实现拓展数据处理。[③] 云计算是将计算服务和资源远程交付给客户端，数据是在通常被称为“云”的基础结构上从客户端远程存储或处理。客户端通常可以通过因特网（Internet）远程访问此基础结构，重要的是，客户端（例如，个人计算机）不必执行现在在“云”中进行的任何数据存储或处理，从而大大减少了对硬件、软件和客户端设备安全性的要求。

---

① 参见李程骅：《商业新业态：城市消费大变革》，东南大学出版社2004年版，第74页。

② 参见《2021年我国“三新”经济增加值相当于国内生产总值的比重为17.25%》，载国家统计局网，https://www.stats.gov.cn/xxgk/sjfb/zxfb2020/202207/t20220729_1886876.html。

③ 参见许子明、田杨锋：《云计算的发展历史及其应用》，载《信息记录材料》2018年第8期。

云计算系统的实际实施可能会有很大差异。云计算服务模型包括：软件即服务(SaaS),平台即服务(PaaS)和基础架构即服务(laaS)。通常,SaaS 模型允许客户端通过因特网访问和使用软件应用程序,而不是在本地存储和运行应用程序。PaaS 模型提供对可在其上运行或开发应用程序的计算平台(如 Microsoft Windows)的访问。laaS 模型可按需提供对计算机基础结构的访问(如数据存储,网络和计算资源)。云计算的优点之一是个人和企业可以避免购买、安装和维护复杂的硬件和软件的成本,其基础结构由"云"提供商远程处理,并且云计算资源可以不固定,企业可以根据自己的需求使用。云计算服务还可以给企业提供各种技术支持和维护,同时也方便企业管理和维护,灵活地分配云计算环境下的资源,随时根据情况增加或者删除资源。云计算技术在许多领域有着广泛的应用,例如,企业 IT 系统可以利用云计算技术来存储数据、运行应用程序和分析业务数据;移动应用程序的云计算服务提供商可以为移动应用程序提供后端支持,大大减少移动应用程序的运行成本;互联网营销企业可以利用云计算技术来管理自己的在线广告和社交媒体活动;物联网云计算技术可以为物联网运行提供存储、处理和分析数据的能力。

尽管云计算技术有很多的优点,同时也存在一定的挑战和风险。当黑客攻击或者有其他恶意行为时,云计算环境下的安全和隐私就会存在问题,这时候企业就要确保自己的数据隐私以及商业秘密得到保护。在接受"云服务"的过程中,如果一家企业决定转移到其他"云服务"提供商,企业将需要付出一定的时间和金钱成本。此外,"云服务"提供商在给企业提供服务时,需要确保服务具有较高的可用性和高性能,这样才能在企业需求量比较大的时候满足其需要,更好地为其服务。

与云计算对应产生的就是大数据。根据《数据安全法》第 3 条第 1 款的规定,数据是指任何以电子或者其他方式对信息的记录。简单来说,数据就是通过电子或者其他方式对信息的记录,不要求任何创造性的脑力活动。"数据"是信息一种形式化方式的表现,数据与信息存在区别,即数据是承载着信息的客体的一种表现形式,一般由某种编码组成,然后可通过特定的设备或程序再现。而大数据不同,根据《贵州省大数据安全保障条例》第 3 条第 2 款的规定:大数据是指以容量大、类型多、存取速度快、应用价值高为主要特征的数据集合,是对数量巨大、来源分散、格式多样的数据进行采集、存储和关联分析,发现新知识、创造新价值、提升新能力的新一代信息技术和服务业态。我们从中可以得出,大数据不是简单的数据集合体,而是量变累积引起的质变,其中包含着关联分析以及创造新价值的使命。美国网络法专家劳伦斯·莱斯格指出通常信息在三个层面被支配和控制,分别是物理层(包括计算机和网线等)、代码层(主要指因特网协议以及基于此协议运行的软件)及内容层(在因特网上传输的信息内容)。[①] 目前关注的数据主要是指在后两层的含义中,即有价值的代码层和有更高价值的内容层。时至今日,全世界的用户和计算机仍在持续生成海量数据。算法赋予了数据新的意义,因为它现在不但可以被记录还可以被分析和再利用。[②] 越来越多的行业和设备接入了互联网,从中收集了大量的客户偏好数据和产品性能数据。同时,机器学习的出现也进一步加速了数据规模的扩大。云计算进一步开拓了大数据分析的潜能,为大数据发展提供了真正的弹性和可扩展性。无论地区、国家还是国际层面,为数据和统计系统提供强力支持,从而构建良好的数据生态系统至关重要。

1996 年《欧盟数据库指令》第 1 条第 2 款将数据库定义为"对独立作品、数据或其他材料从事系统性或规律性的汇集并可以电子或其他方式个别取用"。不过这个定义较为抽象,如果从最终呈现的形式或取向来区分,数据库可以至少包含文字、数值、图像、声音、电子服务(如电子邮件、微博、社交平台)和软件程序如 Java 图书管理系统等几种类型,最后的两类则可能包含多种取向的不同组合。如果从不同数据分析的主体来区分,则数据库包含了创作者、汇集者、提取者和网站平台等

---

① 参见[美]劳伦斯·莱斯格:《思想的未来——网络时代公共知识领域的警世喻言》,李旭译,中信出版社 2004 年版,第 23 页及以下。

② 参见[英]维克托·迈尔-舍恩伯格、肯尼思·库克耶:《大数据时代:生活、工作与思维的大变革》,盛杨燕、周涛译,浙江人民出版社 2013 年版,第 169 页。

四种类型。[①] 此外,数据依其本身的性质可区分为自然存在与人工合成两类。前者通常是基于对自然界中已经存在的事物和现象进行实验、观察、测试后得出的记录成果,后者则是原本没有存在于自然界之中,而是由人工活动或者人工介入后生成的,如经济运行数据、电话通信数据等。[②]

二、人工智能

人工智能,数字计算机或计算机控制的机器人执行通常与智能生物相关的任务的能力。该术语经常指能够进行与人类智力思维过程特征相近似的能力,例如推理、发现意义、概括或从过去的经验中学习等的系统或者设备的统称。人工智能概念的起源是1956年的达特茅斯会议,发起人将其定义为:一种与使用计算机来理解人类智能的类似任务有关的智能机器,特别是智能计算机程序的科学和工程。在多年的发展之后,人工智能在"新业态"领域对知识产权制度的影响主要集中在利用人工智能系统所进行的发明、创作等,其主要表现在以下几个方面。

(一)人工智能辅助发明的典型案例

(1)人工智能神经网络(Artificial Neural Networks)。人工神经网络本质上是模拟生物大脑中神经元功能的二进制开关集合。人工神经元被组织成多个层级,以处理具有多个抽象级别的输入数据。对于每一层,网络都会检测输入数据的特征,并对其应用"加权"函数同时通过"训练"网络来设置权重,以识别数据中的模式和差异并做出相应的响应。训练完成后,人工神经网络通过将原始信息输入输入层进行操作,在每个后续级别重复此加权过程,直到最后一层输出转换后的最终结果。例如,美国专利商标局在2005年1月25日曾经为一项计算发明授予专利。该发明是

① See Stephen M. Maurer, *Across Two Worlds: Database Protection in the United States and Europe*, ResearchGate(Jan. ,2005), https://www.researchgate.net/publication/228794091_Across_Two_Worlds_Database_Protection_in_the_United_States_and_Europe.

② See Samuel E. Trosow, *Sui Generis Database Legislation: A Critical Analysis*, Yale Journal of Law and Technology, Vol. 7, p. 534(2005).

由约翰·科扎研发的被称为“发明机”的计算机系统所创造，相关报道声称：“这是有史以来授予非人类设计者的首批知识产权保护之一”[①]，而泰勒早在以人工智能系统 DABUS（Device Autonomously Bootstraping Uniform Sensibility）为发明人向美国专利商标局申请专利之前，就曾经利用其团队研发的所谓“创造力机器”进行创新性工作，并取得了一定成果。[②]（2）遗传编程（Genetic Programming，GP）。GP 是模仿生物进化过程的一种人工智能形式，它通过改进一组已知性能的候选解决方案，应用与遗传操作相对应的功能，如交叉（类似于有性重组）、突变和繁殖、复制和删除，进而从已知集合中创建新一代的解决方案。这个过程在每一代解决方案上反复迭代，直到系统最终形成有效结果或者至少充分满足给定的终止标准。虽然人类操作员会指定结果、适应度和终止标准但程序执行期间通常没有人工干预。目前，GP 已被用于独立创造专利发明，产生非侵权的解决方案。这些结果导致有人认为 GP 可以产生与人类竞争的能力。[③]（3）机器人科学家（Robot Scientists）。所谓的机器人科学家是将人工智能算法与物理实验室机器人结合起来，自主进行科学实验的系统。现有的系统已被证明有能力进行观察、设计假设，利用实验来测试假设并使用自动化的实验室设备来运行实验，解释结果。这项技术标志着人类主持下自主发明已经迈出重要的一步。

（二）人工智能“自主发明”的近期成效

随着自适应技术和相关学习、反馈技术的改进，越来越多的人工智能系统已经被部署在研究和开发的更早阶段来驱动发现过程，并依靠计算机通过高强度计算对过程和结果进行分类，从而产生类似于自动

---

① John R. Koza, *Human-competitive Results Produced by Genetic Programming*, Genetic Programming and Evolvable Machines, Vol. 11, p. 251 – 284 (2010).

② 该创造力机器将通过网络连接产生自我刺激而输出的人工神经网络系统与感知输出中的另一个网络结合在一起。这两个人工神经网络模拟人类大脑的主要认知回路：丘脑－皮层环路，皮层产生输出流（或意识），丘脑将注意力（或意识）集中进行“头脑风暴”，进而产生创造性的想法。像人脑一样，创造力机器能够创造新的信息模式，适应新的场景，而不需要额外的人工输入。其结果是该机器在一个周末连续创作了 11,000 首新歌。

③ John R. Koza, *Human-competitive Results Produced by Genetic Programming*, Genetic Programming and Evolvable Machines, Vol. 11, p. 251 – 284 (2010).

化的发明活动。“进化式”计算的一个显著特点是能够超越人类设计的“自上而下”的系统。同时,对“思维”技术的研究正在超越单纯对人类能力的模仿使机器能够解决问题,甚至可能识别人类无法控制和理解的问题。近年来,已经有许多由计算机在没有任何人工干预的情况下自主解决问题而产生结果。在人工智能应用最为广泛的生物遗传领域(包括生物制药和遗传编码),由于拥有深度学习能力和神经网络功能,人工智能可以在几乎没有人工干预的基础上,依赖自身在收集、筛选信息并模拟突变、重组和自然选择过程等方面所具有的强大功能,对每一种抗体进行排序,进而通过合成的方式生成大量的“可专利性”成果。该过程已经具备真正意义上的“创造性”特点,并持续获得重大突破。联合创新政策研究所在其2020年9月提交给欧盟委员会的报告《人工智能趋势和发展:知识产权框架面临的挑战》中曾详细阐述人工智能是如何作为关键创新驱动力自发性地、显著加速药物研发过程:(1)对特定疾病新的化合物的发现,①相关技术包括进行基因测序从而解码病毒的遗传物质;寻找与活性药物成分相互作用并触发其效应的分子结构;用于支持临床试验等。(2)机器学习系统可以自动、智能地收集、消化、分析和检测现有的化合物和人体生物反应数据中的复杂模式,帮助管理在潜在药物的巨大搜索空间中导航的复杂性。包括:①从数据库中获取信息以设计新的化合物。2020年麻省理工学院使用的“人工智能”深度学习算法发现一种新的抗生素,相关人员将这个过程描述为“从事某种智能活动”(doing something intelligent)。② ②确定蛋白质的三维结构等。人工智能公司DeepMind公开宣布,生物学界50年来的重大难题——蛋白质折叠预测,已被AlphaFold人工智能系统成功攻克。③ DABUS系统也是这种

---

① See Christian Hartmann et al., *Trends and Developments in Artificial Intelligence Challenges to the Intellectual Property Rights Framework*, EU Publications,2020.

② See Anne Trafton, *Artificial Intelligence Yields new Antibiotic*, MIT News(Feb. 20,2020), https://news. mit. edu/2020/artificial-intelligence-identifies-new-antibiotic-0220.

③ See Alpha Fold, *A Solution to a 50-year-old Grand Challenge in Biology* (2020), Czech Infrastructure for Integrative Structural Biology(Dec. 8,2020), https://deepmind. com/blog/article/alphafold-a-solution-to-a-50-year-old-grand-challenge-in-biology.

工作范式的典型代表，按照泰勒团队在专利申报书、起诉书以及技术说明层面的描述，DABUS 是一种神经计算的形式，系统生成的组件完全扩展到数万亿个计算神经元，允许机器产生新的概念。这些概念被编码为人工神经网络中的连锁联想记忆，符合自组织系统的功能描述：由算法协同生成复杂性的累积结果，进而构成新的信息模式，而不是简单地将模型联系起来；能够在不需要额外人力投入的情况下适应新的场景；程序或软件是由 DABUS 自我编辑完成；可以生成问题的可能解决方案，并利用光谱结合过滤算法来优化结果。因此，从某种意义上说，DABUS 可以像人一样感知和思考，并完全模仿人类大脑功能的某些功能，特别是在创造性行为产生方面，几乎能够与人类一致。正如泰勒团队在向澳大利亚知识产权法庭主审法官所提交的声明中强调："DABUS 及其潜在的神经模式代表了机器学习的范式转变。"①以上过程能够从一层面反映出人工智能已经进入新的机器思维范式，其能够作为计算人类直觉替代功能的强力计算能力，低成本高速度地产生发明并由此造成发明、发明家、发明的工具概念之间界限的模糊。②

（三）未来的发明形态

人工智能的未来发展会更加重视计算机科学和认知科学的联系，通过计算的方式解决问题，因此成为一个融合认知科学、数学、逻辑、计算机科学、神经科学、生物学和心理学等多种方法、跨学科的研究领域。该系统将包含或全部由人工神经网络构成，在机器内部实现自组织以模拟人类大脑处理和生成信息的方式，具备数据表示分布式自主学习的特点。这种分布式学习方法可以轻松扩展到更大的组件，促使可在动态或陌生

---

① Thaler v. Commissioner of Patents (2021) FCA 879, Federal Court of Australia (Jul. 30, 2021), https://www.judgments.fedcourt.gov.au/judgments/Judgments/fca/single/2021/2021fca0879.

② See Liza Vertinsky & Todd M. Rice, *Thinking about Thinking Machines: Implications of Machine Inventors for Patent Law*, Boston University journal Science and Technology Law, 2002.

环境下自主学习的模块化“机器人物质”(robotic matter)成为可能。[①] 例如,通过使用酶来控制 RNA 蛋白质沿 DNA 链的流动创造出具有“生物版本”特征的功能化计算机系统,[②]完全实现“生物化形态”。[③] 同时,计算资源可用性的扩展和大数据技术的进步,意味对深度神经网络的无监督训练使人工智能能够在大量未标记数据中自主链接,而不需要人工操作员来定义规则。[④] 人工智能在可预见的未来将在包括深海、太空、地下、高危环境等人类无法在现场实际感知和解决问题的状态下从事自主发明、创造式解决方案的设计与实施。[⑤] 例如,遇到不可预见的影响,无法及时使用通信技术,拥有自主发明能力的人工智能系统只要在一台车载 3D 打印机的帮助下就能够设计并制造一种新型天线。[⑥]

综上所述,既有事实证明,人工智能辅助发明最早从 21 世纪初已经在很多领域得到广泛应用。及至当下,人工智能发明功能已经在特定领域起到可以替代人类工作的关键性作用甚至自发性地迈向自主创新,这一趋势不可阻挡。从已知的案例来看,发明者都是以人类命名,然而,计算机对创造性概念生成的贡献越多,识别发明者就变得更加复杂,这种方

---

① See Lee J. Tiedrich, Gregory S. Discher, Fredericka Argent & Daniel Rios, 10 *Best Practices for Artificial Intelligence-Related Intellectual Property*, Intellectual Property & Technology Law Journal, Vol. 32:7, p. 1 – 5(2020).

② See Sebastian Anthony, *Stanford Creates Biological Transistors The Final Step Towards Com-puters Inside Living Cells*, Extremetech (Mar. 29, 2013), http://www. extremetech. com/extreme/152074-stanford-creates-biological-transistors-the-final-step-towards-computers-inside-living-cells.

③ 佛蒙特大学研发团队开发了一种名叫 Xenobot 的“异形机器人”,该机器人长度不到 1 毫米,是非洲爪蛙心脏细胞(收缩细胞)和表皮细胞(被动细胞)的结合。不同于金属、塑料打造的机器人, Xenobot 完全具有可生物降解性。See Sarah Wells, *Scientists Develop “Walking Caviar” to Make the First-ever Living Machine*, Inverse (Jan. 14, 2020), https://www. inverse. com/article/62220-scientists-create-living-machine.

④ See *The Return of the Machinery Question*, The Economist (Jun. 23, 2016), https://www. economist. com/special-report/2016/06/23/the-return-of-the-machinery-question; *Million-dollar babies*, The Economist (Apr. 2, 2016), http://www. economist. com/news/business/21695908-silicon-valley-fights-talent-universities-struggle-hold-their.

⑤ See Erica Fraser, *Computers as Inventors-Legal and Policy Implications of Artificial Intelligence on Patent Law*, A Journal of Law, Technology & Society, Vol. 13:3(2016).

⑥ See Erica Fraser, *Computers as Inventors-Legal and Policy Implications of Artificial Intelligence on Patent Law*, A Journal of Law, Technology & Society, Vol. 13:3(2016).

式就越呈现出狭隘性、滞后性。

三、区块链

我国《国民经济和社会发展第十四个五年规划和2035年远景目标纲要》单列出第五篇“加快数字化发展　建设数字中国”，提出：“加强关键数字技术创新应用……完善开源知识产权和法律体系”，“完善知识产权相关法律法规，加快新领域新业态知识产权立法”。国家知识产权局《推动知识产权高质量发展年度工作指引（2021）》中提出：“在人工智能、移动互联网、区块链等新业态新领域的知识产权保护是世界知识产权制度竞争的新领域，拿来主义、制度移植已经无法适应中国新领域新业态发展的需要，传统的知识产权制度供给往往无法为新领域新业态发生的纠纷划定清晰边界，需要加快相应的立法。”以上政策的出台，全面彰显了国家对数字时代区块链技术在知识产权领域应用与规范的重视程度之深。

自20世纪90年代中期以来，互联网已经彻底改变了社会提供和获取服务和信息的方式，使用户之间的实时在线交流超越地理与时间障碍。这一数字化交互系统所带来的社会和经济效益毋庸置疑，但互联网在一些关键领域呈现出落后的趋势，主要涉及数据隐私和身份管理。目前，随着第四次工业革命（4IR）的到来，区块链、人工智能、物联网（IoT）、机器人技术等一系列新兴技术日益融入人类生活，为整个社会带来了根本性的变化。这些新兴技术能够显著影响企业的运营方式，并通过提高任务的自动化程度来彻底改变创新和创造力的生态系统。根据我国工信部发布的《中国区块链技术和应用发展白皮书（2016）》，“区块链”是指分布式数据存储、点对点传输、共识机制、加密算法等计算机技术的新型应用模式。其创新功能的实现主要来自“分布式”数据存储方法，即“一个可以在多个站点、不同地理位置或者多个机构组成的网络中分享的资产数据库。”该技术的基础理论按照其发明者“中本聪”（Satoshi Nakamoto）在奠基性论文《比特币：一种点对点电子现金系统》中所描述的：“时间戳”服务就是通过对区块中的数据项加上“时间戳”进行哈希，并把这一哈希值广泛地传播出去，就像是新闻或者在世界性新闻网络上的发帖一样。显然,要得到这个哈希值,就需证明在过去的某个时刻加上"时间戳"的数据必然存在。每个"时间戳"包含了先前的"时间戳",这样就形成了一条链,并且后面的"时间戳"都对前一个"时间戳"进行增强。该原理可以解释为利用分布式节点共识算法,以及区块链数据结构所具有的特征,辅之以密码学、自动化脚本代码编程系统,来生成、验资、更新、储存数据,并保证数据传输和访问的安全的"一种全新的分布式基础架构与计算范式"。这种新型计算范式使得区块链技术拥有去中心化是指节点与节点之间的影响,会通过网络而形成非线性因果关系,进而形成开放式、扁平化、平等的系统现象或结构,具有强容错性、抗攻击性和防勾窜性特征以及去信任化、开放、信息不可更改、匿名、自治的特性。与之对应的应用场景包括:存在性证明;智能合约;身份验证;文件存储;与电子商务相关的支付、资产交易;等等。该技术的主要特点是:(1)去中心化,区块链中不存在一个中心实体来协调各方参与者之间的交易,在区块链网络中,相同的协议被网络中的各方参与者共享,相当于预先建立一个所有人都必须遵守的规则。(2)分布式账本,区块链是一个跨多个站点、机构或地域共享和同步的相同账本网络,可以记录在多个地点同时执行的交易。(3)不可变性,一旦信息被登入区块链的末端,就将永久存储在区块链中,不可更改。这些特点能够确保合并到区块链中的数据的完整性,同时,网络冲突的解决由智能合约中定义的一系列预先建立的规则控制。完整性为智能合约的执行提供确定性保证机制。(4)共识,由于分类账数据库是由每个系统节点独立保存在一个副本上,他们的存储是经过共识算法规范以达成所有节点一致运行的目标。(5)加密,基于公钥加密协议,参与区块链意味着网络上的任何用户都拥有一个与他们的公钥相关联的唯一标识符以提供数字身份解决方案。

区块链技术还涉及大量的增强性功能,包括以下特性:(1)通证化。简单地说,通证化是将物理、金融或知识资产转换为数字通证的过程,与之对应的令牌(Tokens)是反映其值的项目的数字表示。通常,一个资产被分解成小的部分,在区块链中形成代币。一旦资产被代币化,所有者就可以在数字世界中使用其进行交易。例如,将一个带现金的银行账户转移到区块链，区块链将取代银行对其进行管理，使用加密货币代币而不是实物货币进行交易。(2)智能合同。智能合同是与协议条款的软件自动化运行相关用于反映数字资产指定的协议和协议各方进行执行的程序。(3)自动化。区块链支持基于预定条件的自动化事务调度、协调运行的多种可能性。需要的前提条件可以依据任何来自内部(链上)或外部(链外)来源数据库的信息进行编程设定。

四、虚拟环境

党的二十大报告提出，要加快发展数字经济，促进数字经济与实体经济深度融合，打造具有国际竞争力的数字产业集群。当前，数字化转型已经成为全球经济发展的大趋势，世界主要国家均将数字化作为优先发展的方向，积极推动数字经济发展。伴随通信网络、云计算、人工智能、区块链、人机交互、物联网、数字孪生等技术的发展进入关键阶段，“元宇宙”作为新一代数字科技的应用场景，逐渐从概念走向现实，成为多家科技巨头的“新金矿”。2021 年 3 月游戏创意社区公司 Roblox 向纽约证券交易所提交的招股说明书中，将公司的业务模式概括为元宇宙，宣告元宇宙将进入现实网络体验阶段。① 同年 10 月，马克 · 扎克伯格将其公司名称从 Facebook 改为“Meta”，并投资 100 亿美元以开发元宇宙的虚拟现实。② 微软更以 700 亿美元的天价收购了游戏开发公司“动视暴雪”。③ 随后，元宇宙成为社会关注的热点，从事元宇宙业务的公司数量呈现出井喷式增长。谷歌、英伟达、高通、Shopify、百度、腾讯等国内外互联网企业，以及科技、汽车、游戏、传媒、馆藏等多行业企业，纷纷开始探索元宇宙的研

---

① 参见朱嘉明：《元宇宙与数字经济》，中译出版社 2022 年版，第 6 页。

② See Huang Yujun, *Comparative Study: How Metaverse Connect with China Laws*, Social Science Research Network(2021).

③ See Bob Woods, *In Microsoft's Activision Deal, It's Not Just Stock Prices but a Future World at Stake*, Consumer News and Business Channel(May 7,2022), https://www.cnbc.com/2022/05/07/in-microsofts-activision-deal-a-future-world-is-at-stake.html.

发与应用,2021 年成为元宇宙元年。①

从发展历程来看,互联网经历了三次重大变革。Web 1.0 即桌面互联网时代肇始于 1971 年首款个人计算机(PC)的诞生,在 20 世纪 90 年代进入发展高峰,形成一批如 IBM、微软、雅虎、谷歌、新浪、搜狐等网站。② 2007 年,苹果公司智能手机的出现和普及,为开启 Web 2.0 移动互联网时代提供了强大的物理设备支撑。由 3G、4G 驱动的移动互联网颠覆了人们的日常生活与价值观念,进一步推动社交媒体、电子购物、手机游戏产业发展,Facebook、Twitter 及国内的百度、阿里巴巴、腾讯等互联网公司随之诞生。而在当前,元宇宙极可能会给世界社会经济范式带来革命性的转变,围绕 5G 和 6G 技术形成一个基于代币、去中心化、人机互动的互联网——Web 3.0 将要到来。在元宇宙阶段,人们能够摆脱电脑屏幕的物理阻碍,通过使用增强现实眼镜(AR Glasses)、虚拟现实耳机(VR Headsets)、元触觉手套(Meta-Haptic Gloves)、腕带、VR Haptic Suit 等基本设备看到、互动、感觉或触摸其他人或数字物体智能设备进入一个互联互通、公共协作的 3D 沉浸感世界,打破虚拟与现实之间的边界,形成超越时间、地域、民族的网络空间命运共同体。③

首先,从字面上看,元宇宙(Metaverse)是由"meta + verse"两部分组成的合成词:"Meta"即"元",其源于希腊语,具有本源、基础的意思,verse 指"Universe",即宇宙,因此 Metaverse 就顺理成章地翻译为"元宇宙"。同时,"Meta"也具有"超越"的含义,所以 Metaverse 也可以翻译为"超越互联网"或者"超越现实宇宙的另一个宇宙",是一个与现实物理世界并存的平行世界。④ 其次,从溯源上,目前全球公认的元宇宙思想源头是美

---

① See Omer Farooq, 13 *Most Ambitious Metaverse Companies in the World*, Insider Monkey (Apr. 5, 2022), https://www.insidermonkey.com/blog/13-most-ambitious-metaverse-companies-in-the-world-1035217/.

② 参见丁道勤:《元宇宙的法律规制》,载《财经法学》2022 年第 5 期。

③ See Ollie Mattisson, 7 *Must-Have Metaverse Devices You Need to Prepare in* 2022, Filmora (Jul. 21, 2022), https://filmora.wondershare.com/more-tips/metaverse-device.html.

④ See *What Is The Metaverse: Origin, Platforms, Future, Warnings?*, Cube Wealth (Oct. 16, 2023), https://www.bankoncube.com/post/what-is-the-metaverse.

国数学家、计算机专家弗诺·文奇在其1981年出版的小说《真名实姓》中所构思的一个通过“脑机接口”进入并能获得感官体验的虚拟世界。[①] 而元宇宙概念首次在1992年由尼尔·斯蒂芬森(Neal Stephenson)在科幻小说《雪崩》(Snow Crash)中提出。尼尔将元宇宙中的场景描述为“人类通过控制数字化身(Avatar)在虚拟三维空间中的生活和交流形式”。它是人类逃脱“恶托邦”(Distopia)的一种数字胜地。[②] 此外,还有一部分研究者对于元宇宙概念的起源有不同的见解,有的认为是美国数学家、控制论创始人诺伯特·维纳提出,有的认为在1974年美国出版并被改编成游戏的文学作品《龙与地下城》是元宇宙的肇端。[③] 尽管理论界与实务界对元宇宙的定义角度有所不同,但在这些多元理解中蕴含着对其基本特征的共识。马特乌·波尔(Matthew Ball)认为,元宇宙具有永续性、实时性、无准入限制、经济功能、可连接性、可创造性六大特征。[④] Roblox首席执行官大卫·巴斯祖可(Dave Baszucki)认为,元宇宙是一个将所有人相互关联起来的3D虚拟世界,人们在元宇宙中拥有自己的数字身份,可以在这个世界里尽情互动,并创造任何想要的东西。[⑤] 归纳起来,元宇宙具备身份、朋友(社交)、沉浸感、随时随地、低延迟、内容的多元化、经济、安全。[⑥]

目前,随着区块链、人工智能、网络与算力、虚拟现实等技术的不断发展,元宇宙的内涵与外延正在快速发展,已经突破了尼尔·斯蒂芬森赋予的含义,概念林立,尚未统一。在理论界中,“元宇宙”理论家马特乌·波尔认为元宇宙是一个连接体验和应用、设备和产品、工具和基础设施的网

---

① 参见简圣宇:《“元宇宙”:处于基础技术阶段的未来概念》,载《上海大学学报(社会科学版)》2022年第2期。

② 参见[美]尼尔·斯蒂芬森:《雪崩》,郭泽译,四川科学技术出版社2018年版。

③ 参见欧阳日辉、李翔宇:《元宇宙经济的概念框架、作用机制与风险防控》,载《重庆理工大学学报(社会科学)》2022年第8期。

④ 参见邓建国、刘博:《复旦大学联合发布(2021—2022元宇宙报告)》,载澎湃新闻2022年1月24日,https://www.thepaper.cn/newsDetail_forward_16438076,2022。

⑤ 参见Roblox招股书,载http://www.sec.gov/Archives/cdgar/data/,第62~80页。

⑥ 参见宋嘉吉、赵丕业:《元宇宙:互联网的下一站》,载MBA智库文档2021年5月30日,https://doc.mbalib.com/view/c6e4d6c1c84e5b7fbf9c41bccb5cd815.html。

络，如今各种新兴的数字技术在帮助和塑造元宇宙的基本功能，其中互联网是基石，区块链技术的快速发展推动着互联网的巨大革新，从而构建元宇宙本身以及保护用户的安全。[①] 丁玮、於兴中提出元宇宙是一个利用互联网与虚拟现实、增强现实和区块链结合的数字空间。[②] 吴江将“元宇宙”视为数字经济时代下数字社会的进阶状态，认为通过数字技术可以构建起一个虚实融合的三元世界数字社会[③]；李晓宇评价“元宇宙”是通过科学技术创造出的一种超越现实的多维虚拟世界[④]；孙承健则提出“元宇宙”是吸收并融合了多种技术而产生的一种虚实相融的新型互联网社会形态，这些技术包括虚拟引擎、区块链、人工智能与人工情感技术，以及AR（增强现实）、VR（虚拟现实）、MR（混合现实）、XR（扩展现实）等技术。[⑤] 维基百科对元宇宙作如下描述：通过虚拟增强的物理现实，呈现收敛性和物理持久性特征的，基于未来互联网，具有链接感知和共享特征的3D虚拟空间。[⑥] 2021年，中央纪委国家监委网站刊文《元宇宙如何改写人类社会生活》对元宇宙进行表述：“元宇宙是基于互联网而生、与现实世界相互打通、平行存在的虚拟世界，是一个可以映射现实世界、又独立于现实世界的虚拟空间。”[⑦]在实务界中，苹果公司首席执行官库克提出所谓的元宇宙实际上就是增强现实（AR）。与之相反，马克·扎克伯格则

---

① See David Frederick van der Merwe, *The Metaverse as Virtual Heterotopia*, in Proceedings of The 3rd World Conference on Research in Social Sciences, Oct. 22, 2021.

② 参见丁玮、於兴中：《规范元宇宙：可能性、难题与基本思路》，载《财经法学》2022年第5期。

③ 参见吴江：《元宇宙中的用户与信息：今生与未来》，载《语言战略研究》2022年第2期。

④ 参见李晓宇：《“元宇宙”下虚拟数据作品的著作权扩张及限制》，载《法治研究》2022年第2期。

⑤ 参见孙承健：《基于人机社会交互的乌托邦与反乌托邦：元宇宙与未来电影的文化竞争力》，载《当代电影》2021年第12期。

⑥ See Haihan Duan, Zhonghao Lin, Jiaye Li, Xiao Xu, Sizheng Fang & Wei Cai, *Metaverse for Social Good: A University Campus Prototype*, Proceedings of the 29th ACM International Conference on Multimedia(2021).

⑦ 参见管筱璞、李云舒：《元宇宙如何改写人类社会生活》，中央纪委国家监委网，http://www.ccdi.gov.cn/toutiaon/202112/t20211223_160087.html。

认为元宇宙是独立概念。①

总体而言，目前学者普遍认为元宇宙是在区块链、云计算、数字孪生等新技术下的应用具象化，将虚拟世界与现实世界的身份、社交、经济等关系融合起来，允许用户自主生产和编辑的数字生态系统。元宇宙不仅指明未来数字技术的发展结果，也预示着未来几十年数字技术的发展过程。②

第二节 新业态的产业特征

新业态的产生和发展受到多方因素的影响，其中主要包括产业的升级换代、市场消费者的具体需求及信息技术的革新背景。对于新业态发展中呈现的特点主要有几个比较重要的点需要准确把握。

一、跨界性

与传统产业形态相比较，新业态并不是仅限于单一的产业，通常涉及多个产业领域，除了跨专业，一般还表现为跨领域、跨区域等。关于跨专业，具体来说，新业态的知识成果多表现为跨专业跨领域的技术融合，例如，无人驾驶是5G技术和汽车制造的融合，网上购物是互联网技术和物流网络的结合等。随着新时代科学技术创新发展，越来越多的涉及多个产业技术的创新成果涌现，出现网购、共享单车、智能机器人等一些基于互联网技术的跨界结合的创新产品或服务。《中国数据要素市场发展报告(2021—2022)》提出，大数据在金融、医疗、应急、城市大脑等领域的应用占比为21.5%，跨行业融合应用占比达到20.57%。③ 在不同传统产业

① See Salvador Rodriguez, *Facebook Changes Company Name to Meta*, Consumer News and Business Channel (Oct. 28, 2022), https://www.cnbc.com/2021/10/28/facebook-changes-company-name-to-meta.html.

② 参见鲁照旺：《元宇宙的秩序和规则》，载《学术界》2022年第2期。

③ 参见国家工业信息安全发展研究中心：《中国数据要素市场发展报告(2021—2022)》，2022年11月25日。

的跨界融合的过程中,有关产品与服务更新换代的速度通常情况下是比较快的,因此从一定程度上来说,对知识产权的体系性保护也提出了更高的要求,尤其是当主体遭受知识产权侵权时,现有知识产权相关法律很难去提供一种产业整体链条的保护,较多表现为相对比较零散的知识产权侵权保护。

二、数字驱动性

根据《中国数据要素市场发展报告(2021—2022)》,我国数据要素市场规模在2021年全年达到815亿元,数据要素在2021年GDP增长的贡献率和贡献度所占比例分别是14.7%和0.83%,并且预计整个市场规模的复合增速,将在"十四五"期间超过25%,[①]数据要素正在成为推动数字经济发展的重要力量。2020年中央在第一份有关要素市场化配置的意见中肯定了数据要素在当前我国数字经济的重要地位,明确指出数据要素是与土地、劳动力、资本、技术要素并列的五大生产要素之一。[②] 数据是信息的载体,信息是数据的内涵和呈现。数据本身的价值来源于各类主体实际使用带来的需求。经过不断地演化推进过程,数据的价值可能会具有更加丰富的内涵。数据要素和其他生产要素的不同特点主要包括其具有较强的可复制性、较快的迭代速度和较高的复用价值。它能够跨越空间的限制,将现实物理空间当中的物质采用0—1的编码形式,呈现于虚拟空间,从而达成数据的虚拟化生产。分散的用户需求、体验及生产流程等数据经收集后可汇聚到数字终端,智能化的数字技术可将单个智能终端赋能足以替代原来需要多种设备仪器才能完成的工作。低成本的算法、高智能的算力可以保证数据要素实现智能化、及时化,从而同步动态化反馈到生产各个环节,使我们的各种决策更加智能,生产更加敏锐,捕捉到用户的各种需求。

---

① 参见国家工业信息安全发展研究中心:《中国数据要素市场发展报告(2021—2022)》,2022年11月25日。

② 参见新华社:《中共中央 国务院关于构建更加完善的要素市场化配置体制机制的意见》,2020年4月9日。

数据要素是发展和实现数字化、智能化、网络化数字经济的重要基础要素，在其发展的过程中，已经快速地融入了包括社会的生产、分配、流通、消费和服务管理等各个环节当中，较为明显地对我们的社会生产生活与治理的方式产生了深远的影响。[①] 数字技术主要包括大数据、云计算、边缘计算、人工智能、数字孪生等这些比较典型的类别。它们在各领域内为新业态的发展带来了新的动力，催动着产业结构的换代升级，在数据的融通、资源的流动和价值的共享几个方面发挥着重要作用，使要素资源配置得到优化，生产效率也有了大幅度的提高。具体而言，大数据致力于对大量的数据进行深度的挖掘，促进数据资源朝向有价值的信息进行转化，目前已经在生产优化、能耗有效降低方面以及精准的营销等各个方面实现了大量的实践适用。云计算致力于使用户在进行网络数据的访问时更加方便和快捷，实现针对计算资源的按需共享，最终达到增强各个部门之间的协作和同步效能，大幅地降低在数字资源管理方面的技术门槛高度；边缘计算将数据放置于本地进行处理，减少数据在云端传输的成本损耗，从而实现更迅速的数据分析和处理，提升具体应用服务过程中实际应用的效率；人工智能本质上是具有交互学习能力的机器，目前人工智能技术已经发展到在诸如智能制造、药物研发、无人驾驶等领域间的相互融合，使各个行业之间应用场景呈现出更为多变的交互式、渗透式的衍生型发展，再辅之以数字孪生技术，能够在物理性生产与数字化制造的交互影响上产生积极的推动效果，使二者之间进行互相联通、互相操作，促使现代化的制造系统能够进行更为敏锐的处理和分析，更加智能化的决策和更具全局性特征的优化，[②]进而为“新业态”的形成、发展、进化提供环境技术支持。

---

① 参见王绍绍：《数据驱动智能产业 释放地方经济发展“新动能”》，载人民网，http://finance.people.com.cn/n1/2023/0316/c1004-32645709.html。

② 参见高技术司：《数字经济新业态新模式发展研判》，载国家发展和改革委员会，https://www.ndrc.gov.cn/xwdt/gdzt/jzjj/202008/t20200805_1235570.html。

三、信息共享性

对于传统房地产、汽车等产业而言，由于产品生产的周期较长，产业的环节和链条较多，很容易因为信息同步和传播的不及时等因素造成上游产业链过剩的现象，造成极大的损失和浪费。而新业态具有产品生命周期较短、产品更新换代迅速、有较高的数字化水平等特征，使得产业边际生产成本没有明显增加的情况下解决产能过剩的问题，对资源的利用和环境的负面影响较小，生产过程比较清洁化。如共享出行平台将资源整合形成共享利用，有效提高了社会资源的利用效率；再如，在线办公、教育等降低了交通出行的频率，是一种较为绿色可持续发展的新生活模式。

依托数据与信息技术，融合产业创新应用，这些新兴、特定的领域主要包括诸如互联网、数据、开源、算法、商业方法、人工智能产出物、遗传资源、传统知识、民间文艺、非物质文化遗产、中医药等。随着经济的发展，社会新兴领域也在进行持续不断的发展变化。2019 年在国家出台的关于强化知识产权保护的文件中，新兴领域还包括体育赛事转播、跨境电商等领域。随着《著作权法》对广播权制度的修订，体育赛事转播的知识产权保护问题已经得到了解决。中共中央和国务院公布的《知识产权强国建设纲要（2021—2035 年）》文件中提到要建立和保护上述 11 个新兴特定领域的创新成果，意在构建未来 15 年我国的知识产权顶层设计，培育一批极具创新竞争力的世界一流企业。《关于支持新业态新模式健康发展激活消费市场带动扩大就业的意见》明确列举了 15 种“新业态新模式”发展，[①]内容主要分为线上服务、产业数字化转型、新个体经济及共享经济四个不同的分类。其中，在线上服务方面，在线教育、互联网医疗、线上办公、数字化治理等成为比较常见的新业态发展模式。各种模式的具体表现形式，如网易公开课、阿里健康平台、腾讯会议、健康码等。在数字化转型方面主要包括产业平台化、传统企业数字化转型、虚拟产业集群、

---

① 参见《关于支持新业态新模式健康发展 激活消费市场带动扩大就业的意见》，2020 年 7 月 14 日。

无人经济等发展模式。在新个体经济方面，主要的发展模式有自主就业、微经济、多点执业等，具体体现有电商、抖音、微视频、员工共享生鲜配送。在共享经济方面，主要有共享生活、共享生产、共享生产资料、数据要素流通等发展模式，具体表现有海尔海创汇、“摩拜”共享单车等开放平台。

第三节　新业态所涉及的知识产权的具体内容

一、“人工智能”技术

最近的案例已经证明，人工智能可以独立地学习如何执行任务，证明数学定理，并从事艺术工作，如创作诗歌、音乐、图画等。因此，鉴于该项技术的飞速发展，将人工智能应用到发明过程中，有望实现仅靠人类智慧无法达成的创新。此外，该类技术还具有提高生产率和效率、降低创新成本的巨大潜力。计算机可以简单地作为计算器或者文献整理工具，但随着其逐步进化，计算机可以在人类的指导下生成几个可能的解决方案，简单地用作辅助人类发明的工具，自动产生可以获得专利的发明由人类创造，而不必对发明的概念做出贡献。人工智能还可能与机器人技术相结合，增加计算机在没有人类直接干预的情况下创造发明的可能性。有人甚至认为，计算机将不可避免地取代人类发明家，成为大多数新发明的创造者。因此，针对人工智能生成的艺术作品，人们已经开始讨论这些作品对版权法的影响。然而，关于计算机生成的发明对专利法影响的研究相对较少。

现阶段，以神经元网络技术为代表的人工智能系统，已经能够通过大量可持续供给的数据学习，找到事务之间关联，发现其中的规律，产生新的知识并自主创造出新的产品或工艺。并且，伴随技术的不断进步和数据信息量的叠加，人工智能在提出新知识、新技术和新发现上的能力必将随之增长，其增长潜力可能远远超过人类在几百年工业革命中的规模和速度，而人类介入之影响亦必随之减弱。做好人工智能作为产品和技术发明者的准备应尽快提上日程。即使人工智能在知识产权权利主体性方面由于道德或伦理的影响无法在短期内获得突破,但认定其生成发明的专利对促进这一变革性技术的发展与新业态的繁荣具有重要意义。因此,在既有专利审查规范制度的基础上,通过公开人工智能生成发明中的数据、训练模型辅之以标注人工智能发明者所使用的系统环境以及相关实验条件等,并利用建立类似于微生物保藏的算法保藏体系和跨地域的数据安全模式,可以一定程度上解决人工智能生成发明专利公开的“黑箱”(black box)问题。

(一)基于人工智能技术的发明分析

“人工智能”技术按照“智能”形成度和功能实现度可进行以下分级:“初级”也就是最基础的人工智能是由知识库(可称为专家系统)形成,它本质上是利用规则对存储数据进行整理,并从这些数据中得出逻辑结论,其中数据和规则都必须由人工智能的操作者提供。第二级为“机器学习”。在机器学习过程中,人工智能利用程序工程师提供的输入和输出数据,根据算法分析程序来找到其中存在的规则和规律,将输入数据映射到输出数据(逻辑回归),从而可以在不依赖输出数据的情况下对新的输入数据进行预测。机器学习的贡献在于能够自我设计规则,其寻找规则的过程通常称为“训练”(training),使用的数据称为“训练数据”(training data)。第三级为“表征学习”(representation learning)。这一层主要针对非结构化的数据,人工智能程序具有将输入数据转换成更能够解决特定问题的现实形式。与基本机器学习相比,具备表征学习能力的人工智能技术可以提供更具针对性的结果,但其学习以及表征生成的过程不易描述,这会给现有“充分披露”原则带来挑战。第四级为“深度学习”(deep learning)。深度学习是表征学习的子集,是具有多个层级(称为“深度”“depth”)的模型——通用术语为“多层感知器”(multi-layer perceptron)。就功能上而言,前两个层级——主要指知识库整理和逻辑回归分析——通常用于处理“对人类来说很难,但对计算机来说很容易”的事情(例如,将预先确定的规则应用于大数据集),而表征学习尤其是深度学习,多用于处理“对人类容易但对计算机难的事情”(如模式识别、图像处理或自然语言处理)。[①] 对于初级和部分第二级的“人工智能”,现有的专利理论中用于判断计算机软件发明的方法也在这个层面适用于人工智能程序。这意味着没有直接耦合到特定应用程序的人工智能算法,如果仅仅涉及相对简单或单一的数学方法(例如逻辑回归)则不具备可专利性。[②] 第三级和第四级是需要关注的重点,特别是“深度学习”层级,这些系统可能具有大量的隐藏层,其权重在学习/培训过程中,在没有人工干预或知识的情况下演变,申请人为了满足书面描述要求而必须提供的详细程度尤其值得关注。由此,人工智能发明可以分类如下:(1)体现人工智能领域进步的发明(例如,改进的机器学习模型或新算法下的神经网络结构);(2)将人工智能应用于人工智能以外的领域的发明;(3)人工智能本身可能产生的发明。

(二)人工智能生成“发明”的运行原理

建设一个神经网络算法的基本过程包括:第一步“问题输入”:输入神经元中的问题组成一系列数字(代表声音、图像等信息)。第二步“设定拓扑结构”:设立多层神经元进行识别实验。第三步“训练神经元”:选取问题实例反复运行识别实验。其中确定拓扑结构的多种不同方法;确定最终输出存在的方法以及训练期间调节突触强度所用的不同方法等所形成的变体在设计中都必须具有可行性。[③] 对于具有自主学习能力的深层神经网络,网络推理的过程被嵌入在数千个模拟神经元的活动中,这些神经元排列在数十个甚至数百个错综复杂的互联层中。第一层中的神经元接收一个输入信息,比如图像中像素的强度等,然后在输出新信号之前进行计算,产生的结果被馈送到下一层的神经元,依此类推,直到达到设

---

① See Jeffrey Theodore Heaton, *Ian Goodfellow*, *Yoshua Bengio*, *and Aaron Courville*: *Deep Learning*, Genetic Programming and Evolvable Machines, Vol. 19, p. 305 – 307(2016).

② 在美国的 Mayo 标准框架下,判断方法基于以下步骤:第一步,作为数学概念的基本人工智能算法是一个抽象的概念,因此没有资格申请专利。但是第二步则提出司法上的例外可以纳入实际应用。为人工智能算法专利留下空间。See 2019 Revised Patent Subject Matter Eligibility Guidance, https://www.govinfo.gov/content/pkg/FR – 2019 – 01 – 07/pdf/2018 – 28282.pdf.

③ 参见[美]雷·库兹韦尔:《人工智能的未来:揭示人类思维的奥秘》,盛杨燕译,浙江人民出版社 2016 年版,第 284 页。

定的目标。此外,还有一个被称为反向传播的过程,它会调整单个神经元的计算,让网络学会产生所需的输出。这一过程与人脑的运行机理极其相似,“对于机器学习最好的理解就是,他们发展出自己的直觉力,然后用直觉来行动,这和以前的谣言——它们只按照编好的程序工作——大不相同”[①]。也就是说,要求人工智能具有意识和情感在现阶段以及之后的很长时间也许无法实现,但是按照有关学者的预测,与人脑仿真的创造性思维却可以完成:“大脑极大的可塑性使我们能够进行学习。但计算机的可塑性更大,通过改变软件完全可以重建它的工作”,“因为数字化计算可以实现任意精度的对模拟指的仿真。”[②]

以 DABUS 系统为例,[③]DABUS 基于完整的神经网络,每个神经网络都包含自有的构思空间,加入代表更复杂的概念及其预测结果的复杂链中。其第二层的“新奇过滤器”用于区分关键链,特别是那些产生创新型后果链的关键链。经辨析后的关键性结果,可以由传感器检测到,一旦传感器被触发,就会将模拟的产生神经递质注入或返回到链条群中,进而产生创新性结果。申请人声称 DABUS 使用“双重”人工神经网络,该系统允许产生和评价基础性概念,并从成功和失败的案例中强化完成自主学习,进而能够在人类意识到之前就认识到它的“发明”的新奇性和潜在的创造性。正因如此,世界著名人工智能研发机构麻省理工学院的学者这样描述人工智能深度学习系统:“这个系统太复杂了,即使是设计它的工程师也很难找出其产生任何单一行动的本质原因。”[④]以至于麻省理工学院的研究人员在使用“人工智能”深度学习算法发现一种新的抗生素后,

---

① [美]杰瑞·卡普兰:《人工智能时代:人机共生下财富、工作与思维的大未来》,李盼译,浙江人民出版社 2016 年版,第 31 页。

② [美]雷·库兹韦尔:《人工智能的未来:揭示人类思维的奥秘》,盛杨燕译,浙江人民出版社 2016 年版,第 186 页。

③ 2018 年斯蒂芬·泰勒(Stephen L. Thaler)向美国专利商标局(USPTO)、欧洲专利局(EPO)以及其他几个国家的专利管理机构分别申请由其自己及团队研发的人工智能系统 DABUS(Device Autonomously Bootstrapping Uniform Sensibility)作为发明人的发明专利。See Stephen L. Thaler, *What Is DABUS?*, http://imagination-engines.com/iei_dabus.php#DABUS%20Patent.

④ Will Knight, *The Dark Secret at the Heart of AI*, MIT Technology Review (Apr. 11, 2017), https://www.technologyreview.com/s/604087/the-dark-secret-at-the-heart-of-ai/.

相关人员描述这一系统为“从事某种智能活动”（doing something intelligent）。[①] 可见人工智能的创造性功能的发展在一定程度已经得到证实和认同。

二、区块链

区块链的应用场景包括：存在性证明；智能合约；身份验证；文件存储；与电子商务相关的支付、资产交易等。[②] 在知识产权保护实务领域，这些应用场景可以具化为：“为创建者和原产地认证提供证据；注册并批准知识产权；控制并追踪已注册或未注册的知识产权的分布；为正品以及其在贸易或商业中的首次使用提供证据；管理数字权利（例如在线音乐网站）；通过智能合约制定并实施知识产权协定、许可以及独家分销网络以及实时向知识产权所有人支付费用。此外，区块链技术还可以用于检测与查获假冒商品、赃物以及平行进口商品。”[③]以下为具体分析。

（一）专利

在世界范围内，既有的专利管理程序在技术层面普遍存在两大问题：（1）审核效率低。（2）信息反馈滞后。对于第一点，一项专利从申请到获得所消耗时间的长短，在宏观层面取决于注册国的专利政策，在微观层面则取决于与之对应的审核方法。以美国为例：“从2016财政年度的数据来看，即使是专业的知识产权服务机构通常需要大约16.2月的时间才得到审核部门的反馈，一项专利的申请大约要花费25.3个月。此外，特定类别的专利，如计算机架构，可能要比整体平均值长得多。”[④]在技术层面造成低效的主要原因之一在于很多知识产权文件必须经过人工审查，对

---

① See Anne Trafton, *Artificial Intelligence Yields New Antibiotic*, MIT News(Feb. 20,2020), https://news. mit. edu/2020/artificial-intelligence-identifies-new-antibiotic-0220.

② 参见何蒲、于戈等：《区块链技术与应用前瞻综述》，载《计算机科学》2017年第4期。

③ Birgit Clark & Baker McKenzie, *Blockchain and IP Law: A Match Made in Crypto Heaven?*, WIPO(Feb. ,2018), https://www. wipo. int/wipo_magazine/en/2018/01/article_0005. html.

④ Delton Rhodes, *What Opportunities Could Blockchain Create for Intellectual Property (IP)?*, CoinCentral(May 6,2018), https://coincentral. com/what-opportunities-could-blockchain-create-for-intellectual-property-ip/.

"新颖性"的核实比对耗时较长。而低效所带来的负面效应之一就是一些新兴企业的前沿科技项目,可能在第一时间很难获得专利机构或其他监管机构的批准。因此,在专利审查领域,随着专利申请数量的不断增加(特别是计算机软件等),对一个更有效率的专利制度的需求也将越来越高。对于第二点,一个完整的专利管理周期涉及首次申请—审核—注册—权利流转—使用(授权、转让和抵押等)等环节,如何实现全流程即时追踪,难度很大。若使用区块链技术,将集中式注册系统替换为分散式、分类数据记载模式,利用分布式账本而不是传统的数据库来记录,创建"智能知识产权注册",为已注册的知识产权事宜创建一个不可变更的记录,可以实现:(1)专利申请者对专利客体的描述可以记录在区块链中,该记录在时间和内容上将是不可篡改的、隐秘的,并可以在任何需要的时间备查并作为确权证明。(2)在既有的专利审核架构中增加一个自动和可核实的内容发布系统和自动付款系统将归档和年金费用交付直接对接。这种模式不仅缩短注册新 IP 的时间,还能随时更新归档文件和转移所有权。(3)准确记录一个专利首次申请、注册以及首次在交易中使用的时间,也可以记录专利被授权以及分配的时间,利用分布式账本技术来发布防卫性公告以公开其发明技术作为现有技术,从而防止他人获得该项技术的专利权,并处理此类证据的核对、存储以及提供等实际问题。

综上所述,虽然短时间内区块链技术无法在创造性判断层面替代专利审查员的工作,但是在新颖性审查和信息追踪层面则可以大幅提高效率和成果率。一方面,监管机构将能够以更少的必要资源实现更多的目标;另一方面,区块链技术可以促进企业加快推进可以由知识产权法保护的创新成果,并确保安全转化、利用。所以,欧洲议会内部的研究部门和智囊团认为"至少从技术角度看,区块链必须被认为是现行专利制度的有效替代或补充。"①

---

① Dany Vogel, *Blockchain for Patents-Patents for Blockchain*, Mondaq(Feb. 27, 2018), http://www.mondaq.com/x/677326/fin + tech/blockchain + for + patents + patents + for + blockchain.

(二)版权

由于,区块链将"加上时间戳的区块链的头哈希值进行签名,分别放到多个区块链上……每一次文件存证都有时间戳的记录,清楚记下文件证据哈希值的生成时间。对一个用户的所有存证和所有查询都有记录,形成证据链。通过比对待鉴定文件与区块链上存证文件的哈希值是否一致,实现文件一致性及文件真伪的鉴证"[①]。该方式从技术上杜绝了数据的篡改和删除,能使数据永久保存,并通过锚定"公链"等方式增强其公信力。在司法实务领域,我国已有公证处和司法鉴定中心承认"区块链存证"的合法性,并能够为区块链存证出具具有法律效力的相关文件。[②] 基于这一功能实现和实务认可,区块链应用程序可用于数字形式的图稿、音乐、文件、视频等原作品的注册、存储和编目以实现著作权保护。允许作品权利人把作品信息等记录在区块链上的方式能实现权利确权和信息的即时追踪和查询。由于相关版权数据是公开的,并且分布在各处,客观上保证数据处于公开的"可视状态","在区块链技术中,为了维护分布式账本的一致性,保证交易的公信力,区块链中的所有交易数据必须公开给全网所有参与节点"[③]任何试图侵权的违法者想要篡改数据不仅需要破解一个分类账,还必须修改在世界上每台电脑上的分类账,而这一目的在数据透明状态下几乎无法达成。

(三)商标

基于去中心化技术,区块链能安全存储各类电子许可证、登记表、执照、证明等,并以时间戳的形态记录其时间点,为商品流通过程中的质量判断要素信息,诸如原产地、产品质量、制造商等以及电子合同、电子协议、收益证明等重要文件信息提供不可篡改、方便溯源的电子背书。这意味着,区块链技术在商标领域的应用集中在两个方面:(1)供应链管理。区块链技术的分类账记录可以有效跟踪、记录供应链中每一个阶段的流

① 任明等:《区块链技术在政府部门的应用综述》,载《计算机科学》2018 年第 2 期。

② 参见王毛路、陆静怡:《区块链技术及其在政府治理中的应用研究》,载《电子政务》2018 年第 2 期。

③ 祝烈煌、高峰等:《区块链隐私保护研究综述》,载《计算机研究与发展》2017 年第 10 期。

转信息,为注册商标所有人提供权利标注以及这些权利在市场中使用的程度和范围的潜在规模的参考。举例来说,对于商标管理部门,利用区块链技术进行商标登记的管理机构,可以随时获取注册商标在贸易或商业中的使用信息。这将为注册商标在流通中的"使用"判断、显著性认定及商誉确定提供基于时间戳的,范围和频率状况可靠证据认定。同时,这一功能在涉及驰名商标的认定或商标撤销行为等案件的审判中能够为管辖权的确定,商标首次使用,商标真实性使用以及使用范围提供证据支撑。对于消费者个人而言,区块链技术可以让我们看看附近有什么食物(或者不到附近,如果你想发货的话),并在不需要中间人的情况下进行交易。判断所购买的农产品是否新鲜将非常简单,因为杂货店可以跟踪货物的订单直至离开商店。① 其他既有的成功案例如:VeChain 系统应用。VeChain 系统提供一个由区块链技术形成的 RFID 标签,通过将商品信息储存其中作为商品的验证标识,以确保信息无法篡改,并且供应链上的每个人都可以跟踪和验证产品。Waltonchain 是另一个具有类似功能的项目。VeChain 系统和 Waltonchain 已经与几个国际化公司建立合作关系,其中就包括我国的互联网巨头阿里巴巴。② (2)提供与预防侵权技术支持。"区块链技术的数据完整可追溯和不可篡改性以及时间戳功能能够追踪供应链上的物流进展,记录货物生产和销售每一阶段的状态,使消费者能够区分真品和假冒伪劣商品。"③记录知识产权信息的区块链账本能够验证正品的来源,因为这些账本客观地记录关于产品生产时间和地点的可验证信息以及产品的生产工艺与原材料来源的信息,进而在打击假冒商品的过程中发挥重要作用。由于区块链的特殊架构,区块链可以改变数据的管理方式,从单一所有者拥有信息转变为整个记录周期中可以

---

① See Brent Sausser, *Blockchain and Bitcoin Trademark Attorney Answers*, Online Trademark Attorneys(Oct. 26,2017), https://onlinetrademarkattorneys. com/Blockchain-bitcoin-trademark/.

② See Delton Rhodes, *What Opportunities Could Blockchain Create for Intellectual Property (IP)?*, CoinCentral(May 6,2018), https://coincentral. com/what-opportunities-could-blockchain-create-for-intellectual-property-ip/.

③ 华劼:《区块链技术与智能合约在知识产权确权和交易中的运用及其法律规制》,载《知识产权》2018 年第 2 期。

共享,在加密保护的分布式平台上安全运行。具体方法包括:在产品上粘贴可扫描且与区块链技术相关的标签、防拆封的印章或印记(可见的或隐藏的),如果商标所有者告知管理部门其正品所具有的安全特征,那么管理人员可以以信息特征为依据检查产品是否为假冒商品。同时该系统可以帮助供应链中的每一个人(特别消费者)验证产品的真实性。以长生公司疫苗造假案为例,在关乎人们生命安全的制药行业:"2018 年,基因泰克和辉瑞等制药公司联合推出了 MediLedger 区块链药品追踪项目。MediLedger 使用摩根大通的企业级区块链平台 Quorum 开发其区块链医疗应用软件,旨在汇集制药企业和分销商,用区块链技术建立满足现有法规的物流跟踪。"①

三、虚拟经济

个体在虚拟世界交互和留存的时间大为增加,对虚拟商品和服务价值的认可也更加开放与包容。以此为契机,作为互联网 3.0 版本,元宇宙概念开始落地,并有望全面改变数字环境和现实世界之间的关系。作为一种人类情感和意识的表达媒介与精神寄托,艺术创作也自发式地开始逐步摆脱对物理世界的依存向数字空间过渡。但是,数据的易复制属性,使得决定作品价值重要因素之一的稀缺性变得不存在,因此,创造者一直在为数字作品创造与交易寻找一种可持续发展的方法与模式。在此背景下,区块链技术与艺术品一拍即合,为创造、销售、认证和交换数字作品提供了全新范式,即艺术品 NFT(Non-fungible tokens)。

截至 2022 年,NFT 所覆盖的范围逐步包括音乐、艺术品、收藏品在内的诸多领域。加密货币的市场范围不断扩大,交易规模持续攀升,比特币价格屡创新高,也为该类数字艺术提供了巨大的发展空间并极大地激发了人们的创作热情,提升了社会关注度。目前,在 NFT 艺术品市场最具话题性的案例包括:2021 年 3 月,佳士得拍卖行以 6930 万美元的价格成

---

① 徐思彦:《从疫苗风波看区块链在药品溯源上的应用及挑战》,载搜狐网"腾讯研究院"2018 年 7 月 23 日,http://www.sohu.com/a/242879696_455313。

交一件名为“Everydays：The First 5000 Days（2021 年）”的数码艺术品[①]和 Twitter 联合创始人和 CEO 杰克·多西在 2021 年以 NFT 形式拍卖自己于 2006 年发布的第一条推特“Just setting up my twttr”。[②] 除此之外，还有众多专业网站、公司以及知名的艺术家（著名街头艺术家 Banksy 的画作 *Mornos* 被烧毁并转化为 NFT，最终以约合人民币 247 万元的高价被卖出）、运动员，甚至一般网络用户相继推出艺术品 NFT。据统计，NFT 市场 24 小时平均交易量为 4.5921 亿美元，而整个加密货币市场的 24 小时交易量为 341.01 亿美元。在如此短的时间内（2021 年 3～9 月的 7 个月内），NFT 相关解决方案的流动性占整个加密货币市场的 1.3%。2020 年 12 月，NFT 的销售数量预计为 1200 万件，在其后的 2 个月内（2021 年 1～2 月）暴增至 3.4 亿件。2019 年，涉及 NFT 艺术品的总销售额保守估计在 230 万美元左右。截至 2021 年，个人 NFT 艺术家的销售额在第一季度就已经超过了这个数字的数倍。这种迅猛的发展趋势使得 NFT 交易成为一种狂热现象，早期投资者通过出售独特的数字收藏品获得数千倍的回报，甚至被一些人称为数字资产的未来。[③] 全球最大的 NFT 艺术品交易网站 OpenSea 的联合创始人及 CEO 德温·芬泽（Devin Finzer）认为，NFT 是开放数字经济的基本要素，是具有全新特性的数字商品（包括数字艺术、游戏项目、域名等），其独特、稀缺、流动性强、权利明确，并且可以跨多个应用程序使用，简单但是强大，这一新的原生性产物正在带来一个复兴的数字世界。[④] 总之，一个快速发展的新型艺术品产业正在迅速形成。

---

① 该艺术品由 Mike Winkelmann（别名 Beeple）创建，仅以数字图片文件的形式存在（JPEG 格式）。中标者不仅获得该艺术品，而且还将取得一份被登记在区块链上的“数字权证”，而中标人所持有的“公钥”是能够提供证明艺术品“所有权”或“版权”唯一来源的令牌。

② 最终以 1630.58 枚以太币的价格成交，按当时以太币的实时交易价格计这条推文的转让价格大约为 290 万美元，折合人民币约 1887 万元。

③ See Kabir Jhala, *A Grey Single-pixel “work” Sells for $1.3m at Sotheby's Maiden NFT Sale*, The Art（Apr. 15, 2021）, https://www.theartnewspaper.com/news/sotheby-s-voyage-nft-sale-nets-usd16-8m.

④ Frank Chaparro, *NFT Unicorn OpenSea Sets Sights on Improving Customer Experience with $100 Million War Chest*, CoinMarketCal（Aug. 23, 2021）, https://coinmarketcal.com/en/news/nft-unicorn-opensea-sets-sights-on-improving-customer-experience-with-100-million-war-chest.

(一)NFT 艺术品的技术本质

不同类型的令牌是以计算机代码形式构成,并在分布式账本上注册的数字表示形态。如果容量允许,这种数字形态可以是数字对象本身、数字 ID(所谓的散列)或者某种用于描述物理对象[①]在网络空间的位置指向并处于"离链"状态的元数据。在实践中,令牌通过"铸造"(Mint)行为予以创建并被记录在块链上,初始铸币和后续的流通交易通常都需要支付所谓的"费用"(gas)。作为令牌的一种,NFT 中文名为"非同质化令牌",一种具有不可替代性的加密通证,其本质是存储在区块链分布式账本上,与资产(通常是数字资产)相关,表征特定资产权利的数字证书。其中,"同质化"一词源于经济学和会计学,主要指具有相同的价值属性进而可以相互替代、交换,并不会引起交换者异议的比对特性,而"非同质化"则可以理解为"同质化"的逆向排除性状态。例如,当两个比特币本身和它们代表的价值毫无差别而被允许自由互换,则称为"同质化",而当出现任何交易方关心比特币的唯一生成序列号,并以此作为交换价值的判断基础时,这两个比特币将变得不可互换,即具有非同质性特征。然而,NFT 就是代表非同质化数字资产的令牌。

统一的技术标准是确保能够在不同块链上兼容使用令牌的基础。当下所广泛使用的 NFT 标准——ERC - 721 由 CryptoKitties 率先提出,[②]是一个可通用的智能合约规则。其允许开发人员通过直接从 OpenZeppelin 库导入全新的、符合该标准的智能合约的方式即可创建 NFT。这一标准为 NFT 执行其预期功能提供了安全、便捷和互通的技术环境。

NFT 具有以下特征:(1)不可替代性。在统一的 ERC - 721 标准下,用户可以通过在智能合约中编写一段代码来创建自己的 ERC - 721 令牌。这段代码遵循一个基本的模板,并允许添加关于令牌的独特信息,包

---

① NFT(Non-fungible tokens,非同质化令牌)实物资产是一个唯一的数字令牌,表示对某一对象进行物理保管的权利,其目的是不受限制地提供物理资产的令牌化形态,以便通过其令牌化实现物理对象的自动可交易性,将实物等非链资产纳入链上管理。

② See Matt Hussey, Scott Chipolina & Stephen Graves, *What Are CryptoKitties*?, Decrypt (Oct. 8,2020), https://decrypt.co/resources/cryptokitties.

括所有者的姓名、无法复制的唯一序列号或“指纹”(也称为散列或者哈希)以及其他元数据。据此,有关基础资产信息的完整记录可以被安全地保存在区块链分布式账本上。由于哈希是由特定的数字文件生成的加密密钥,只允许匹配一个定向的内容副本,NFT 的所有者可以使用哈希来确定他们拥有链接内容的副本。如此,NFT 所兼具的标准化智能合约属性以及区块链技术的透明度和可验证性,使得每一个 NFT 单独构成数字或实物资产(例如房屋产权等)唯一、不可复制并可区分的表示形态。因此,两个 NFT 不具备同质性,不能进行互换,也不能出售其中的一部分。(2)稀缺性。简单的复制、保存功能,可以实现图像、视频、图片等数字信息无差别化副本的创建与传播,因此,在正常状态下,物理空间所赋予物品的独特性或竞争性价值很难在互联网上实现,但 NFT 有所不同。铸造 NFT 意味着创建者可以将底层数字作品生成唯一的散列(其中最重要的部分是创建者的钱包地址和唯一的 ID),然后以智能合约的形式写入区块链中,并且将所有权信息注入其中以便于标识令牌在持有者之间的传输,创建者还可以在 NFT 中添加与资产相关的内容,甚至包括创造者本人也无法二次复制的独特元数据或属性(例如艺术家自己的签名等)。除此之外,为创建和管理 NFT 事务提供服务的中介平台可以向用户提供为令牌添加额外属性的功能(例如 OpenSea 平台为 NFT 艺术品的买方提供添加特殊“文本或数字”特征的服务)。最终 NFT 中将可以包含:元数据;所有权的历史;TokenID(每个 NFT 的唯一标识符);块链地址;任何其他需要的信息等数据,进而固定其不可替代特质。除技术特性外,底层艺术品作为作品还包含有基于情感或审美所产生的独创性要素。(3)高可控性。NFT 具备的智能合约功能,将“程序性条款”包括:令牌的发出账户、接收账户及 ID 检查等嵌入块链中,NFT 被铸造或出售时需要发送新的交易指令来调用智能合约。交易完成后,NFT 的元数据和所有权详细信息将被添加到新的数据集中,从而确保历史信息保持不变并保留所有权。[①] 由

---

① See Qin Wang, Rujia Li & Shiping Chen, *Non-Fungible Token (NFT): Overview, Evaluation, Opportunities and Challenges*, Tech Report on NFT, Vol. 10(2), p. 13(2021).

此，NFT 的生成、流转将在一个自动、一致、独立、持久并同治共享执行状态下进行。这种流动的透明性和可追溯性最终使 NFT 具备高可控性。综上，NFT 可以被描述为：一种将任何具有唯一特征的事物表示为数字加密资产的方法，能够赋予内容创建者更多权利的技术手段，由区块链上的智能合同提供交易动力和保障。其所具有不同于其他加密令牌的特殊属性：每个令牌具有唯一的标识符；不能直接与其他令牌 1∶1 互换；所有权信息可追踪、可认证。由此，NFT 的创建者或所有者将便于：(1)证明所有权属。(2)控制资产的稀缺性。(3)点对点进行交易或永久持有。(4)直接获得相关利益。①

NFT 铸造结果通过元数据的存储方式予以表现，并对 NFT 的属性判断产生重要影响。元数据的存储可以分为"链上"和"链下"两种形式。"链上"存储是指底层内容和元数据直接上传到区块链中，因此不会出现由于存储媒介问题（如屏蔽主机网站或主机或创建者删除内容）而无法访问数据的风险。当数字作品在"链上"存储时，表示元数据"直接编入代表令牌的智能合约"，底层作品的信息被散列到令牌中，即使服务器上托管该作品的原始载体灭失，链上存储依然支持该项目继续存在。因此，NFT 的价值不再与任何一个特定的物理实体联系在一起，进而能够为购买者提供更大的安全性。但其缺点是占用空间较大，成本高，②因此只有部分数据能够直接存储在令牌中进行交易，而大多数 NFT 项目由于区块链当前的存储限制，其元数据被存储在链外。

在链外存储模式下，数字内容和元数据并不存储在区块链上，而是利用 TokenURI，将数字内容指向（Mapping）一个公共 URI 或保存在特定集

---

① See *How Do NFTs Work*?, Ethereum, https://ethereum.org/en/nft/#how-nfts-work.

② 有研究显示：在 Etalum 中，上传一千字节数据的成本是 640k，如果撰写本报告，大约每 kb 为 13.61 美元（这取决于许多因素）。令牌创建是由供求决定，上传的越多，成本就越高。因此，将数据上载到以太坊区块链的成本呈指数增长，上传一兆字节约为 475 美元。一个简单的 NFT 交易需要花费 60～100 美元，复杂的操作和高拥塞造成的昂贵的费用，极大地限制了它的广泛采用。See Albert Palau, *Storing on Ethereum*, *Analyzing the costs*, Medium (Jul. 17, 2018), https://medium.com/coinmonks/storing-on-ethereum-analyzing-the-costs-922d41d6b316.

中式服务器上[如云存储或星际文件系统(IPFS)]。[①] 实践中,当提供NFT服务的平台使用类似"交易数据超过'区块链当前的存储限制',因此需要存储在'某处的集中式服务器或AWS的云存储解决方案'"之类的描述时,就属于离链数据存储模式。这种存储方式的优点在于成本较低,但意味着购买的令牌只是一个记录作品所有权信息的凭证,如果存储服务器的主体不复存在或者服务器被关闭"元数据可能因其原始来源消失"从而灭失,同时用户还可能受到服务器主机施加的附加限制。NFT铸造可以简单地分为标准型、合约型和简易型三种(见表2-1)。

表2-1 NFT铸造型态

创建类型	生成方式	特点	交易内容
标准型	底层作品、作品的副本以及包括所有权、版权等在内的信息被写入元数据并完整上传到区块链中,也称为链上(on-chain)	成本高昂;数据量有限;技术复杂;只能在区块链中交易;适用范围受限、市场化程度不高	可以包括底层数字作品本身
合约型	(1)所有权构成NFT的一部分或者是NFT本身。(2)NFT作为可以转让财产的证明手段。(3)每项交易都是转让作品所有权的销售合同	以智能合约为主要架构;智能合约内容的合法性不能确定,并且无法构成所有权证明;作品作者基于对版权的维护而不易接受	依据智能合约的内容,交易客体可能为NFT本身也可能仅仅是元数据
简易型	(1)利用智能合约,创建小型元数据文件。(2)NFT只是用来生成作品的散列,并创建一个不可替代的令牌,进而与原始作品产生链接。(3)原数据指向作品所在的链接(通常是一个IP服务),即所谓的离链(off-chain)方式	成本低;应用范围广;操作简单;多与提供NFT服务的平台相结合;市场化程度较高	表示元数据文件的所有权,而不是数字作品

① IPFS是一个旨在创建持久且分布式存储和共享文件的网络传输协议。在某些方面,IPFS类似于万维网,但它也可以被视作一个独立的BitTorrent群,IPFS提供了一个高吞吐量、按内容寻址的块存储模型及与内容相关的超链接。

（二）NFT 市场

将 NFT 艺术品交易与传统的数字作品交易进行比较（见表 2-2），可以看到这种交易生态的独特优势在于：区块链通过管理者将费用支付给数字作品买方。允许作者绕过版权管理者更直接地访问作品流转数据（例如，在音乐领域，一般由专业人士充当流媒体服务中间商而艺术家很少清楚地了解这一过程）。更有效地实现作者自我发布功能，促进版权市场化。合理分配交易利润。其完整的交易记录能力、强劲的流动性和便捷的交互性，具有"以当前信息技术无法实现的方式推动供应链自动化的潜力"①，并直接管理数字作品与流通者之间的关系，借助区块链程序的附加属性（唯一性、所有权、流动性），使每个创作者都能与自己特定的"虚化"数字作品建立直接联系，"为一个新颖的数字（元数据）人造客体创造一个独立的作品和版权市场"②，并"将艺术家的工作成果转换为具有集成身份的数字格式，而不需要将所有权和内容转让给代理商"③，促使市场准入更加民主化，以此获得更多的利润。

表 2-2　作品交易对比

NFT 数字作品交易生态	传统互联网作品交易市场
具有唯一性，不存在相同的 NFT 作品	文件的副本（如 mp3 或 jpg）与原始文件相同
NFT 具有明确的所有权人，并被公开记录，允许任何人核实	数字作品的所有权记录存储在由机构控制的服务器上
任何使用 Etalum 构建的内容相兼容，并可以在每个 Etalum 市场上交易	拥有数字作品版权的公司必须建立自己的基础软件和硬件设施
内容创作者可以在任何地方销售其作品，也可以进入全球市场	创建者依赖于他们使用平台的基础设施的分布，因此受到使用条件和地域限制

---

① Sylve Chevet, *Blockchain Technology and Non-Fungible Tokens: Reshaping Value Chains in Creative Industries*, Master Thesis, Vol. 5, p. 54(2018).

② Kal Raustiala & Christopher Jon Sprigman, *NFTs Are the Latest and Greatest Example of What We Might Call Virtual Veblen Good*, Slate(Apr. 25, 2021), https://slate.com/technology/2021/04/nfts-digital-art-authenticity-problem.html.

③ Qin Wang, Rujia Li & Shiping Chen, *Non-Fungible Token (NFT): Overview, Evaluation, Opportunities and Challenges*, Tech Report on NFT, Vol. 10(2), p. 13(2021).

续表

NFT 数字作品交易生态	传统互联网作品交易市场
创作者可以保留对自己作品的所有权，并直接要求转售版权使用费	提供流媒体服务的平台等保留了大部分销售利润

基于此，在数字作品的强流通性、低复制成本与价值实现的关系日益紧张的当下，NFT 通过区块链技术将三者之间的关系由对立改为互融，促使 NFT 的技术特性与数字作品本身所具有的独创性相融合，通过对数字对象（复制）权利进行编码的方式将“稀缺性”予以数字化并实现商业利用，人为地在互联网空间创造出数字艺术独有的“稀缺性”价值。《纽约时代周刊》在介绍与 NFT 相关的艺术作品时评价：“NFT 是一种使用区块链技术进行验证的资产，在该技术中，计算机网络记录交易，并向买方提供真实性和所有权的证明，目前多用于数字资产，包括图像、GIF、歌曲或视频。最重要的是，NFT 可以使数字艺术作品独一无二，因此具有交易价值。”①因此，可以将 NFT 看作一种赋予数字作品以稀缺性价值的技术，其所具有的功能解决了互联网时代由于“复制粘贴”所引发的数字作品价值实现难题：“只有在财产可以赠与、出售和交易时对其所有者更有意义和价值，虚拟世界所有者有动力创建虚拟经济以取悦用户，使他们能够利用财产建立和维持社会纽带。”②NFT 技术加持的艺术品正在成为目前和物理世界连接最为紧密的加密资产之一，也是对于投资人和创作者而言最具吸引力的艺术类资产类型之一。

---

① Josie Thaddeus-Johns, *What Are NFTs, Anyway? One Just Sold for $69 Million*, https://www.nytimes.com/2021/03/11/arts/design/what-is-an-nft.html.

② Greg Lastowka, *The New Laws of Online Words*, Virtual Justice, 2010, p. 17.

第三章　既有知识产权法律规范的困境

第一节　主体认定障碍

新业态知识产权的主体比较多元化,可能存在同一个知识成果是由多个复杂主体参与其中共同产出。如一方主体提供数据,一方主体负责模型的开发,一方主体负责将模型进行应用场景的适用,提供可供解决的方案办法。多方主体共同构成专利的侵权时,对各方主体侵权责任的合理分配值得考量,特别是针对人工智能领域多方主体的专利侵权,知识产权法律并没有较为具体适用的相关规定。此外,人工智能发明能否以及是否应该肯定其主体地位还有待明确,知识产权规定在此方面还需要进行补充和完善。最后,主体多元化也引发了新业态知识产权维权的复杂性和难度。单一化的权益主体无法面对以人工智能为代表的类人形态以及与该形态相关的所有者、制造者的介入所造成的权益生成的结构性变化现象。

一、问题的提出

一直以来,对于人工智能在创造性工作领域行为的认定,社会各界存在不同认知。一些组织和个人对人工智能发展的未来抱有极大期望,并坚定地认为这种变革性技术将具备趋同于人类智慧的能力。例如,世界经济论坛在所发布的白皮书中认为:"人工智能不再只是'处理数字',而是在产生某种自古以来被视为'创造性'或需要人类智慧而受到保护的作品。"[①]世界知识产权组织在《人工智能问题草案》中指出:"现在看来,发明可以由人工智能自动生成"[②],"进化性机器人的研究已经解决或者超越人类智能的水平,简单地将工具性或奴隶性的伦理机制植入机器之中是不可行的。"[③]而持不同意见者则提出,与人工智能相关的"拟人化修辞"只有"在向仅有统计学和计算机科学背景的观众解释复杂模型时很有帮助"[④]。"自治"、"不可预测的"和"自我学习","即使对于最先进的机器人也是被高估了的实际能力"[⑤]。具备这些能力的"强人工智能"的实现根据研究人员的预计要到2099年。[⑥] 2021年4月9日,德国马普创新与竞争研究所在《人工智能(主要涉及机器学习/ML)与知识产权法的立场声明》中认为:"人工智能以一种自主的方式创造发明,即人类只陈述最终目标,而不提供如何实现的指导,这种观点从目前的技术水平来看是经不起推敲……计算机就是帮助人类发明者的工具。"[⑦]

以泰勒博士及团队研发的人工智能系统 DABUS（Bootstrapping

---

① The World Economic Forum（WEF）, *Artificial Intelligence Collides with Patent Law*（2020）, http://www3. weforum. org/docs/WEF_48540_WP_End_of_Innovation_Protecting_Patent_Law. pdf > accessed 2 March 2020.

② The World Intellectual Property Organization, *Draft Issues Paper on Intellectual Property Policy and Artificial Intelligence*, WIPO Conversation on Intellectual Property（IP）and Artificial Intelligence（AI）Second Session(2019）, https://www. wipo. int/edocs/mdocs/mdocs/en/wipo_ip_ai_ge_20/wipo_ip_ai_2_ge_20_1. pdf.

③ 崔中良、王慧莉等:《人工智能研究中交互性机器伦理问题的透视及应对》,载《西安交通大学学报(社会科学版)》2020年第1期。

④ David Watson, *The Rhetoric and Reality of Anthropomorphism in Artificial Intelligence*, Minds & Machines, Vol. 29, p. 417 –440(2019).

⑤ *Open Letter of to the European Commission Artificial Intelligence and Robotics*, https://www. robotics-openletter. eu.

⑥ See Martin Ford, *Architects of Intelligence: The Truth about AI from the People Building It*, Packt Publishing ,2018, p. 85.

⑦ Josef Drexl & Reto M. Hilty et al. , *Artificial Intelligence and Intellectual Property Law Position Statement*（2021）, https://www. ip. mpg. de/fileadmin/ipmpg/content/stellungnahmen/MPI_PositionPaper_SSRN_21 –10. pdf.

Uniform Sensibility)作为发明人的专利申请案为例,[①]截至 2021 年 5 月,包括英国、美国、欧盟等在内的国家和地区专利管理部门以及上诉法院陆续对该发明申请作出决定,其结果一致认为,即使在有授权的情况下也不能将 DABUS 作为专利的发明人。这些决定在世界范围内引起广泛关注,具备独立创新能力的人工智能体是否能以自己作为发明人申请专利的问题再次成为知识产权、计算机、伦理等学界讨论的热点。但是,这些决定中关于这一主题所引用的专利法文献示例都没有提供可供参考的技术分析以解释"智能系统"是如何被设计以及该项发明的整体计算过程是如何建立的,即现有涉及"人工发明"的专利制度无法对这一过程进行合理解释,而技术调查恰恰是计算机"发明自主产生"现象定义的问题源头。可以这样认为,相关决策者在没有全面审查当前技术的状况下,既没有为这类发明提供一个可操作的技术定义,也没有澄清它们与人工智能辅助发明的区别,相反,"人工辅助发明"却被想当然地认为是进行法律和政策讨论的前提基础。特别是美国专利商标局在驳回决议书中使用"人工智能发明"(AI inventions)一词而没有区分"使用人工智能的发明"或"人工智能开发的发明",并认为该类行为可以涵盖诸如:人工智能的应用;人工智能接受训练和运行的数据库结构;利用算法对数据的训练;算法本身;人工智能发明生产结果的自动化等过程,并仍然认为在这两种情况下,自然人都可以对发明的概念作出贡献,具体包括"设计算法和/或加权适应,提供结构化算法运行的数据,在数据上运行人工智能算法并获得结果"等。这表明在美国专利商标局看来一项所谓的"人工智能发明"依然需要人类的介入。

转折出现在 2021 年 7 月 30 日,澳大利亚联邦法院作出判决认定 DABUS 可以作为专利发明人[②](在此之前,南非专利局也授予 DABUS 发

---

① See *Petition Decision: Inventorship Limited to Natural Persons*, USPTO(Apr. 27,2020), https://www.uspto.gov/subscription-center/2020/petition-decision-inventorship-limited-natural-persons.

② See Thaler v. Commissioner of Patents (2021) FCA879, Federal court of Australia(Jul. 30,2021), https://www.judgments.fedcourt.gov.au/judgments/Judgments/fca/single/2021/2021fca0879.

明权,但由于该国没有实质性的专利审查制度,因此授予专利的重要性不像其他国家那样重要)。加之2021年9月21日,在英国上诉法院对人工智能DABUS是否能作为发明家的裁决中,3名法官最终以2:1的结果驳回了这一请求,[①]再次引发全世界的热议。专家学者普遍认为,澳大利亚的判决虽然不一定能够代表对人工智能在专利申请领域的主流认知,但却为该问题的解决提供了全新的思路。因此,这一领域还存在值得深入讨论的问题,甚至有些关系到专利制度的核心。其中最为基础的包括:"人工智能发明"在专利法以及技术层面是何种含义;在发明过程中,如何定义计算机的自主性或"发明自主产生"的现象;在法律和政策语境下所谓的"自动生成发明"该如何理解等。

二、基本原理分析

在专利制度领域,美国联邦法院在20世纪四五十年代,曾一直将"天才的闪光"(flash of genius)原则作为判断发明"可专利性"创造性形成的标准。将这一形成判断的过程与人工智能发明的技术原理进行比较,人工智能与发明相关的活动在方式上可以分为:自动化(Automation)或自治化(Autonomy)。自动化是指在执行一项功能的过程中,任务可以由机器设备完成,而不需要人类的参与,该术语可以同样用于解释体力劳动(机器人)、认知现象和功能。例如,机器学习被定义为"在计算机科学领域研究算法和技术,以自动解决传统编程方法难以进行的复杂问题"。而自治则意味着自我判断或自我决断。虽然在一些科技文献中人们确实会有将两个术语"autonomous""automated"互换使用的现象,但很明显自动化不能等同于自治。尤其是在规范层面,自治更多地具有在主观意识控制下的行为自决控制,人工智能生成发明的过程确实更加贴近于自治范式。例如,(1)在训练者持续管理的状态下依然存在一些极易受随机性影响,而不会产生精确确定"结果"的行为,这类系统执行学习算法的过

---

① See Thaler v. Comptroller General of Patents Trade Marks and Designs (2021) EWCA Civ 1374, England and Wales Court of Appeal (Sep. 21, 2021), https://www.bailii.org/ew/cases/EWCA/Civ/2021/1374.html.

程和产生"结果"的"模型"之间存在差异,并且"结果"本身同时会伴随人工智能系统学习"经验"的增加而越发成熟;(2)在人工智能的创造性工作中,程序员如果仅仅在人工智能整体能力提升上有所贡献,但并不了解其解决具体问题的过程,特别是当系统开发时间长、涉及程序员人数众多且分散时,人类与系统之间的关联会被不断削弱;(3)人工智能生成发明过程中完全没有人类工作的介入。事实上,在某些领域,比如当需要大量数据或使用非常广泛的计算资源时,人工智能可能比人类更具有发明优势,①并且很明显人工智能已经在某些领域以或多或少独立运作的形式发挥了重要的创造性作用,只有在某些情况下,才需要实质性的洞察力来识别和理解计算发明。② 同时,人工智能算法已经可以展示人格属性,如目的性行为,并且在理论层面上出现了应该赋予智能机器人适当法律主体资格的观点。③

以 DABUS 为例,依据泰勒在有关资料中的描述,该人工智能系统与其他所谓"创造性机器"最大的区别在于"构思"的形成不是由神经元激活的单一型"开—关"模式表示,而是由迅速物化和去物质化的网链所形成短暂的结构或形状来表示。如果这些通过结构所表达的想法中偶然地包含了一个或多个期望的结果,则这些结构就会被选择性地加强,而不具潜力的构思则通过各种机制被削弱。创新型构思借此被转化为长期记忆,并最终允许 DABUS 就其累积产生发明:"在自然人之前就识别出它自己想法的新奇性"④,"认识到它的发明——食物容器和吸引注意力的脉冲光源——新奇性和潜在的创造性"⑤。美国专利审查委员会认为,其

---

① See Ryan Abbott, *The Reasonable Robot*: *Artificial Intelligence and the Law*, Cambridge University Press,2020. p. 75.

② See Ryan Abbott, *I Think*, *Therefore I Invent*: *Creative Computers and the Future of Patent Law*, Boston College Law Review, Vol. 57:4, p. 1103 – 1104(2016).

③ 参见崔中良、王慧莉等:《人工智能研究中交互性机器伦理问题的透视及应对》,载《西安交通大学学报(社会科学版)》2020 年第 1 期。

④ *EPO Refuses DABUS Patent Applications Designating a Machine Inventor*, EPO(Dec. 20, 2019), https://www. epo. org/en/news-events/news/epo-refuses-dabus-patent-applications-designating-machine-inventor.

⑤ Stephen L. Thaler, *What Is DABUS*?, http://imagination-engines. com/iei_dabus. php#DABUS%20Patent.

专利申报书没有描述在所谓的"创新过程中"算法以何种方式连贯性地根据一种适合于专利申请对象的构思(或者仅仅是人类可以理解的范式)来设定其发明活动的结果。① 但如果DABUS发明生成的真实过程实如所提出的:"不是为了解决'任何特定问题'而创建……完全没有人类参与DABUS的发明。"②该系统:(1)不存在人类提前设定问题的面向性功能限制或者目标指引;(2)没有进行任何需要人类介入的特殊数据培训。那么按照创造力起始于"问题"并且发现"问题"的过程本身也构成"创造力"的一部分这一理论,③该过程则与人类的创造性思维极为近似,DABUS在发明中的运行模式已经超越了传统意义上的"自动化"而更趋向于被认为与"构思"具有等同功能,其结果已符合人类对构思所作出的要求(参见表3-1)。澳大利亚法官乔纳森·比奇(Johnathan Beach)在作出的判决中就明确表示,在讨论人工智能在发明专利中的地位时应该将意识、感知或个人的看法先放在一边,④具备如此功能的系统如果不是自治的话,至少可以说是"半自治"的,用这样的术语来描述它的过程才具有公平性。⑤

表3-1 构思的组成

类型	人类	虚拟人	高级动物	人工智能
实体形态(Physicalentity)	是	否	是	可能
自动行动(Automation)	是	可能	否	是
人工制造(Arefact)	否	是	否	是
独立个体(Singleindividual)	是	可能	是	可能

① See *A Decision on the Petition under* 37 *CFR*1.181, USPTO(Jul. 29,2019), https://www.uspto.gov/sites/default/files/documents/16524350_22apr2020.pdf.

② *A Decision on the Petition under* 37 *CFR*1.181, USPTO(Jul. 29,2019), https://www.uspto.gov/sites/default/files/documents/16524350_22apr2020.pdf.

③ 参见[美]米哈里·希斯赞特米哈伊:《创造力:心流与创新心理学》,黄钰苹译,浙江人民出版社2015年版,第24页。

④ See Thaler v. Commissioner of Patents FCA 879, Federal Court of Australia(July. 30, 2021), https://www.judgments.fedcourt.gov.au/judgments/Judgments/fca/single/2021/2021fca0879.

⑤ See Daria Kim, "*AI-Generated Inventions*": *Time to Get the Record Straight*?, GRUR International, Vol.69:5, p.443-456(2020).

续表

类型	人类	虚拟人	高级动物	人工智能
自主目的(autonomy)	是	是	是	是

资料来源：Jiahong Chen & Paul Burgess, *The Boundaries of Legal Personhood: How Spontaneous Intelligence can Problematical Differences between Humans, Artificial Intelligence, Companies and Animals*, Artificial Intelligence and Law, Vol. 27, p. 73 –92(2019)。

因此，在专利语境下，所谓“完全自主”的人工智能判定应该是一个将系统设计运行与作为结果的发明生成相区别并综合考虑的过程。在神经网络及其交互开发的算法和迭代方面，系统所拥有的可选择性越多就越自治，达到摆脱人类程序员、操作员的设定而自主定义目标或者在由人类设定的多个目标和实现路径之间自由抉择：(1)提出某一问题，由人工智能予以自主解决，并生成创新性成果。(2)人工智能发现某一问题，自行解决，并生成创新性成果。即使关于输入输出关系的推导指令是由人类提供的，如果人类在整个过程设计给定的输入如何转化为预期输出的问题解决层面没有起到关键性作用，那么对于其与非人类(算法)之间的独创性关系描述就没有意义。至于数据是通过“喂养式”的输入还是自主搜索取得不会对人类在其中所起到的作用产生本质的影响。

第二节　客体范围桎梏

企业在以“互联网 +”为依托的金融、制造、零售、通信等行业的经营活动中产生的很多创新性新业态知识成果，属于比较新兴的内容。知识产权法律同其他法律具有的特征一样，与我们的社会生活相比较而言具有滞后性，客观上造成了无法在部分新业态知识成果产生时提供可适用的法律规范。一种新的东西出来之后，社会对其有一定的争议，各种具体的新业态创新成果能否作为知识产权法律体系的保护客体也存在很大的争议，在对数据权属以及数据本身的属性定位上还没有明确的法律规定，而数据对数字经济和新业态知识产权发展的重要性又不言而喻的情况下，给予数据以何种法律上的规定值得商榷，以填补新业态知识产权客体保护的法律规定空白。传统理论无法解决变革性技术的类人智能生成对象以及其他非传统类型化产品在“创造性”“伦理”“价值认定”等方面造成的知识产权客体保护的“囚徒困境”。

一、技术背景

在版权领域,伴随人工智能技术发展进程的加快,基于人工智能技术所生成的对象在领域、内容、形式等方面将日趋深化、丰富和多样。已有数据显示,截至 2014 年年底,美联社通过机器写手完成 4400 篇财报新闻;[①]2015 年 9 月 10 日,“腾讯财经”推出中国第一个由机器人 Dreamwriter 自动完成的新闻《8 月 CPI 同比上涨 2% 创 12 个月新高》;[②]2017 年 5 月 19 日,湛庐文化出版人类历史上首部 100% 由人工智能——微软小冰创作的现代诗集《阳光失了玻璃窗》。[③] 由此可以预见,在人工智能生成对象产权状态模糊,而市场价值潜力激增的双重挤压下,该技术高速发展的结果,最终必将引发权利利益分配的冲突与失衡,法律的介入和调整势在必行。人工智能技术所涉法律问题在版权领域首先得以凸显,其重要原因在于:第一,基于数据收集、处理的人工智能技术在“创作”诸如文学、美术、音乐等内容时具有先天的优势,并已经趋于成熟。第二,相对于人工智能发挥作用的其他方式,这种先天优势所形成的成果,可以通过“作品”这一最为直接的形式向受众表达,并获得认同和认可。第三,由此带来的结果,除了经济利益外,是对人类作为“唯一”创造性生物的一次真正意义上的直接挑战。

在专利领域,2018 年斯蒂芬·泰勒(Stephen L. Thaler)向美国专利商标局、EPO 以及其他几个国家的专利管理机构分别申请由其自己及团队研发的人工智能系统 DABUS 作为发明人的发明专利。泰勒声称 DABUS 是一种利用神经网络产生新发明的“创造力机器”,它可以在没

---

① 参见中新社:《美联社用机器替代记者写新闻 媒体步入“自动化”》,载中国新闻网,http://www.chinanews.com/gj/2014/07-04/6349217.shtml。

② 参见付松聚:《从 8 月 CPI 报道看机器新闻与人工新闻差异何在》,载《中国记者》2015 年第 11 期。

③ 湛庐文化介绍:小冰师从于 1920 年以来 519 位中国现代诗人,经过对几千首诗 10,000 次的“学习”,获得了现代诗的“创造力”。

有人类干预的情况下创造出任何产品。泰勒作为 DABUS 的发明受让人向美国专利商标局提供了一份他代表转让人(DABUS)和受让人(本人)签署的转让文件。该文件所指定的发明人为 DABUS。其后,至 2020 年 5 月间,以美国①、欧盟②、英国③、加拿大等为代表的国家和地区的专利管理机构,对人工智能能否作为发明人进行一系列的深入讨论,其结果一致认为根据目前既有的法律、知识产权理论以及实践,人工智能不具备单独作为发明人的条件。该结论的得出受到包括知识产权所有者协会(IPO)、电气和电子工程师学会(IEEE—美国)、环大西洋贸易组织等多个组织的支持。具备自主学习能力的人工智能系统在大数据的训练下创新能力不断增强,虽然在主体性认定方面面临一系列障碍,但并不会对其生成发明的可专利性产生本质的影响,而如何对生成发明实现专利制度上的公开,是需要面对的重要问题之一。利用建立类似于微生物国际保存机构的组织对算法中的数据进行存储、可以解决在涉及人工智能生成发明申请专利过程中所面临的由"黑箱现象"所造成的训练数据、训练模型等公开难题,同时辅之以以标注人工智能发明者所使用的系统环境以

---

① 2020 年 4 月 27 日,美国专利商标局指出:美国有关立法使用"任何人"和"自己"这两个代词来指发明人,并要求申请的"发明人"必须是"人"。以前的美国判例法同时确认,在"发明人"的指称下,"个人"必须是"自然人",而不是公司或国家实体。这些案例表明,要履行"构思"这一思想行为,发明人必须是自然人,而不是公司或主权实体。See A Decision on the Petition under 37 CFR1. 181, USPTO (Jul. 29, 2019), https://www. uspto. gov/sites/default/files/documents/16524350_22apr2020. pdf。

② 根据 EPO 的决定,依据《欧洲专利公约(European Patent Convention)实施条例》第 19(1)条规定:"专利申请应当载明发明人的姓氏、姓名和地址,载明第 81 条所述的说明,并注明申请人或者其代表的签名。"EPO 在其决定中认为,对欧洲专利制度法律框架的解释能得出结论,即欧洲专利指定的发明人必须是自然人。将发明人一词理解为自然人是一项国际适用的标准,各国法院已就此作出裁决。See Communication That the Application No. 18 275 174 Is Refused, *EPO* (*January*. 27, 2020), *https://register. epo. org/application? documentId = E4B63OBI2076498&number = EP18275174&lng = en&npl = false*。

③ 英国知识产权局已在其《形式手册》(*Formalities Manual*)中对发明者的认定作出了合理的说明:《英国专利法》明确规定发明者必须是人类,因此,人工智能不可作为发明者,除非经过编程的机器在法律意义上可被称为人类。See Deborah Polites & Richard Hoad, *Could Artificial Intelligence Invent*?, Lexology (May 14, 2020), https://www. lexology. com/library/detail. aspx? g = e1dca0ff-5d48-4cac-84b5-1e0c83cdc199。该模型的一个典型例子是卷积神经网络,被广泛应用于图像分析,也可应用于视频分析、自然语言处理和药物发现等领域。

及相关实验条件为代表的现有技术条件的规范披露,能够使普通技术人员在不提升专业技能的前提下实现满足这一变革性技术发展,并保护权利人利益的专利公开制度设计之双重价值指向。

在基因领域,1953 年沃森(Watson)和克里克(Crick)发现了 DNA 分子的双螺旋结构模型,打开了分子生物学的研究之路。人类生老病死的密钥——基因,是分子生物学的研究重点,基因技术也因此得到快速发展。基因是 DNA 双螺旋结构中由 4 种碱基按照特定顺序组成的一段核苷酸序列,由四进制的算法承载、表达着生物的遗传信息,是控制生物性状的基本遗传单位,所以基因同时含有化学物质生物实体的物质含义和序列中碱基排列方式的信息含义。基因技术是通过对 DNA 序列的识别、提取、切割、重组等方式影响基因在受体内表达的分子生物技术,包括基因检测、基因诊疗、基因编辑和 DNA 重组技术等。由于基因及其技术的特殊性,实践中各国多通过发明专利对基因进行知识产权保护,但是对不同基因技术成果,各国的态度均有不同。

1980 年,美国联邦最高法院在 Diamond 诉 Chakrabarty 案(以下简称 Chakrabarty 案)的判决打开了基因技术成果专利的大门,在本案中首次肯定了经过基因改造的微生物能作为专利权的客体。科学家阿南达·查克拉巴提(Ananda Chakrabarty)在通用电器公司工作期间,研制出了一种能够降解原油的细菌。在此之前,科学家们虽然已经发现碳氢化合物能够被细菌分解或降解,但是不同种类的细菌对应分解的碳氢化合物不同,并没有一种单一的细菌可以解决原油中的各种碳氢化合物。Chakrabarty 研究中的关键发现是"质粒"控制某些细菌的油脂降解能力。[①] 所以 Chakrabarty 通过基因技术将多种"质粒"拼接到一个特殊的细菌中,制造出能够应对多种碳氢化合物的高效细菌。

Chakrabarty 随后就该种细菌及其制造方法向美国专利商标局申请了包含 36 项权利要求的专利申请。不幸的是,通过基因技术所获得的

---

① See Douglas Robinson & Nina Medlock, *Diamond V. Chakrabarty: A Retrospective on 25 Years of Biotech Patents*, Intellectual Property and Technology Law Journal, Vol. 17, p. 12 – 15 (2005).

该类细菌本身没有通过申请。经过申诉和上诉后，最终美国联邦最高法院结合《美国专利法》第 101 条中“manufacture”制造、生产物和“composition of matter”合成物两词在字典中的解释，认为 Chakrabarty 生产的细菌是经过人工干预、非自然产生的制品或合成物，并且具有实际用途，属于《美国专利法》第 101 条中可授予专利权的客体。1982 年，美国专利商标局第一次对 DNA 分子类的发明授予专利权。[①] 1987 年，美国专利商标局授予第一个分离基因类专利。[②] Chakrabarty 案向美国公众展现出“世界上任何人造的事物”都可以被授予专利权的态度。[③] 从此美国在基因专利权保护的问题上一直保持着宽松的政策：基因只要有特定、真实、可信的用途，就可以被授予专利权，而不用刻意区别基因是否具备自然产物的特性。[④] 美国生物公司的创新活力被激发，大量基因相关领域的专利被授予。

但是这种宽松的专利政策受到了其他国家的质疑。1984 年，哈佛大学的 Philip Leder 与基因技术公司的 Timothy Stewart 两位科学家将致癌基因植入实验用鼠胚胎细胞中，培育出易患乳腺癌的小鼠，以用于癌症治疗的活体实验，培育成功后两位科学家便向美国专利商标局申请专利。1987 年美国将动物新品种纳入专利权保护的客体。1988 年该项由基因技术改造的哺乳动物专利经审查通过，又被称作“哈佛鼠”。但“哈佛鼠”在欧盟、加拿大等地的专利申请之路却没那么轻松。1992 年，申请人在欧洲获得“哈佛鼠”的专利权，但这一举动引起了欧洲公众的不满，利用基因技术培育易患癌症的小鼠，有悖于《欧洲专利公约》(European Patent Convention，EPC)第 53 条第 A 款的有关道德的约束，但最终因为“哈佛鼠”的用途是在肿瘤病症的研究中提供活体研究对象，有益于防治肿瘤，

① See e. g. ,U. S. Patent No. 4,322,499 (filed Dec. ,22,1978).

② See U. S. Patent No. 4,680,264, claim 27 (filed Jul. 1,1983) (claiming a recombinant vector, not genomic DNA).

③ See Stephen McJohn, *Top Tens in* 2011: *Patent and Trademark Cases*, Northwestern Journal of Technology and Intellectual Property, Vol. 10, p. 313 – 330(2012).

④ See Byran Nese, *Bilski on Biotech*: *The Potential for Limiting the Negative Impact of Gene Patents*, California Western Law Review, Vol. 46, p. 1 – 40(2009).

对人类利大于弊,说服了反对者。但与此同时,EPO 将可授予专利权的客体由哺乳动物限缩至啮齿类动物,2004 年,再次限缩至实验用啮齿类动物。2002 年 12 月,“哈佛鼠”在加拿大的争议得到解决,最终以加拿大联邦最高法院作出不授予专利权的判决告终。《加拿大专利法》中所使用的制程、机器与构成物质等概念并不能涵盖高等生物本身。

在美国,这种宽松的政策在 2013 年美国联邦最高法院对 Myriad 公司的判决中有所收缩。Myriad 公司在研究人类疾病和建立疾病基因库的过程中,发现了 BRCA1 和 BRCA2 基因在人体内表达与患乳腺癌和卵巢癌具有关联性,并且在 DNA 上找到了精确的位置和序列。据此,Myriad 公司申请了包含 BRCA1 和 BRCA2 基因以及 BRCA 的互补 DNA 在内的 7 项专利的 15 项权利要求,在乳腺癌和卵巢癌相关领域迅速占据垄断地位,获得了大量收益。不论是在医学诊疗中对上述基因的检测识别,还是在医学科研中利用上述基因创新相关技术,都绕不开 Myriad 公司拥有的基因专利。2009 年,包括美国分子病理学组织在内的 20 名原告联合起诉了美国专利商标局和 Myriad 公司,旨在通过《美国专利法》第 101 条的规定否定 BRCA1 和 BRCA2 基因的可专利性,撤销 Myriad 公司的相关专利。4 年后,美国联邦最高法院最终作出了分离基因属于自然产物,不具有可专利性的判决。这是美国在基因知识产权保护领域保持宽松政策近 30 年来,首次对“制造物”和“合成物”范围进行的收缩,重新界定了基因领域发明和发现的界限。

二、存在的问题

对人工智能生成对象进行法律规制旨在解决以下几个问题:(1)人工智能生成对象的属性:作品、无形财产的一种或特殊作品。(2)权利主体的确定:人工智能本体、人工智能的创造者(包括物理形态制造、软件程序和人机交互机能)或其他法定主体。(3)设计可以适用于当下,并能够应对人工智能技术未来发展的法律保护方式。

在基因领域,基因技术根据操作过程和结果大概可以分为三类,基因测序技术、基因分离技术、基因编辑技术。其中对于基因测序技术成果和基因编辑技术成果，各国有较为统一的认识。基因测序技术包括对基因序列进行识别的技术、分析的技术、定位的技术，基因测序技术成果属于对有限的基因资源的一种发现。基因是客观存在的物质，基因测序类似于地质勘探、宇宙探索的工作，基因序列识别、分析、定位的工作是人类对天然存在但未知领域的一种探索，是人类为了扩展可知领域付出的劳动，能为后续科研提供基础。1948 年，Funk Brothers Seed Company 诉 Kalo Inoculant 案的判决中指出人类的已知科学是需要不断探索的，探索的发现属于知识库的一部分，应该由全人类共同享有，发现细菌等生物的性状特点，是人类对自然法则的揭示，不应该被任何人独占。[①] 虽然科学家们在基因测序的科研过程中投入了大量的人工科研成本，但是不能因为人类的知识领域发展有限而否认其在自然界中存在的性质，对有关自然现象的发现是不能被授予专利权的。[②] 如果授予基因测序技术成果专利权，会严重影响技术进步，与设立专利政策的初衷相悖。所以，世界各国的专利政策都在区分发明和发现，认为识别分析定位的基因测序技术成果是一种发现，不能被授予专利权。

基因编辑技术及其成果可以被授予专利权进行保护。基因编辑技术是利用间体对目标基因进行敲除、链接、替换，以表达出与自然存在不同性状的技术，是类似于用剪刀去除毛线上损坏的部分，再用胶水连接上新线段的技术。其中，毛线是 DNA 片段，剪刀和胶水是具有特定功能的酶，主要包含归巢核酸内切酶（Meganucleases）、锌指核酸酶（zinc-finger nucleases，ZFNs）、转录激活因子样效应物核酸酶（transcription activator-like effector nucleases，TALENs）、规律成簇的间隔短回文重复（clustered regularly interspaced short palindromic repeats，CRISPR/Cas9）。[③] 基因编辑技术创造的成果是一种不同于自然存在的人工基因，编辑过程中人的参与比重较大，人使得改造过的基因与自然选择客观存在的基因存在明

---

① 参见王震：《基因专利研究》，知识产权出版社 2008 年版，第 23 页。

② 参见何怀文：《“发现”与“发明”的重新界分》，载《知识产权》2013 年第 9 期。

③ See Gupta S. K. & Shukla P., *Gene Editing for Cell Engineering: Trends and Applications*, Crit Rev. Biotechnol, Vol. 37:5, p. 672 – 684 (2017).

显不同，在符合新颖性、创造性和实用性的情况下，可以被授予专利权。

争议较大的就是基因分离技术成果能否被授予专利权。基因分离技术是基因测序技术和基因编辑技术的中间过渡桥梁，识别基因序列是为了分离出对人类有益的DNA片段，只有分离出已知功能的片段，才能进一步利用编辑技术造福人类。基因分离技术作为桥梁一边体现出较多智力劳动投入的特点，一边表现出自然资源有限的特点。中国、德国、瑞士等国家支持分离获得的基因可以成为被授予专利权的客体，[①]理由是分离提纯后的基因与自然存在的基因有着较大区别，分离提纯后的基因只是天然存在基因的一部分，与前后链接的DNA片段相分离，分离后的基因直接放入自然界中缺少识别、转录的相应模板，不可能单独存在于自然界之中，是人类智力劳动的成果，所以支持基因分离技术成果被授予专利权。2013年美国联邦最高法院对美国Myriad公司的判决否认了基因分离技术成果的专利性，原因是经过分离提纯的基因属于自然产物，自然资源的有限性决定了基因资源应当属于全人类共同所有。随着基因技术逐渐成熟，分离基因变得简单常规，基因分离技术成果在我国能否继续被授予专利权是值得探讨的问题。

第三节　权益流转固化

在我国现有的知识产权保护法律体系下，当新业态智力成果遭受侵

① 我国《专利审查指南》规定：无论是从微生物、植物、动物或人体分离获得的基因或DNA片段，还是通过其他手段制备得到的基因或DNA片段，都可以被看作一种化学物质来给予专利保护。《德国专利法》第1A条第(1)款、第(2)款：(1)人体在其形成和发育的各个阶段，包括胚胎细胞，以及关于人体某一组成部分的单纯发现，包括基因序列或者序列片段，都是不可授予专利的发明。(2)从人体中分离出来的组成部分，或者通过其他方式以一种技术手段获得的组成部分，包括基因序列或者序列片段，即使这些组成部分的构造与自然的组成部分的构造相同，也可以成为可授予专利的发明。《瑞士联邦发明专利法》第1a条：人体本身及其构成和发育的各个阶段，包括胚胎，都不能被授予专利。人体在自然状态下的各个组成部分不能被授予专利权。如明显具有其技术属性带来的有益效果且符合第1条规定的其他条件，则该组成部分构成可授予专利的发明；但第2条另有规定的除外。

权时,相关权利主体可以现行专利、商标、商业秘密、版权等法律规范来保护自己的权益。但是,基于上述大数据、云计算、人工智能等技术而快速发展的新业态创新成果,由于其本身所具有的一些特征,比如产品或服务的发展比较迅速、应用场景相对丰富以及具有相似的底层技术等,受到这些因素的作用,现在的知识产权法律制度在保护新业态创新成果时,具有一定的模糊、局限和不适应性缺陷。新业态的发展过程中不断产生出各种新兴产品或服务形态,这些创新成果同传统知识产权一样,若遭受侵权,根据现在新业态知识产权保护制度的发展情况,只能通过著作权法、商标法、专利法、商业秘密法、反不正当竞争法、民法等现行相关知识产权相关法律法规来进行保护。这种保护方式比较零散,仅能针对某个问题进行维权,不仅无法对新业态知识产权进行体系链条化的保护,还存在着不少规定不明的难题无法解决。例如,商业方法不能被归类于商业秘密加以保护,著作权法只保护思想的表达而不保护思想创意本身,人工智能生成成果是否应被视为作品而受到著作权法的版权保护范畴。当前,我国针对人工智能领域内的相关知识产权法律规则还不够完善,对于发明人主体地位的认定问题、其生成内容的创新成果的认定和保护问题,都还需要更多的法律规范进行体系化的规定和补充。现行专利审查从检索到出具审查意见可能需要 1 ~ 2 年的时间,但互联网产品层出不穷,大众消费热点和偏爱的用户体验内容可能还没有等到获得专利授权就已经发生了改变。企业创造收益的关键在于要满足消费者的具体消费需求,但是获取专利授权也是企业提高市场竞争力的有力保证,两者之间的矛盾问题也是新业态产业适用现行知识产权法律制度存在的主要保护困境。

一、私权与公共利益的关系

知识产权制度是一种鼓励创新的社会公共政策,通过授予个人一定期限独占权力的方式,为知识产权人设立一个合法权益,从而对抗社会公众可能不尊重智力成果的行为,平衡双方利益。这种平衡在专利制度中尤其重要,人类的一切知识原本不应由具体个人所有,知识是人类在实践中认识客观世界的成果,既包括事实、信息的描述,也包括实践中获得的技能,应当属于人类共同的财富。但是为了鼓励社会公众利用现有知识进行科学研究,弥补研究过程所耗费的人力、物力等资源,国家对不同的研究成果进行了分类保护,采取激励措施,平衡付出与回报。如果专利成果能够轻易被他人使用,专利人不能因此获得回报,弥补研究成本,会使得专利人丧失对科学研究的动力,阻碍科学技术的进步。同时,知识也不能全部被授予独占权利,大部分国家都将知识分为发明和发现,常规领域的发明和发现已经存在较为明确的区分边界,只有发明创造可以被授予专利权。这是考虑到公众在科学研究中需要用到现有已知的知识,过于宽泛的专利政策会对二次认识、下游产业的进步产生阻碍,相关人员需要支付过高或过多的专利使用费,增加科学研究成本,同样会减损科研人员研究的动力,不利于科技进步。

以基因为例,由于基因的特殊性,专利政策的平衡在基因领域很容易出现倾斜。基因是生物遗传进化的关键因素,不同的基因都蕴含着生物多样性的信息。这种多样性导致基因数据庞大繁杂,至今人类掌握的基因信息也只是自然基因的冰山一角。但尽管人类没有基因详尽的全部排列方式,这种四进制的数据也是有限的,是一种天然存在的客观现象,是被专利发明排除在外的。正如人类对宇宙的探索在逐步深入,从目前的认识,宇宙存在边界,不能因为观测到、发现某一星球、某一星系而独占他们。基因测序技术也是发现人类未知知识的技术,所以其成果并不能被授予专利权。基因分离技术问世之初,这种能在自然存在的基因上加入人工干预的突破性飞跃,为后续的基因编辑技术奠定了基础,也为人类干预、改造基因提供了可能。为此,科学家们在这项技术上投入了大量研发资本,所以为了激励创新,平衡科学家和使用者之间的利益,基因分离技术成果在大部分国家都可以被授予专利权。但随着基因编辑技术的成熟,尤其是 CRISPR/Cas9 技术出现之后,不同于以往效率低下的基因操作,CRISPR/Cas9 技术能够对 DNA 序列精准高效地定点修改,对基因的定位、分离变得更加容易,①分离基因需要投入的研发成本与编辑基因所

① 参见章德宾、罗瑶、陈文进:《基因编辑技术发展现状》,载《生物工程学报》2020 年第 11 期。

投入的成本相比,少之又少。基于对科研成本弥补和激励创新的原因授予专利,已不适合用于基因分离技术成果。正如美国 Myriad 案所展现的一样,BRCA1 和 BRCA2 基因被授予专利权后,在乳腺癌诊断和后续科学研究、下游产业发展领域形成的垄断局面为 Myriad 公司带来的利益远超出分离基因所投入的科研成本,付出与回报失衡。知识产权制度的建立是为了激励创新,促进整个社会的科技进步,保护私权不是根本目的。当低成本付出能得到高额回报时,就会涌入一批侥幸者企图从中获利,随之而来的就是后续科研工作成本的加大,不利于科学技术的进步和发展。这和专利制度设立的初衷相悖。

二、权益要素运行机制

既有知识产权权益理论在面对变革性技术创新活动时的缺陷包括:(1)权益主体的单一化设定。单一化的权益主体无法面对以人工智能为代表的类人形态以及与该形态相关的所有者、制造者的介入所造成的权益生成的结构性变化现象。(2)客体适格性判断标准的价值桎梏。传统理论无法解决变革性技术的类人智能生成对象以及其他非传统类型化产品在"创造性""伦理""价值认定"等方面造成的知识产权客体保护的"囚徒困境"。(3)赋权基础与伦理自洽危机。效益与伦理的冲突由于变革性技术所引发的"劳动赋权"理论的不足,而在知识产权领域被放大,并向深层演进,两者矛盾的调和在既有规范层面没有适当得到体现。包括:(1)权益形态。在变革性技术的冲击下,权益创造者呈现多样化趋势(人工智能本体、其创造者与所有者),赋权基础客体呈现价值判断迁移所引发的权益混合最终造成各类型权益既并列亦交融的新形态。(2)权益流转。以区块链和大数据为表征,知识产权权益正在成为不同社会系统的功能评估和程序性系统授权的对象,其流转的散化与叠加促使"交易价值"逐步替代"使用价值"成为规范调整的重点,能够达到:①在首端,对知识产权权益价值赋权理论予以一定层面的发展与修正,为变革时代背景下知识产权理论的完善提供支撑。②在中端,从效益实现角度出发梳理变革性技术与现有知识产权权益运行的内在逻辑关联,完成对知识产权权益构成要素及其相互间联系的“再定义”。③在尾端,通过规则设计,助推形成与之匹配的规范体系,以确保知识产权权益价值在安全、合理、高效、规范的框架内实现。

第四章　新业态下的知识产权规则诉求

新业态是数字经济背景下通过产业融合、产业分化、产业网络化三种途径从现有经济活动中衍生而出的新型产业组织形态，包括基于不同产业间的组合，企业内部价值链和外部产业链环节的分化、融合，行业跨界整合以及嫁接信息及互联网技术所形成的新型企业、商业乃至产业的组织形态，其创新成果更是与人工智能、大数据、区块链、云计算、虚拟现实等先进技术的发展密不可分。例如，在商标领域，以元宇宙为典型代表的新业态中，虚拟与现实市场具备平行功能，独立的商业模式正在迅速形成，变得像现实世界一样活跃。现今企业单独依靠内部资源进行创新活动已不能适应快速发展的市场需求，因此，要把外部创意和外部市场化渠道的作用上升到重要地位，通过外部的合资、战略联盟或者合作研发等模式来整合内部和外部资源进行创新。在数字经济背景下，与新业态发展相关的体制机制建设应在注重为鼓励新业态形式迅速成长扩张、为新业态发展创造良好制度环境的同时注重秩序监管以维护新业态的健康成长。实证研究显示，创新活动的准整合组织形式频繁出现，其介于两极类型的市场和层级企业组织之间，通常将其称为“开放式创新”。开放式技术创新是在总结现有创新实践的基础上,以全开放、全时空、全范围、全流程、全要素、全嵌入的方式整合全球创新资源的创新过程。创新方式的迭代进步,既是知识产权产生的基础也是构成知识产权规范理论发展的动力,对于新业态产业而言,结合其跨界、融合、分化的特点,企业间跨界协作形成利益共同体,通过引入新的经营理念、技术、方法手段,运用现代化工具激活和优化配置资源,进而创新商业模式,重塑价值链,开放式创新在其中起到关键性作用。

每一种开放式创新策略都是针对相应特定类型市场管理的决策方式。对于新业态产业体系而言,这种创新模式不同于传统的内部研发、内部生产和营销的垂直一体化式,而是主要指产业主体利用各种方法或策略获取外部资源或者通过各种策略来利用创新活动产生的结果,相关策略包括对创新主体和创新项目的收购和衍生品、组织间的协作以及技术的内外授权等各种形式。因此新业态思维下的开放式创新依赖于某种类型的技术或知识市场,而不是单纯依赖于劳动力和产品市场进行研发投入。其可以看作一个准整合化的组织形式,创新活动的组织整合程度操作性较强,可以适用不同市场交易合同的需要,例如,从一个完整的研发合同到简单的许可合同,再到协作合同。在以企业为中心的开放式创新范式中,知识产权被视为促进企业之间知识交换的一种可能机制,这一新范式关注的是组织对外部思想的开放性。开放式创新并没有实质性地改变企业获取知识产权的决定,而是要改变研发主体使用这些权利的方式。市场主体从外部获得技术许可,并通过许可未使用的技术或出售专利来创造价值。组织整合的另一结果是形成一个技术和知识所有权完全解体的市场,即没有与其他智力资源捆绑(整合)的“知识产权”市场,例如专利市场。

另外,所有与新业态的开放创新相关的术语和概念通常都围绕同一个平台汇聚在一起。以新型的互联网新业态经济的典型代表 YouTube 为例,对其所有者谷歌来说,这个平台是开放式创新的典范。它通过利用外部内容来产生自己的收入,将来自自身公司边界之外的创新直接融入自己的商业模式中,这也是用户创新和协作生产的体现。在这种模式中,大量松散联系的人群创造并分享自己的内容。作为文化表达的一种手段,这些内容是非商业性的,但也同时具有商业性质,显示用户创新的经济价值和社会价值。用于开发该平台的一些软件都采取开源的形式,通过通用性公开许可证(General Public License,GPL)或类似许可证的一个版本获得,其内容可以是完全开放的,也可以通过知识共享许可协议以几种标准条款进行许可。这种开放获取或公共领域的材料构成了知识共享的一部分,进而可以将其整合到单用户、协作或开放创新模式中。因此,对于新业态型经济而言,在保护专有权利的同时,人们还应当关注具有市场和层级管理混合的开放式创新的准整合本质,需要额外补充的新型知识产权规则,形成自成一体的知识产权规则体系。

第一节　主体认定科学性

一、理论基础

当今的法律科学经常提到"人""法人""自然人""主体""法律人格""法律行为能力"等术语。应该认识到,上述类别并不是从某一法律体系内部产生的,而是从几个世纪以来众所周知的一连串缓慢进展和复杂的概念发展中产生的。在古罗马,不同作者的作品中,persona 一词很常见,但它缺乏明确的法律含义。后来,拉丁语中的 persona 被用来指"部分""角色""功能""形象",使用这一术语而不赋予其任何特殊含义的传统一直延续到 16 世纪。法国律师 François Duarenus(1554 年)被认为是法人统一概念的鼻祖,他是第一个将 persona 一词与普遍性及其要素联系起来的人。16 世纪末,与"人"相关的人格概念成为法律分析的目标。从那时起,法律专业人士就试图解释作为真实存在的人与作为法律主体的人之间的关系,正因为如此,persona 一词才得以流传下来。对于那些旨在根据人的物质基础来确定人的概念的人来说,只剩下两种选择:(1)要么坚持人是唯一被承认真实存在的法律主体。因此,所有其他造物都被视为"人造的"。(2)要么找到一种方法来证明其他潜在的"主体"可能具有真正的意愿,从而具有存在的权利。尽管人类思维被认为是丰富的,包括知识、信念、好恶和其他元素,但事实证明,经验、理解、情感、决定等只是获取记忆痕迹的结果,其本质上可以看作一种"训练数据"形式。从某种程度上说,人类与机器没有什么不同,并非天生就有文化记忆,而是必须在学习的过程中获得。因此,技术进步正在将人工实体从工具转变为具有创造性的代理人,能够独立于人类寻找灵感。从这一层面而言,人工智能创新产业作为新业态表现形式最重要的代表之一已经突出表现出单一化的权益主体无法面对以其类人形态以及与该形态相关的所有者、制造者的介入所造成的权益生成的结构性变化现象。如果把将人工智能收入作品经典数据集的必要性解释为限制创造力的一个因素,那么人类作家如果上过学校,就不应该被视为有创造力的结论很难站住脚。

二、新型主体的讨论历史:以人工智能为例

随着人工智能的深入发展,人工智能系统已经能够创作文字、音乐、艺术和视觉作品。人工智能系统的原创作品已经呈现在公众面前。这些作品包括由人工智能重新创作的著名作家、作曲家的作品以及全新的作品(Morkhat,2018)。早在1959年,苏联数学家兼程序员扎里波夫就创造了第一个用于生成音乐作品的程序。这位数学家在音乐学院学习时就想到了自动编写音乐的方法,但直到研究生阶段才开始创作。Facebook已经开发出一种人工智能,能够使用不同的乐器将音乐从一种类型转换成另一种类型。例如,它能够将交响乐团演奏巴赫的唱片转换成钢琴演奏。2016年,一组来自荷兰的博物馆和研究人员展示了一幅名为《下一个伦勃朗》的肖像画,这幅画是由一个分析伦勃朗作品的程序生成的。2016年,一部由日本计算机程序编写的短篇小说进入了国家文学奖的第二轮评选。谷歌正在资助一项人工智能程序的开发,该程序将撰写本地新闻报道。谷歌旗下的DeepMind公司开发了一款软件,可以通过聆听录音生成音乐。早在1965年,美国版权局就提出了确定代码生成作品作者身份的问题。当时讨论了承认计算机是作品创作工具的问题,以及在没有人工干预的情况下承认由程序生成的作品的作者身份的可能性。1974

年,美国国会新版权作品技术应用国家委员会再次提出生成作品的作者归属问题,由于缺乏能够独立生成艺术作品的人工智能,修订立法的时机尚不成熟。第一位女数学家拉芙蕾丝(Lovelace)创造了一种分析机制,她参与开发了第一台带有摄像头的算法机器——印刷机,但印刷机仍然是一种惰性工具,只能在人类的协助下运行。10 年后的 1986 年,算法创造力的问题再次出现在美国国会,有报告质疑计算机只是一个惰性工具,无法参与作品的创造。从 1974 年至 1986 年,个人电脑革命出现,各种技术开始自主创作文章,将现有音乐作品转化为新作品或编辑图像,人们开始质疑计算机生成作品的产权。1986 年的一份报告指出,个人的创造力与计算机融为一体,模糊了版权作品与计算机生成作品之间的区别。该报告的作者声称,当用户开始使用技术时,程序员的表达就结束了,而当程序独立于程序员和用户做出自己的选择时,情况就变得更加复杂。即使交互式计算机程序可被认定为生成作品的共同作者,但对于谁应被视为共同作者,是程序员、用户还是两者以及谁应被认定为计算机生成作品的作者都没有明确的认识。

20 世纪 80 年代初,出现了关于电子视频档案及其视听版权的问题。一些法院认为,内容是由计算机自主生成还是由用户操作生成并不重要,在任何情况下,内容都只受游戏代码版权的保护。因此,计算机一直在生产原始作品,其中大部分作品都是基于程序员的创造性输入,可以与画笔和画布等工具相提并论。就这样,计算机在各个活动领域不断取代个人,增强其功能。为机器学习目的而设计的计算机程序有一种内置算法,使其能够从输入的数据中学习,并制定和做出可能是预先指定或独立的未来决策。当该类技术应用到艺术、音乐和文学领域时,机器学习算法也会从程序员提供的数据中学习。算法通过利用爬取的数据来创作新作品,并在整个过程中做出独立决定,以生成新的作品。这种人工智能技术的一个特点是,虽然程序员可以设置参数,但作品实际上是由一个名为神经网络的计算机程序生成的,其过程类似于人的心理活动。

三、主体性分析

在分析知识产权权利主体问题时,不论是作品还是专利,创造性能力的体现都是最为重要的标准,而经常被用来反对机器创造力。例如,有学者将意识和自由意志作为区分人类艺术与人工智能生成的重点。[①] 然而,这种观点如果从"人工智能产业业态"发展角度出发却存在一定的问题。首先,认为作者是一个特殊的独立和自我决定的个体,一个能够创造杰出作品的天才艺术家的想法,实际上过于自信。历史上(甚至直到今天),艺术都是由一群具有独特技能的人(如艺术家或艺术家工作室)创作的,由捐赠者和赞助人资助并按照其要求的规格制作,生产是为了服务于特定的功能等,而并不完全代表"个人心理、情感状况或观点的连贯表达"。此外,对创造力的科学分析表明:"所谓非常有创造力的产品的产生过程也可以用普通的认知来解释。"因此,所谓的人类心灵和想象力的深度,"内在的、精神的世界,以及它应该包含的信仰、动机和恐惧"被认为是支撑人类创造性工作的基础,可能只是一种假设,一种想象力本身的产物。

类似于所谓的"恐怖谷"理论:"在向使机器人看起来像人类的目标攀登时,我们对它们的亲和力在增加,直到我们来到一个山谷。"虽然在大多数情况下,这个概念被用来讨论机器人系统的外观和/或感知认知,但可以断言的是,人工智能的创造力也许位于恐怖谷的最底层,尤其是"创造力通常被认为是只属于人类的属性"。换句话说,恐怖谷的底部是人类对自己的特殊性感到最不安全的地方。因此,机器表面上的创造性行为常常被认为是虚假的或不诚实的。然而,事实证明,在实践中,创造性活动中的人机关系正在从等级关系转变为更模糊的关系,[②]人们很容易将从文化经典中学习知识的过程视为人类和包括人工智能等在内的"新型创作体"之间具有相似之处。不可否认,机器学习系统正在获得识别人类

---

① See Marcus du Sautoy, *The Creativity Code: How AI Is Learning to Write, Paint and Think*, Fourth Estate, 2020.

② See Roland Benedikter, *Can Machines Create Art? A "Hot" Topic for the Future of Commodified Art Markets*, Challenge, Vol. 64:1, p. 75 – 86(2021).

美学规则的能力,并预测人类的愉悦。当人工智能能够将互联网上可用的丰富数据作为演算基础时,这种能力会成倍地增长。然而,人工创造力的产生从根本上同样是基于数据,大数据显示的社会行为模式是人类能够拥有的,最具社交性功能的财富。因此,创造性主体之间的区别不应被视为创造力归属的权威工具。

"人工智能"是否作为发明人的争议通过所涉案件的诸多决定而看似尘埃落定,但事实上即便是决定的做出者也认为这些决定本身还存在大量值得深入讨论的问题,甚至有些关系到专利制度的核心。例如:(1)依据专利法现有理论,只有自然人可以作为发明人。但事实是,自然人作为发明人的理论支撑之一的"构思"原则,实质上已经被人工智能体的创新型工作突破,即人工智能能够在不需要任何人类活动干预的情况下自主生成可用于实用领域的发明,并成为该产业未来发展的趋势。在此前提下,否认人工智能的发明人资格存在合理性矛盾。(2)如果跳脱出单纯的法律视域,而将人工智能发明人资格问题置于经济、科技、伦理等综合性因素下考虑,与既有的结论相对比,否定其主体性的价值有多大。(3)是否存在能够赋予人工智能发明人资格的可行路径。

"源于其自主创造潜力"人工智能在方法上更多地展现出随机性,而不是确定性。即使在几年前重要的概念和体系结构(例如学习系统的培训或训练集的开发)正在或已经迅速地被新概念和体系结构取代。技术本身变得更加倾向于"计算"密集型和推理密集型。这种将概率和推理过程应用于人工智能系统的广泛性方法必然会引发主体资格问题。确定主体的稳定性、可预测性和精确度对于与人工智能技术相关的发明进行可靠和强有力的专利保护至关重要。另外,虽然现阶段,人工智能技术"似乎在狭隘的、特定应用的目标范围内,但人工通用智能(Artificial General Intelligence,AGI)的概念值得考虑。因此,这个现实的问题有必要兼顾未来发展,人工智能的发明能力接近或超过人类智能"①。以"奇

① *Report on Artificial Intelligence and Intellectual Property Policy*, USPTO(Oct. 6,2020), https://www. uspto. gov/about-us/news-updates/uspto-releases-report-artificial-intelligence-and-intellectual-property.

点理论”为例,该观点作为对人工智能智能化程度判断的经典理论,认为测试人工智能“奇点”的到来可以依据其是否能够自主制造出一部机器。“奇点理论的专家们似乎始终对‘即将出现一部机器制造另一部机器’……这些论调深信不疑”①,而这一目标已经在一定程度上由一定的人工智能完成。在制度层面,适度的规则设计,允许人工智能具有法定发明人资格将激励创造性思维的发展。另外,结合成文法的动态解释,发明人是自然人的要求主旨在于防止企业拥有所有权,而不是基于特定生物学或心理学考量,而且专利法的专利性认定涉及发明本身的性质,不是实现发明的主观心理过程,此基础上禁止人工智能的发明主体资格并不十分明智。有学者认为,政策制定者应放弃在可预见的未来赋予人工智能机器人完全法人地位的任何假设,人工智能的技术水平、自主代理人的意识水平和法律自主性并不能证明赋予其法人地位是合理的。相反,政策制定者应在合同和商业法中对人工智能机器人的活动设计复杂的分布式责任,进行问责和赔偿时,尝试建立新形式的法律代理人身份。“法律代理人”的概念是指在民法中确立权利和义务的负责任的代理人的法律地位。智能机器的法律代理可被视为系统中其他代理的责任来源。引入人工智能法律代理权能防止机器人行为规责不清所引发的风险。

因此,展望未来,基于新业态发展的知识产权主体认定规则和程序必须具有灵活性,以允许该领域创新的速度和多样性。这种状态下的法律人格应该是一种“浮动”状态,取决于智能的类型、其最初或当前的功能目的,法律地位可以从简单的形式(表现为这种人工智能仅作为人类工具的法律地位)到赋予人工智能“电子人”法律人格的情况,再到人工智能具有完全法律人格。例如,在没有人类工作人员的情况下,人工智能在外层空间和其他星球(以避免对人类造成危险)。在界定“电子人”的法律人格时,这种方法应成为法律定义的基础。

---

① [美]皮埃罗·斯加鲁菲:《智能的本质:人工智能与机器人领域的64个大问题》,任莉、张建宇译,人民邮电出版社2017年版,第54页。

第二节　客体范围的适应性

面对科学技术创新产生的新知识与新技术，知识产权制度以不断扩张其保护对象的方式予以回应。新业态的出现和发展是以开拓性创新为主要动力，它意味着在更为广阔、更具深度、更加便捷的产业之间的融合。在新业态背景下，确保市场创新活力，激励区块链、人工智能、基因技术等相关领域持续、融合发展是社会创新机制的主要目标之一，也是基于政府对该产业的原创性创新激励的支持。

传统理论无法针对新业态产业解决变革性技术的类人智能生成对象以及其他非传统类型化产品在"创造性""伦理""价值认定"等方面造成的知识产权客体保护的"囚徒困境"。例如，在创新文化产业中，"数字藏品"属于传统意义上的"数字艺术品"。数字艺术品是以数字化方式创作、存储、使用和交付的艺术作品，包含可以以数字形式呈现的艺术作品：图像、声音、视频游戏、视频等。但不同于其他数字艺术品，在我国，数字藏品被定义为一种使用区块链加密技术，对应特定的作品、艺术品生成的唯一数字凭证，在保护其数字版权的基础上实现真实可信的数字化发行、购买、收藏和使用。[①] 从历史上看，许多创意产业的进入壁垒较高，阻碍创作者出现的重要因素是市场为艺术活动提供资金的能力以及获得出版商/发行商向市场进行推广的机会，年轻创作者很难通过传统的艺术品市场实现创作内容货币化。但数字藏品却有所不同，作为区块链技术加密资产的一种创新形态，数字藏品在该功能基础上所形成的稀缺性、独特性、高可控性特点使其能够克服数字文化产品交易中存在的稀缺性价值认定，所有权溯源，交易赋值等难题而天然适用于数字艺术交易。作者可以更容易地创建内容，甚至可以直接自己通过网络进行发布，从而降低了

---

① 参见中国互联网金融协会、中国银行业协会、中国证券业协会：《关于防范 NFT 相关金融风险的倡议》，载中国互联网金融协会网 2022 年 4 月 13 日，https://www.nifa.org.cn/nifa/2955675/2955763/3014136/index.html。

进入市场的成本。在近2年间,数字藏品市场迅速发展,已经形成所谓的新型“加密艺术”业态。市场规则和标准也在不断探索中,在发展的过程中如果能把其定位、边界、使命厘清,做好与实体经济的互相补充,会带来叠加赋能的效果。数字藏品在创作、区块链存证、铸造三个不同的环节存在亟须解决,极具挑战性并且与物权、技术、金融相交叉的复杂问题。

在人工智能“创作”领域,如果单纯地从产品角度来看,根据其新颖性、价值、审美品质和其他所谓的内在特征来评价作品是比较常见的方法。比如就有学者将创造力描述为“提出或制作出新颖、令人惊讶和有价值的想法或人工制品”的能力。① 如果采用这样的观点,图灵测试是评估人工智能创造力的一种方法。然而,这样的测试存在一定的问题,因为它不仅过于以人类为中心,而且还鼓励纯粹的模仿,以及自我取悦。此外,在人类创造力发展的历史中曾经出现大量开创性的作品,这些作品最初被人类视为不具有创作性价值,但最后备受欢迎。目前既有的调查和实验结果也能够从一定层面揭示人类对人工智能生成艺术作品的看法,即与人类创作的艺术品相比,计算机生成的艺术品具有更大的新颖性、复杂性和惊喜性。这种场景曾出现在一次大型当代艺术活动中,参与者被证明在很大程度上无法识别人工智能生成的艺术品的情况。尽管受访者对艺术人工智能的参与感到不适,但无论他们是否了解作者身份,在将创造力和意义归因于人类和人工智能生成的音乐以及不同类型的音乐的情感反应方面都没有表现出显著差异。② 人工智能在文本书写方面也显示出相同的结果——虽然参与者更习惯用算法写作,但当面对真实的人工智能创作时,人类难以区分人工智能的输出与人类的输出,而且即使在发现

---

① See Margaret A. Boden, *Creativity and Art: Three Roads to Surprise*, Oxford University Press, 2012.

② See F. T. Moura & C. Maw, *Artificial Intelligence became Beethoven: How Do Listeners and Music Professionals Perceive Artificially Composed Music?*, Journal of Consumer Marketing, Vol. 38:2, p. 137 – 146(2021).

人工智能的作者身份后，其创造力也没有因此而减少。① 甚至有观点认为，人工智能创作的作品比人类创作的作品具有更高的审美价值。此外，对人工智能创造力预先存在的消极偏见与人工智能生成艺术品的价值高低之间存在间接关系。

以人工智能算法为例，作为新业态中目前涉及人类最密集创新努力的领域，现有的知识产权范式却难以适应这种形式的创新。主要有以下几方面原因：(1)版权并没有提供足够的保护形式。就软件而言，专家一直在努力寻找合适的保护形式。尽管如此，今天的计算机程序往往作为创造性表达方式受到版权法的保护。通过版权保护算法的问题甚至更大，因为这些算法更接近于思想，而不属于版权范围的思想表达。无论如何，算法是否值得在作者的一生加上50年、60年或70年的时间里得到保护，是值得怀疑的。在这样一个快节奏的技术领域，对低创造性的表达给予长期保护似乎是违反直觉的。(2)商业秘密的无效。因为一般来说，人工智能程序的发明过程涉及来自不同企业的众多发明家，特别是创新的主要特征是渐进式和累积性，因此，企业可能对创建跨行业联盟以共享知识和信息感兴趣。事实上，以目前该领域技术进步的速度，如果以商业机密的形式保护人工智能算法，竞争企业最终会迅速披露该主题的细节进而引发真正的风险。(3)既有专利法的误导。专利代理人通常建议避免使用"AI"之类的语言，如"程序"、"数学算法"或"算法"来描述发明，以免被排除在可获得专利的主题范围之外。描述发明所使用的语言也因司法管辖区的不同而有很大差异。例如，欧盟将计算机程序排除在可专利性之外，除非它们具有技术效果或贡献，而日本则特别强调了为"计算机程序等"申请专利的可能性。面对实际受到保护的内容的不确定性，该领域中缺乏资金支持来保护其发明的参与者可能会受到负面影响。同样，由于担心与目前普遍存在的主体资格困境相关的无效程序，投资者可能不太愿意支持具有新业态特点的企业。

---

① See Joo-Wha Hong & Nathaniel Ming Curran, *Artificial Intelligence*, *Artists*, *and Art*: *Attitudes Toward Artwork Produced by Humans vs Artificial Intelligence*, ACM Transactions on Multimedia Computing, Communications, and Applications, Vol. 15:2, p. 1 – 16(2019).

第三节　权益流转的顺畅性

技术创新是产业发展的关键动力，随着颠覆性技术的不断涌现和市场结构转型的加速，仅依靠单一主体的内部资源和力量不可能实现革命性创新。传统的封闭式创新和“1 + N”式开放式创新面临诸多挑战，新业态形式所带来的，更高的开放性和更强的互动性，“N + N”共享创新应运而生。新业态的核心和基础是互联网，以互联网的延伸和扩展为主要方式，客户端能够将信息交换和通信扩展到任意两个链接点之间，并依据协议利用人工智能、射频识别、红外传感器、全球定位系统，以及激光扫描仪等硬件、软件设施实现万物互通，达成对物和信息的智能识别、定位、跟踪、监控和网络管理。智能系统作为互联网的关键技术创新，将真实物理空间与虚拟信息空间进行坐标映射，实现通信、计算、控制一体化。此外，智能系统以全新的方式实现物与物之间、人与物之间的主动协同交互，从而在物理世界中编织出内生互联的智能协同网络。

在当前宏观经济形势下，传统的依靠密集投资和人口红利来推动经济增长的方式，已经无法适应中国未来的经济发展。未来中国需要从技术创新和高质量投资中寻求新的经济增长点。这一波变革性技术的兴起，主要是因为数据、计算能力、算法的飞跃。一是移动互联网的普及带来的大数据爆炸；二是云计算技术应用带来的计算能力的飞跃和计算成本的持续下降；三是机器学习在互联网上的应用和推广。与之对应，由于智力资源本质上比物质资料和财产权更为复杂，这造成知识产权对于创新系统的治理和管理功能在各种创新行为规制中所发挥的功能性作为更为突出，能够通过激励、协调发明和创新活动来发挥应有的价值，其主要表现在以下三个层面：社会及政府、市场以及各种各样的营利组织与非营利组织（公司、大学等）。在这些层面上，知识产权制度提供了产品研发以及交易的契约基础，一套预先定义的、标准化的规则契约安排和规则。然而，知识产权既不是单一的，也不是静态的，而是由权利束组成，其中包含使用资源的权利、排除他人使用的权利、将资源转让给他人的权利，以及获得部分或全部孳息的权利。这些"权利束"的组成部分可能随着时间的推移而改变。知识产权权利束赋予持有者对一种资源以某种程度的强有力控制权利，即所有权。更重要的是对于创新行为主体而言，知识产权权利束的设计或优化会受到功利主义、经济和科技进步的深入影响，而不会受到来自道德层面和义务论的过分干涉。知识产权的一个特殊性是它不能将初次和唯一占有作为特征，因此，应确保交易智力成果之后，权利人依然能够对该资源进行控制。这个特性的重要作用关系到新业态组织边界的概念和整合程度，能够为具有融合性、交叉性特点的知识产权创造、交易提供便利。例如，使用各种类型的许可证，完全控制新技术和知识资源流动的交易方案，对新技术和知识资源权利分配，知识共享和收益、风险的共享。

除了商业模式的创新，新业态还涉及产业链升级、社会组织形态等各方面的变革。例如，信息技术与制造业中的研发、设计、生产、营销和服务等环节相互融合，能够显著提高效率，提升产业附加值，同时也导致了产业链两端（生产服务环节和加工制造环节）的分离。近几十年来，私人垄断领域与公共自由获取领域之间的界限日益向封闭化和商品化转变，这种转变是由新技术引起的知识产权不断横向扩张所造成的。对于每一种新的颠覆性技术，政策制定者往往会创设一种新的权利，但实质上更多的专有权会自动带来更多的创新是一种误解。在许多情况下，事实可能恰恰相反，知识产权给后续创新设置了大量不必要的许可障碍，造成专利、版权和数据库丛生，知识产权重叠的密集网络，密不透风的层层权利森林对快速创新产生负面影响。这种趋势会阻碍企业顺利进入市场取得创新业绩，并形成法律上的不确定性，使企业不愿进入受丛林影响的技术领域。各方主体要想真正实现新技术的商业化，就需要在知识产权管理方面进行自我革新。与之对应，相关的知识产权规则模式也应当随之革新。

因此，从治理的角度来看，合适的知识产权权益分配方法是将产权及其相关使用权的分配与组织中一般管理责任的分配进行融合，形成一种非市场等级治理的安排。源自产权的决策权一般是在治理结构中通过分权而形成的,从所有权中分离出来的使用权分配,实际上意味着所有权和控制权的分离,可以达到智力资源和物质资源的治理目的。知识产权作为不同层次的治理工具的观点(或新出现的范式)引发了几个需要探讨的问题,如披露、许可、公共补给、私人权利。使用权的许可而不是所有权的分配是利用知识产权作为创新治理工具的关键,通过广泛的可实施合同条款,许可可以根据何时、何地、如何以及使用者知识资源的权利进行调整,甚至去复制一个创新活动的开放资源,进行各种类型的 IP 服务,支持非营利组织、集体或者监管实体等。通过将带有条款模块的许可合同予以标准化,并构建到合同架构中以节约交易成本和交易时间,其还能够适合于由人工智能支持和激励的"智能合同"。

总之,科技创新和技术创新是知识经济的核心,变革性技术以及以此为基础形成的新业态发展趋势反映了从工业经济向知识经济的转变。第一,复杂性增加。产品或者服务由更多的独立组件组成,反映了更复杂的技术参数。第二,产品具有跨领域知识内容,基于理论洞察力和科学实验产生,而不再是基于单一的实践经验。第三,专利家族通常有一个共同的通用科学基础,具有多个不同的应用,随着时间的推移在可测量的参数内发展。第四,技术产品依赖性更强,各种技术以互补的方式互操作。第五,技术的冗余、创新周期更短、产品生命周期更短。因此,技术变革变成了一个合作而不是个人努力的问题:大多数创造由个人或组织之间协同完成,而不再是由单个的个人或孤立的实体完成。技术复杂性的增加不可避免地导致了组织复杂性的提升,形成了一个与技术变革相匹配和可能的组织创新过程。因此,就法律而言,知识政策非常关注促进创新的各个阶段的有效整合。新业态的出现表明知识财产控制正在经历从个人实际向法律制度以及社会需求的过程,单维度主体下的并列式权益形态以及由此为基础的权益运行方式已经无法满足需要,只有通过强调"流动性"特征才能最大限度发挥效用。在变革性技术的冲击下,权益创造者呈现多样化趋势(人工智能本体、其创造者与所有者),赋权基础客体呈现价值判断迁移所引发的权益混合最终造成各类型权益既并列亦交融的新形态。

第五章　突破型知识产权主体的认定

2019 年 7 月在萨里大学(Surrey University)任教的瑞安·阿博特(Ryan Abbott)教授开始负责领导一个由知识产权专业人士、研究人员和顾问组成的国际团队(人工智能发明人项目“AIP”)向美国专利商标局、EPO 以及其他几个国家的专利管理机构陆续申请由泰勒及其团队研发的人工智能系统 DABUS 作为发明人的发明专利。这两项发明分别为:(1)以分形几何为基础的塑料容器。其分形形状的冲洗剖面具备中空和突出的特点,可以提供更多的可堆叠或连接性构造,从而便于运输和储存。(2)紧急情况报警的闪光灯(名为“神经火焰”)。[①] 在其后的一段时间内,及至 2020 年 4 月,包括美国、英国、德国、欧盟等在内的国家和地区的专利管理部门,陆续对该发明申请作出决定,一致认为,即使在有授权的情况下也不能将 DABUS 作为专利的发明人。该决定在世界范围内引起了广泛关注。具备独立创新能力的人工智能体是

---

① 该装置由可调光源组成,可以根据频率来设计闪光灯,从而具备被特定检测系统有效拦截的特性,适合于一致性定位从而能够在需要报告紧急情况时发挥特别作用。See *Petition Decision*: *Inventorship Limited to Natural Persons*, USPTO (Apr. 27, 2020), https://www.uspto.gov/subscription-center/2020/petition-decision-inventorship-limited-natural-persons.

否能以自己作为发明人申请专利的问题再次成为知识产权、计算机、伦理甚至社会等学界讨论的热点。不同于以往，DABUS 案呈现出以下特点：(1)这是真正意义上的以人工智能为发明人申报专利的第一起案例。(2)其研发团队认为，DABUS 具有不需要人类干预的完全自主创新能力，拟申请专利的发明就是 DABUS 的创新性成果。(3)为确保 DABUS 获得发明人权利，申报人进行了一系列法律技术性操作，其研发团队认为已经能够满足专利制度的需要。(4)而以美国为代表的各国和地区的专利管理部门，从法理、判例、法规阐释、社会影响等多角度对该案所做的决定予以解释，足以体现其对 DABUS 的重视程度。DABUS 案从专利性审查到案件的审理历时 2 年，涉及多个国家和地区，可以作为说明知识产权主体在面对高新技术时所需解决的问题的一个典型案例。

除此之外，在其他领域，如内容创作方面，人工智能生成对象，具有成本低、产生速度快、针对性强等特点，其市场价值大，增长速度快。那么，“首先要提出的问题是：机器人生成的货物和服务在社会上如何分配？这种财富的分配需要对所有权、生产和消费有一个新概念。在一个没有工作的潜在世界上，对财富的某种再分配形式将是必要的”①。对人工智能生成对象进行所有权认定和保护，从经济学的角度，将有助于防止基于人工智能技术所产生的大量无主“产品”涌入市场，对具有版权的作品价值形成冲击。

第一节　知识产权主体理论阐释

摆脱基于哲学思辨下的纯粹伦理讨论，如果仅仅从作为法律基础的伦理出发，那么以人工智能为代表的专利主体性在知识产权领域所涉实质问题主要有三：(1)目的性和自由意识是否是成为知识产权权益主体

① [美]Phil McNally、Sohai Inayatullay：《机器人的权利——二十一世纪的技术、文化和法律(下)》，邵水浩译，载《世界科学》1989 年第 7 期。

的必备要件。(2)在问题(1)的前提下,创新是否只能由自然人完成。(3)在问题(1)和问题(2)的前提下,知识产权权益是否只能由自然人拥有,由此所产生的社会效益与知识产权创设之基本价值取向能否贴合。

一、目的性与自由意识

对于第一个问题,经典法学理论认为主体性认定至少由两部分构成:目的性和自由意识,这是理解法律(和道德)行动的基石。这一判断是建立在将行动的目的和导致行为表现的意识视为世界上的"真实的存在",独立于人的头脑的基础之上。然而,复杂的社会互动网络的运行却是基于这样的事实:不管人类行为的真正性质如何,需要通过构建一个利用目的、自由意志、自主等定义的概念性机制来对其进行管理,即目的性和自由意志不是"实质"性的,而应该被理解为是人们为特定目的实现归属的设定结果,被"概念化"的工具,它们不能构成法律(或道德)责任的必要条件。以虚拟法律人格体——"法人"为例,即使在不可能清晰识别的情况下,法人的行为总是可以追溯到一个人或一群人的行为,换句话说,公司和类似实体的法律责任与代表其的公司内部人员的行为有关。从这个角度看,让法人具备主体资格,承担法律责任并不违背传统伦理对法律主体的理解,相反,它是一种能够用来确保更有效、更迅速地维护公平的有效的规范性工具。因此,阻止将责任归因于机器的道德判断以一种自动的、无意识的方式出现在思维过程中是道德直觉运作的结果,不能作为在"实践意义上"行为有效性的唯一判断,"一个自主的机器人需要被视为社会互动网络中的一个真正的参与者,而不仅仅是一个促进正义追求或提供更多公平的法律门面"①。

二、创造能力的取得

对于第二个问题,在专利法架构下,要想获得专利首先要有一项发

---

① Bartosz Brozek & Marek Jakubie, *On the Legal Responsibility of Autonomous Machines*, Artif Intell Law, Vol. 25, p. 300 - 302(2017).

明,而发明形成的同时就意味着应当有一个发明者。发明者则必须是最接近发明过程,即形成创造性构思,并予以实现的主体,创造性是否只能由自然人具有就构成了这一问题的核心。美国学者米哈里·希斯赞特米哈伊在定义创造力时提出三种现象,具体包括:(1)不同寻常想法的人;(2)以新奇或者;(3)独立方式体验世界的人以及"天才",在讨论创造力的形成机制时,其提出创造力起始于"问题",并且尤为重要的是,发现"问题"这一过程本身同时构成"创造力"产生的部分。很明显,学者将"创造力"概念紧密地与自然人结合在一起,并划定在人类这一族群内。[①]与之对应,在司法实践领域,美国曾在多个判例中裁定,发明构思(conception)的精神步骤必须由自然人实施。而如果人工智能没有问题意识(它的问题是人类程序工程师输入的),只具有解决问题的能力,则其显然不具备作为发明人的资格。

但是,当将发明构思(conception)理论纳入当下科技变革时代的大背景下就会发现,该理论中将"构思"作为"精神步骤"而只能与自然人产生唯一对应联系的观点本身值得推敲。美国联邦法院在20世纪40~50年代,曾一直将"天才的闪光"(flash of genius)原则作为判断发明可专利性的唯一标准。美国国会认为,一种新的装置或方法"无论它有多有用,都必须显示出创造者的天才闪光,而不仅仅是一种技能的展示",才能申请专利。这一过程被解释为:一项发明必须在"天才的闪光"的时刻出现在发明者的头脑中,而不是"长期酝酿和思考结果"。"天才的闪光"说所代表的当时可专利性发明的标准显然是基于专利权人(发明人)满足可专利性所要求的技术进步中应当包括精神行为(mental act)的性质,而不仅仅是基于技术进步本身所具备的客观属性。[②] 然而,美国国会在1952年废除了该标准。美国联邦最高法院后来声称,"天才的闪光"只能是一种语言修辞上的点缀,这一要求所涉及的应是发明对象的特性之一,而不能

---

① 参见[美]米哈里·希斯赞特米哈伊:《创造力:心流与创新心理学》,黄钰苹译,浙江人民出版社2015年版,第24页。

② See *The "Flash of Genius" Standard of Patentable Invention*, Fordham Law Revie, Vol.13, p.84-91(1944).

是发明方式本身,发明是"从长期的辛劳和实验中产生的,还是从天才的闪光中产生的应该无关紧要"①。从"天才的闪光"理论的废除到发明构思(conception)理论的建立事实上蕴含了"精神行为要求"从可专利性标准中被逐步削弱的过程。相对于发明构思(conception)理论而言,之前的"天才的闪光"却恰恰能够解释有些发明不是从构思中衍生出来的,有可能仅仅是基于偶然的结果,例如,由意外导致的著名专利产品包括便利贴等。另外,从心理学角度出发,专利核定中"精神行为要求"(mental act requirement)的确切性质尚不清楚。图灵在创建图灵测试理论时就分析表明:"精神行为要求是模棱两可的,管理起来很有挑战性,用途也不确定。"②

如果从"可专利性主题"出发,在 1980 年前,人们普遍认为生物不受专利保护,但其后,美国联邦最高法院在 Chakrabarty 一案中裁定:"根据《美国法典》第 10 条,活的,人造生物具备可专利权主体性","拒绝对'国会没有考虑到的领域的发明'提供专利保护会阻碍专利法目的的实现。"该案的首席大法官沃伦·伯格(Warren Burger)同时在判决中指出:"应该选择扩张性的语言来保护范围广泛的,可申请专利的主题。"③该判例清楚地表明,基于专利制度与科学发展的紧密联系以及其在推动社会进步中所发挥的重要作用,从人类广泛利益的角度出发,专利制度应该保护在制定专利法规时尚未预料到的主题。回归到 DABUS 案,在专利申请被驳回后,2020 年 8 月,泰勒对美国专利商标局发起诉讼,其认为允许人工智能作为发明人申请专利符合《美国宪法》第 1 条第 8 节第 8 款(U. S. Constitution, Article I, Section 8, Clause 8)的精神实质。该条款允许国会采用适当的方式促进科学和实用性技术的进步。因此,为人类发明提供的激励措施同样也适用于人工智能发明,否认人工智能发明的专利会阻

---

① 35 U. S. C. § 103.

② Jose Hernandez-Orallo, *Beyond the Turing Test*, Journal of Logic Language and Information, Vol. 9, p. 447(2000).

③ Diamond v. Chakrabarty (1980) 447 U. S. 303, Leagle(Jun. 16, 1980), https://www.leagle.com/decision/1980750447us3031737。在该案中法官认为,根据美国专利的历史解释:"发明或发现任何新的和有用的过程、机器、制造或物质组成,或其任何新的和有用的改进的人,都可以根据该标题的条件和要求获得其专利。"

碍具有社会价值的发明创新产出,从而破坏专利体系。泰勒同时援引美国联邦最高法院 J. E. M. Ag Supply, Inc. 诉先锋公司案作为依据:可申请专利的对象应当包括新的和不可预见的客体。①

《美国法典》第 35 条第 103 款规定:“不得因发明的方式否定可专利性。”对于创新而言,其过程既包括被称为“天才的闪光”的偶然性创造,但更多的是发明人知识累积的体现和实践劳动的付出。这一过程对于人工智能同样适用。虽然尚不完全清楚人工智能能在多大程度上模仿人类思维进而产生创造性输出成果(该部分阐释详见“技术”部分),但人工智能通过大量的数据学习,从中找到新的连接,发现新的规律,最后创造出全新的知识、产品和工艺的路径与人类思维几近相似。将发明活动简单、生硬地与人类精神行为进行单一联系缺乏准确或有意义的价值指向。专利法没有提到智力行为,因此,法院讨论智力活动应主要是从确定一项发明是何时做出的角度出发,而不是从它是否具有创造性的角度出发。在任何情况下,创造性计算机是“思考”或是否有类似于意识的东西,都应该与发明性标准无关②,发明涉及精神行为要求(mental act requirement)的理论不应成为妨碍人工智能作为发明人的障碍。

三、作为必要标准的道德意识

对于第三个问题,伦理学界认为“当前流行的人工智能伦理学的研究方法应该是以德性伦理学为导向,以价值取向和人格特质为目标的德性伦理学。因此,伦理不再被理解为一种受到道德论启发的勾选活动,而是一种促进个性发展、改变态度、加强责任和获得勇气,以避免某些被认为是不道德的行为的范式”③。具体到人工智能,“进化性机器人的研究已

---

① See J. E. M. Ag Supply, Inc. v. Pioneer Hi-Bred International, Inc. (2001) 534 U. S. 124, Justia US Supreme Court Center(Dec. 10, 2001), https://supreme.justia.com/cases/federal/us/534/124/#tab-opinion-1960987.

② See Ryan Abbott, *I Think, Therefore I Invent: Creative Computers and the Future of Patent Law*, Boston College Law Review, Vol. 57:4, p. 1079 - 1126(2016).

③ Thilo Hagendorff, *The Ethics of AI Ethics: An Evaluation of Guidelines*, Minds and Machines, Vol. 30, p. 99 - 120(2020).

经解决或者超越人类智能的水平,简单地将工具性或奴隶性的伦理机制植入机器之中是不可行的,人机之间的伦理应该是一致的或者相互协商的"[①]。因此,人工智能发明人资格问题的实质,涉及一个在更为开放角度下的,知识产权独有的道德问题,即从公共利益的角度出发,社会公众有权利知道谁是发明的"真正"创造者。换言之,如果社会公众从一项新技术中受益,那么确定并标明真正的发明者就是一项道德义务。这种道德义务的设定,符合在更具未来性、前瞻性视域下的人机和谐关系的构建要求。举例说明,假设自然人 A 指示其人工智能系统开发更好的耐火材料,并给出一些公开可用的数据资料。在 A 对创新过程没有做出任何贡献,没有人为干预的情况下由人工智能将材料开发完成的,如果只允许将自然人作为发明人或者政府向公众故意或者通过人为设置障碍的方式隐瞒发明者就是非道德的行为,"专利法保护人类发明家的道德权利,承认机器是发明家将促进这一功能。目前,个人在没有付出发明劳动的情况下声称拥有自主机器生成发明的发明权,会削弱专利制度的道德价值,因为这使得个人从未做过的工作中获得荣誉。"[②]一方面其行为明显与确定可专利性的"构思标准"理论——"发明人在头脑中形成了一个确定的、永久的、完整的、可操作的发明的构思,并且随后将在实践中得到应用"[③]不符;另一方面这意味着社会无法获知"真实"发明者之基本情况,这与已经在全社会达成的普遍共识,对人类基本权益保护以及对最高道德维护而设定的,处理人与人工智能伦理关系的"透明度"准则产生矛盾。为提高对人工智能技术的理解、信任和利用,2020 年 8 月,美国国家标准与技术研究院(National Institute of Standards and Technology,NIST)通过发布文件的形式对开发"可理解"的人工智能进行解释。文件提出:应该建立一套标准,以期对人工智能系统(包括机器学习、神经网络和其他形式

① 崔中良、王慧莉等:《人工智能研究中交互性机器伦理问题的透视及应对》,载《西安交通大学学报(社会科学版)》2020 年第 1 期。

② See Ryan Abbott, *I Think, Therefore I Invent: Creative Computers and the Future of Patent Law*, Boston College Law Review, Vol. 57:4, p. 1079 - 1126(2016).

③ Townsend v. Smith (1929) 36 F. 2d 292, 295, Court of Customs and Patent Appeals (Dec. 19,1929), https://www.leagle.com/decision/192932836f2d2921202.

的人工智能)所实施的包括提出建议、得出结论或采取影响个人权利或自由的行动、如何获得其输出结构以及如何实际开展工作提供有意义的解释。这套标准应该能够为个人提供足够的信息以帮助使用者及结果适用对象了解人工智能系统作出了什么决定,为什么作出决定,以及在什么基础上作出决定。为实现以上目的,NIST 提议建立一个可解释的人工智能框架,其内容如下:(1)解释。人工智能系统必须为其所有输出结果的产生提供相应的证据、说明或理由。(2)具有意义。人工智能结果产生的说明必须是有意义的,即在系统框架内达到社会以及个人能够理解的幅度。(3)准确性。人工智能的结果说明必须准确地反映系统产生输出的过程。(4)知识限制。确保人工智能系统只能在既有设计的条件下或当系统对其产出结果有足够的确信时才能运行。知识限制的声明,可以防止误导、危险或不公正的决定或输出,进而增加对系统的信任度。[①] 该准则要求人工智能系统的运行必须透明,并以公开的方式交流系统的功能和目的,辅助人类意识到他们正在与人工智能系统进行互动,并且明确告知系统的能力和局限性,进而确保以可信赖的方式开发、部署和使用人工智能系统。即便在存在所谓"黑匣子"现象致使对模型生成特定输出或决策无法进行清晰解释的情况下,也要在可能的范围内,尽最大之努力与采用必要之技术手段对直接或间接受决策结果、产品、方法影响的人说明人工智能生成结果。同时需要充分利用可追溯机制以实现数据、系统和人工智能业务模式的透明。[②]

虽然有学者认为:"知识产权主体制度是将以自然人为原点作为伦理原则,并以人格理论和激励理论为伦理依据而构建的。人工智能作为知

---

① See *Draft NISTIR* 8312 – *Four Principles of Explainable Artificial Intelligence*, https://www. nist. gov/system/files/documents/2020/08/17/NIST% 20Explainable% 20AI% 20Draft% 20NISTIR 8312%20%281%29. pdf.

② 2019 年 4 月,欧盟委员会发布由人工智能高级专家组起草的《可信人工智能伦理指南》(Ethics Guidelines for Trustworthy AI),提出人类自主性、防止损害、公平、可解释等原则,以及人的能动性和监督能力、安全性、隐私数据管理、透明度、包容性、社会福祉、问责机制等 7 项基本要求。See *Ethics Guidelines for Trustworthy AI*, Shaping Europe's digital future (Apr. 8, 2019), https://ec. europa. eu/digital-single-market/en/news/ethics-guidelines-trustworthy-ai.

识产权主体将动摇现有知识产权主体的伦理根基,甚至影响整个人类的未来发展。如果将人工智能作为知识产权主体(包括作者、发明人或者设计人等),则直接与以自然人为原点的伦理原则发生两种冲突"①。但"与社会科学不同,没有哪一个科学发现或者重要技术来自按部就班的设计和计划,它们都是黑天鹅的产物","既然黑天鹅事件是不可预测的,那么我们就需要适应它的存在(而不是天真地试图预测它们)"②。人工智能是最有可能出现黑天鹅事件的领域之一。法律中对"自然人"主体性的判断有着根深蒂固的历史渊源、逻辑支撑和伦理认可,而知识产权可以有所不同,尤其是在以创新作为基础支撑和动力的专利领域,其理论与实践的发展必须面向科技进步,要独具前瞻性预设和对不可预测性的理性表达。因此,人工智能在伦理方面的阻力不应成为阻碍其在知识产权领域发挥创造性功能的障碍,恰恰相反,应当将其作为人工智能主体性认知得到嬗变的突破口。人工智能生成发明已经出现并且必将持续发展,这些发明不应仅仅因为没有构思就被排除在专利保护之外。

第二节　主体认定所面临的挑战

一、DABUS 案之结论说明

(一)美国

根据美国专利商标局对 DABUS 申报专利案的描述,2019 年 7 月 29 日泰勒作为申请人提交发明正式申请案,申请号 16/524,350,发明人一栏填为"DABUS",申请人及受让人为泰勒。同时,泰勒以 DABUS 法定代表人兼受让人名义代 DABUS 签"Substitute Statement"(替代说明)。这一替代说明明确"DABUS""是一台产生创造性机器……其发明交由泰

---

① 曹新明、咸晨旭:《人工智能作为知识产权主体的伦理探讨》,载《西北大学学报(哲学社会科学版)》2020 年第 1 期。

② [美]纳西姆·尼古拉斯·塔勒布:《黑天鹅:如何应对不可预知的未来》,万丹、刘宁译,中信出版社 2011 年版。

勒先生本人”,即以取代原应由发明人亲自签名的发明人宣誓书,其目的在于使申请能够在不经发明人签字的情况下产生效力。同时泰勒通过代签一份转让书的方式,将 DABUS 的发明的相关权利转让予自己。美国专利商标局随后于 8 月 8 日寄发官方答复,限期提示要求申请人提供符合美国法规的发明人的合法姓名。申请人于同月 29 日依 37CFR(Code of Federal Regulations:《美国联邦法规》)1. 181[①] 提申请书,请求美国专利商标局重新考虑并撤回前述函件。美国专利商标局在 12 月 17 日驳回了泰勒在 2019 年 8 月 29 日提交的请愿书并制发第二份官方回复,再次要求补充符合美国法规的合法发明人姓名,而申请人泰勒于 2020 年 1 月 20 日依然是依据 37 CFR 1. 181 作为答复。

泰勒及其专业团队充分利用美国专利制度以及民事合同规范,试图通过签订权利转让书等形式,弱化 DABUS 作为“人工智能程序”而非法律规定之适合申请人的事实。但是,针对这份申请,美国专利商标局刻意回避“人工智能创造性思维”这一具有技术特征的前瞻性问题,坚定地将其决定植根于现有法规和判例法中,并为此引用诸多理由和判例予以说明,包括:(1)《美国法典》(35 U. S. C. § 101)第 35 编第 101 节:①将“发明者”定义为“个人”(an individual);②该条款同时提到是“何人”(whoever)创造一项新颖并具有实用性的发明而不是“何物”(whatever)以及《美国法典》(35 U. S. C. § 115)第 35 编第 115 节,应当使用个人(individuals)这一自然人特有的代词,如“本人”和“她自己”(“himself” and “herself.”)来指代发明人。③《美国法典》[35 U. S. C. § 100(f)]第 35 编第 100(F)节规定:“‘发明人’指的是个人或者,如果是一项联合发明,共同发明或发现发明主题的人。”所有这些条款都传达出一个法律理念,即“美国专利法语境意味着发明人必须是自然人”。若依申请人所请扩大发明人一词的解释,让机器也可列为美国专利发明人将与法条之字面含义产生抵触。这意味着,即使本案申请人坚持不放弃,除非法院另

---

① See Electronic Code of Federal Regulations (eCFR), https://www.ecfr.gov/cgi-bin/text-idx? SID = dcce633fa9c2d5ea497ada4ff6036139&mc = true&node = pt37. 1. 1&rgn = div5#se37. 1. 1_1181.

有解释,国会正式修法,从法理上官方接受 DABUS 作美国专利发明人的概率很低。(2)联邦巡回法院判例(Federal Circuit)。具体包括:①在 Beech 飞机公司诉江户公司(Beech Aircraft Corp. v. Edo Corp.)一案中,联邦巡回法院认为"只有自然人(natural persons)可以是'发明人'"[①];②在犹他州诉 Max-Planck-Gesellschaft zur Forderung der Wissenchaften E. V. 案中(Univ. of Utah v. Max-Planck-Gesellschaft zur Forderung der Wissenschaften E. V.),联邦巡回法院驳回了公司或主权国家可以作为发明人的说法。因为根据相关法规和案例,除了美国专利商标局的规则和条例外,仅限于自然人拥有发明权,并同时指出"发明构想是由发明人个人(individuals)产生的是公认的公理"[②]。(3)《美国专利审查程序手册》(The Manual of Patent Examining Procedure,MPEP)。《美国专利审查程序手册》将"创造"的概念定义为"发明行为的精神部分"和"发明人在头脑中形成一个明确而永久的想法,因为它以后将在实践中加以应用"。借此,美国专利商标局认为,"精神"和"头脑"("mental" and "mind")这两个术语表明,创造必须由自然人而不是由机器完成。

由此可见,正是由于泰勒代表 DABUS 签署权利转让书的行为使美国专利商标局认为申请人泰勒知晓 DABUS 作为人工智能系统依现行法律无法拥有财产的事实,因此质疑申请书的效力以及泰勒作为本案申请人的资格。同时,美国专利商标局通过对专利法的条款阐释、既有判例的分析,结合实务操作标准认定只有自然人可以作为发明人申请专利。

(二)欧盟

在相同的专利申请向欧盟提出后,EPO 严格依照 EPC 第 19 条第(2)款:"EPO 不得核实指定发明人的准确性"对申请的合法性予以研究,于 2019 年 11 月要求申请人对其所申请的专利进行口头答辩,理由是提交申请中指定的发明人不符合 EPC 第 19 条第(1)款的规定:"欧洲专利申请应指定发明人。如果申请人不是发明人或者不是唯一的发明人,该项

---

① Beech Aircraft Corp. v. Edo Corp.,(Fed. Cir. 1993) 990 F. 2d 1237,1248.

② Univ. of Utah v. Max-Planck-Gesellschaft zur Forderung der Wissenschaften E. V.,734 F. 3d 1315,1323 (Fed. Cir. 2013).

指定应包含一项说明专利权来源的声明”,而指定的发明人应“说明发明人的姓氏、姓名和完整地址,载明 EPC 第 81 条所述的说明,并注明申请人或者其代表的签名。”并且,EPO 通过文本溯源的方式同时援引 1973 年《欧洲专利公约实施条例》来支持他们的论点,该文件使用“人”(human)一词来描述发明人,强调发明人或其所有权继承人(EPC 第 60 条)应当具有自然人才享有的道德上的权利(EPC 第 62 条)。

根据 EPO 的决定,给予自然人以姓名(无论是由某一姓名和姓氏构成还是由单一姓名组成)不仅起到识别作用,而且还使其能够以特定身份行使某些权利,从而构成人格的一部分。发明人正是基于明确和强有力的法律人格地位才拥有被赋予专利的权利。相反,如果缺少一个合法的“姓名”,则会被视为没有对等法律人格,缺乏行使权利的能力。这一点在 EPO 的说明中得到很好的解释:“人格是由于自然人是人而赋予的,法人人格是根据法律拟制分配给法人的。就非自然人而言,法人人格仅以法律虚构为基础。这些法律规范要么是直接由立法创造的,要么是通过连贯的判例发展而来的。如将人工智能指定为发明者则缺乏立法或判例建立这样的法律拟制制度。”①因此,EPO 明确指出,专利权所有者仅指自然人,人工智能系统或机器不能拥有作为发明者权利,例如,在专利申请中被称为发明人或被指定为发明人。

对于专利申请人所提出的另外两个问题:(1)申请权的转让;(2)发明来源的明确。EPO 认为,既然人工智能系统不具备作为专利权人的资格,所以不能对它们的成果拥有任何法律上的所有权,进而无法成为协议的缔约方(该协议仅限于自然人)而通过合同或继承的方式完成权益的转让。而且,人工智能本身应该是所有权的对象,系统的所有者可拥有该系统或机器的成果。然而,这并不意味着所有权人就是发明人,成果的所有权问题必须与发明权问题区分对待。对于第二个问题,申请人依据《欧洲法典》第 52 ~ 57 条提出只要存在可申请专利的发明(在 DABUS 发明

---

① See Communication That the Application No. 18 275 163 Is Refused, EPO(Jan. 27,2020), https://register.epo.org/application? documentId = E4B63SD62191498&number = EP18275163&lng = en&npl = false.

的可专利性这点上 EPO 并没有提出反对意见)就必须向公众公布其发明人。EPO 认为,指定发明人是专利申请必须满足的形式要件之一,对其的审查独立于与发明有关的专利实质性审查。从某一主题事项符合 EPC 第 52 ~ 57 条关于可专利性的要求出发,无法推断该申请是否符合该公约规定的正式要求。相反,对发明人资格的评估,包括对发明人的指定,是在关于可专利性要求的实质性审查之前独立进行的。也就是说,专利所有权人资格审查是专利实质性审查的前置程序,并独立于实质性审查。在所有权人无法明确的情况下,无法对发明是否具有专利性进行审查。

(三)英国

英国知识产权局(UKIPO)也同样拒绝接受 DABUS 作为发明人的专利申请。在最终裁定中,UKIPO 的审查员休·琼斯(Huw Jones)援引《专利法》(1977)第 7 条和第 13 条以及《专利规则》(2007)第 10 条认为,英国专利审查办公室承认在该项专利申请中"DABUS 创造了这些发明",但由于它是一台机器,而不是自然人,因此不能被视为发明者。此外,由于 DABUS 对这些发明没有权利,因此其申请人也无法从 DABUS 获得发明的权利:"似乎没有任何法律允许在发明人本身不可能持有财产的情况下将该发明的所有权予以转移。"但同时,英国专利审查办公室在裁决中承认:"正如申请人所说,人工智能机器创造的发明将来可能会越来越普遍,专利制度应如何或是否应处理这类发明,是一个合理的问题","现时的制度并不适合这类发明,而且从来没有预料到会这样做,但时代已变,科技已向前发展。对此进行更广泛的辩论是正确的,对法律的任何修改都应在这一辩论的背景下加以考虑,而不是武断地将其纳入现有的立法。"①这为人工智能作为主体申请专利留下想象空间。

(四)其他相关组织的建议

在得出人工智能系统不得作为发明所有权人申请专利的结论之前,美国专利商标局基于技术、经济等层面的考量,曾向包括知识产权所有者

① See Patent Decision BL O/741/19, IPO (Dec. 4, 2019), https://www.ipo.gov.uk/p-challenge-decision-results/p-challenge-decision-results-bl? BL_Number = O/741/19.

协会、电气和电子工程师学会(IEEE—美国)、环大西洋贸易组织等多个组织提出过意见咨询。这些组织一致认为根据目前既有的法律、知识产权理论、实践以及技术,人工智能不具备单独作为发明人的条件。其中,电气和电子工程师学会(IEEE—美国)为代表就人工智能获得发明所有权问题从技术领域进行了详细说明,在对人工智能系统的不同发展阶段、功能和运行原理进行了解释后,该组织在回复意见中认为:是个人构思(conception)构成获得发明专利的适当标准,但不能假定人工智能系统具有"conception"的能力,人工智能系统只能作为人类的辅助工具存在。并且在"黑箱理论"下,即使人工智能系统存在所谓"创造性"工作,该工作结果产生的原理也并不为人所全部了解,包括系统设计者、开发者、数据训练师等在内的,在现阶段为人工智能生成发明投入大量人类干预性劳动的主体完全可以作为发明的所有人申请专利。最终得出结论,修改有关发明权的现行专利法律和法规,允许人工智能机器被命名为发明人,可能会与《美国宪法》第 1 条第 8 节第 8 款奖励发明人的宪法授权相冲突,宪法授权考虑的是人类发明人,采取进一步的立法步骤允许机器被命名为发明人可能被解释为违宪。[①] 除此之外,早在各地专利管理机构作出相关决定前,中美欧日韩知识产权五局(IP5)最早于 2018 年 10 月 31 日在专家圆桌会议上达成共识,认为尽管判断具体的发明是由人还是机器作出对于 IP5 局会有一定困难,但是全部 IP5 局要求发明人为自然人。

综上所述,以美国、欧盟、英国为代表的国家和地区及组织已经在人工智能生成发明的主体认定层面达成共识,即人工智能系统不能作为发明人。他们认为基于既有的知识产权权属理论以及判例,只有自然人是构成发明创造性构思形成的唯一主体性来源,并且只有自然人可以拥有包括姓名权、财产权等在内的权利。这清晰地表明当前在发明人资格问题上所采取的"发明人中心主义"立场,同时也说明主客体二分法的基本原则短期内难以动摇。

---

① See *Request for Comments Regarding Artificial Intelligence and Inventorship*, USPTO Federal Register(Feb. 14,2023), https://www.federalregister.gov/documents/2023/02/14/2023-03066/request-for-comments-regarding-artificial-intelligence-and-inventorship.

二、人工智能主体性解析

(一)经济效应

仍然以 DABUS 案为例,其"构思"的发明通过设计容器外部压花的分形图案,利用分形的凸起和凹痕,可以将相邻一组容器更为容易地结合在一起,甚至不需要阅读说明书,一般的社会公众通过检查和使用该产品,就能够清楚了解分形按合的工作原理。但是,公众并不知道这种高效、紧密、简易、实用的分形图案是如何被发明或构思出来的。在该发明确实是由一种新类型的人工智能算法完成的前提下,如果要达到公众能够理解该方法的程度,要求公开的信息应当至少涵盖用于训练人工智能算法生成的模型、数据甚至人工参与度的阈值影响等内容。那么选择适用包括互联网等在内的其他信息公开路径与专利相比:(1)由于缺少专利公开制度所独有设计的,以专利说明书、权利要求书等在内的,兼具技术文献和法律文本双重特征的规范程式,而几乎只会沦为无法满足"可实施性"需求的"技术参照",这样客观上无法起到技术扩散应有之作用以及价值导向。(2)互联网传播是一种无偿公开方法,放弃与这些信息相关的潜在知识产权虽然"增加了创新的扩散程度,也可以以其他方式增加创新者的利润",但这种方式对于人工智能技术而言不会给创新者带来基于"外部性"所产生的额外经济效益,甚至会引发负面效应。因为一般来说企业所要免费公开的技术,往往是"在价值链上产生的新技术,(它)能够提高企业在整个生存环境中提供辅助性产品和服务能力",而对于"能够帮助公司获得一部分所需创造价值的新技术,则是希望能够拥有专利权的技术"①。很明显,人工智能具备后一种技术的典型特征。正如前文所分析,人工智能生成发明信息公开的重点不但包括发明本身还应包含发明生成之过程,尤其是用于训练人工智能的,作为发明一部分的数据集和模型。在缺乏专利垄断权的保护下,非专利性公开所造成的技术扩散,会因为其所具有高"易仿制化"特性而提升在未来将该产业拖入低谷的风险。这种情况的出现要比学者所担心的,"一旦人工智能拥有了发明人

① 梁志文:《论专利公开》,知识产权出版社2012年版,第116~118页。

的身份,将进一步刺激当前日益严重的专利竞赛,使人类公共知识日益沦为经济和技术强者的‘狩猎场’”[①]可能更具破坏性。

专利在通过信息公开引发技术扩散进而刺激经济发展(特别是变革性技术产业领域)方面有着得天独厚的优势。利用专利的方式向社会公开信息进行技术扩散并以此为对价获得垄断利益,是帮助公众获取该人工智能算法生成发明信息,迅速而全面获知人工智能算法的工作原理,进而促进高新技术产品商业化、市场化最有效(但确实不是不可替代)的方式(除非人工智能的开发者愿意以无偿之方式公开算法资料),在这方面人工智能生成发明专利与其他专利一样可以实现如上目标。2020 年 4 月美国专利商标局发布《Alice 案宣判后的专利审查结果报告》(Adjusting to Alice USPTO patent examination outcomes after Alice Corp. v. CLS Bank International)。调查结果显示:在 Alice 案判决公告后 18 个月,33 个相关技术领域[②]所发 1st OA 内含 101 核驳的概率提高 31%,专利审查不确定性上升 26%,但在 2019 PEG 公告后一年,相关技术领域 1st OA 内含 101 核驳的概率下降 26%,不确定性减少 44%。[③] 2019 年《专利适格性审查指南》(2019 Revised Patent Subject Matter Eligibility Guidance)基于《美国法典》第 35 篇第 101 章(35 U. S. C. § 101),通过方法说明及后续发布示例等方式为美国专利审查员提供了在美国专利商标局的法条解释、判断程序等方面更为明确的“发明专利适格性”审查标准,为专利审查的决策过程提供了清晰路线图和结构分析方法,从而增强在可专利性确定过程中审查员的可预测性与一致性。由于专利审查方式的清晰程度与审查员从事审查的工作可预测性判断成正比,与专利权获得不确定性成反比,从而影响发明主体申报专利的积极性,即专利审查方式越明确,

---

① 贾引狮:《人工智能技术发展对“发明人”角色的挑战与应对》,载《科技进步与对策》2019 年第 3 期。

② 美国专利商标局搜集联邦巡回法院判例及美国联邦最高法院专利适格性相关判例,并以其系争专利的申请案技分类匡列受 Alice 案判决影响的技术领域,不涉及该类专利诉讼案件的技术领域则合称其他技术领域,亦一并统计作对照参考。

③ See USPTO Patent Examination Outcomes after Alice Corp. v. CLS Bank International, USPTO (Apr. 3, 2020), https://www. uspto. gov/sites/default/files/documents/OCE-DH_AdjustingtoAlice. pdf.

专利获得通过的概率就越高，创新主体的创新意愿就越强烈。而这一规律在高新科技领域表现得尤为明显。从某种程度上说，正是由于美国联邦最高法院 Myriad 案、Alice 案等的判决，造成许多前沿变革性技术，如生物制药、人工智能及软件发明等申请专利授权的门槛逐步升高、不确定性增加。人工智能技术生成发明的发明人确定问题所带来的“涟漪效应”会对该产业产生较大影响。随着技术的不断发展和人工智能技术的日益进化，创造性人工智能在研发工作中起到的作用越发重要。在这种情况下，市场主体会更加依赖人工智能来帮助开发新的产品或工艺方法，创造性人工智能甚至可能替代技术人员。这也意味着一旦人工智能的创造性功能得以全面成熟，如若因为主体性障碍致使无法判断其生成的发明是否可以得到保护，谁应被列为发明人以及谁拥有这些发明和相关专利，则可能导致未来即使明知人工智能在特定问题的解决方法上比人类更高效时，市场主体也会选择性放弃使用人工智能进行创造性研发或者诱导人们在明知客观上是基于人工智能生成发明而申请专利时，采取虚构、掩盖等变相隐瞒的方式故意回避主体性事实，在产生“信息孤岛”效应的同时，削弱专利制度所独具的，在面对变革性技术时的预测性功能，进而提高该产业领域发明生成的边际成本，造成经济层面的负面效应。

（二）技术影响

（1）许多人工智能发明源于其他计算机实现的技术特征，因此没有必要为这些领域的人工智能生成发明单列例外规则。示例包括：数据库结构（用于大型数据集合）、算法、数据准备和数据学习过程、训练方法等。（2）将具有特定面向的问题转化为人工智能应用解决方案，以及为人工智能数据训练选择独特的功能，则可能构成作为专利保护候选的人工智能发明的例子。例如，在车辆和其他物联网仪器自动化操作和通信方面的方法；采集/过滤启用人工智能系统数据集的过程方法。（3）发明涉及“AI”（初始、中间和结果数据/算法）如何与使用传感器、显示器、伺服和其他输出信令的“真实”性判断、过滤、合成或增强型的世界交互功能，特别是在该发明可以被表征为由通用计算机执行的，一般性功能的技术改进上。例如，药物研发或其他类似模拟功能开发系统等。（4）在硬件领域发挥作用。例如,创建执行任务的独特集成电路或芯片系统;为武器等其他复杂系统研发独特功能等。(5)人工智能生成发明。主要是指没有人类干预、辅助或不需要人类干预、辅助的发明生成物。前者如本文提到的DABUS,后者如神经科学和人类大脑智能研究中认知科学的应用以及基于基因排序等技术药物研发,包括虚拟现实和生物技术等。①

对于第1种情况,简单地对数据运行进行人工智能算法技术介入并获得结果,由于只运用到"算法"和"数据"而不具备可专利性②,何为"发明人"无从谈起。在第2种情况和第3种情况下,首先需要明确的是,在一些研发领域,由人工智能所创造的发明实质上已经获得专利权,例如,美国专利商标局在2005年1月25日曾经为一项计算发明授予专利,该发明是由约翰·科扎研发的被称为"发明机"的计算机系统所创造。相关报道声称:"这是有史以来授予非人类设计者的首批知识产权保护之一。"③而泰勒博士早在以DABUS为发明人向美国专利商标局申请专利之前,就曾经利用其团队所研发的所谓"创造力机器"进行创新性工作,并取得了一定成果。④ 人工智能生成发明甚至尤其值得保护,因为计算创造力可能是实现某些需要使用大量数据或偏离传统设计智慧发明的唯一手段。其次,对于发明生成过程而言,程序员或人工智能开发者如果设计人工智能来解决特定问题,或者被要求有技巧地选择培训内容或输入数据,并从机器的初始输出中学习,然后对提供给机器的信息予以修正,以改进其后续输出,在几次迭代之后,人工智能产生最终输出成果,人类

---

① 例如,麻省理工学院的研究人员在使用人工智能深度学习算法发现一种新的抗生素之后,相关人员描述这一系统为"从事某种智能活动"(doing something intelligent)。See Anne Trafton, *Artificial Intelligence Yields New Antibiotic*, MIT News(Feb. 20,2020), https://news.mit.edu/2020/artificial-intelligence-identifies-new-antibiotic-0220.

② 包括中国、美国、欧盟等在内的国家和地区,基本都认同作为数学运行模型的基本人工智能算法是一个抽象的概念,没有资格申请专利。

③ John R. Koza, *Human-competitive Results Produced by Genetic Programming*, Genetic Programming and Evolvable Machines, Vol. 11, p. 251 – 284(2010).

④ 该创造力机器将通过网络连接产生自我刺激而输出的人工神经网络系统与感知输出中的另一个网络结合在一起。这两个人工神经网络模拟人类大脑的主要认知回路:丘脑–皮层环路,皮层产生输出流(或意识),丘脑将注意力(或意识)集中进行"头脑风暴",进而产生创造性的想法。像人脑一样,创造力机器能够创造新的信息模式,适应新的场景,而不需要额外的人工输入。其结果是该机器在一个周末连续创作了11,000首新歌。

工程师通过对该成果的直接修改,以创建可申请专利的成果。在此循环交互的过程中,人和人工智能之间属于协作关系,自然人由于在开发解决特定问题的程序方面表现出创造性技能,通过熟练地选择提供给机器的数据或者通过将人工智能的输出成果认定为具有创造性而有资格成为发明人,那么人工智能和自然人就都不是唯一的发明者。

对于第4种、第5种情况,人工智能生成发明主体的确定需要更有洞察力的审查范式:(1)系统设计者或者训练者虽然进行持续的数据"喂养",但存在一些极易受随机性影响而不会产生精确确定"结果"的人工智能系统。这类系统执行训练学习算法的过程和产生"结果"的"模型"之间存在差异,而"结果"本身同时会伴随人工智能系统学习"经验"的提升而演变。在最终结果不存在"确定性"的人工智能系统中,影响该结果产生的原因主要来自人工智能系统本身,而不是系统设计者或者训练者,那么将系统作为发明者具有一定合理性。(2)在人工智能的创造性工作中,程序员如果仅仅在人工智能整体能力提升上有所贡献,但并不了解运用人工智能解决具体问题的最终成果,则作为发明人明显不适格。特别是当系统本身开发时间长、涉及程序员人数众多又分散时,其中关联更加微不足道。例如,在人工智能应用最为广泛的生物遗传领域(包括生物制药和遗传编码),由于拥有深度学习能力和神经网络功能,人工智能可以在几乎没有人工干预的基础上,依赖自身在收集、筛选信息并模拟突变、重组和自然选择过程等方面所具有的强大功能,对每一种抗体进行排序,进而通过合成的方式生成大量的"可专利性"成果。该过程已经具备真正意义上的"创造性"特点,[①]并持续获得重大突破。[②] (3)人工智能生成

① 麻省理工学院的研究人员在使用人工智能深度学习算法发现一种新的抗生素之后,相关人员描述这一系统为"从事某种智能活动"(doing something intelligent)。See Anne Trafton, *Artificial Intelligence Yields New Antibiotic*, MIT News(Feb. 20,2020), https://news. mit. edu/2020/artificial-intelligence-identifies-new-antibiotic-0220。

② 谷歌母公司 Alphabet 旗下人工智能公司 DeepMind 公开宣布,生物学界50年来的重大难题——蛋白质折叠预测,已被 AlphaFold 人工智能系统成功攻克。AlphaFold 系统所使用的数据,来自包括约170,000个蛋白质结构,以及未知结构的蛋白质序列的大型数据库。在训练时,它使用了大约128个 TPU v3 内核(大致相当于100~200个 GPU),并仅运行了数周。See AlphaFold, *A Solution to A 50-year-old Grand Challenge in Biology*, Google DeepMind(Nov. 30,2020), https://deepmind. com/blog/article/alphafold-a-solution-to-a-50-year-old-grand-challenge-in-biology.

发明过程中完全没有人类工作的介入。以 DABUS 为例,依据泰勒博士在有关文献和资料中的描述,DABUS 系统由两个截然不同的人工智能网络神经系统组成。第一层神经网络具备一种涵盖不同知识领域但并不履行具体功能的,一般化的信息提供能力,能够将所需信息和数据依据各种概念结合起来,以便在完全独立评估的基础上"研发"出被认为(可能)与众不同的、具有创新性的构思。被定义为具有"关键作用"的第二层神经网络,用于监测第一层神经网络的活动,并将随时将其产生的新构思与系统已知的信息数据进行比较,以评估不同概念的创新性质,最终对第一层神经网络所取得的成果给予积极或消极的反馈,从而影响后来的神经功能性活动。这两层神经网络相互配合,通过对原始概念进行处理,选择开创性的范围,进而确定最具潜力的,值得进一步开发的新领域,并最终形成创新的解决方案。DABUS 与其他所谓"创造性机器"最大的区别在于"构思的形成不是由神经元激活的,单一型'开—关'模式表示,而是由迅速物化和去物质化的网链所形成,以短暂的结构或形状来表示。如果这些通过结构所表达的想法中偶然地包含了一个或多个期望的结果,则这些结构就会被选择性地加强,而不具潜力的几何形状的构思则通过各种机制被削弱。创新型构思借此被转化为长期记忆,并最终允许 DABUS 就其累积构思而产生发明和发现进行判断"。泰勒在专利申请书中这样描述这一过程:"DABUS 在人类之前就认识到了它的发明——食物容器和吸引注意力的脉冲光源——新奇性和潜在的创造性。"①虽然专利审查委员会认为,其专利申报书没有描述在所谓的"创新过程中"算法以何种方式连贯性地根据一种适合于专利申请对象的构思(或者仅仅是人类可以理解的范式)来设定其发明活动的结果,专利申请团队提供的关于该系统实际运作情况的信息以及算法不足以验证系统是否具有自我发明能力并且 DABUS 也没有通过测试来验证系统的创新性能力。而且,同样重要的是,依据项目网站提供的细节,涉及 DABUS 生成发明的专利申请是

---

① Stephen L. Thaler, *What Is DABUS*?, http://imagination-engines.com/iei_dabus.php#DABUS%20Patent.

由知识产权顾问团队所起草,可以进一步证明从开发创造性解决方案到按照符合专利权要求的形式(不论发明者或发明人的身份)进行申报等活动中具有丰富专业知识与经验的人类才是起到关键性作用的主体。[①]但如果 DABUS 发明生成的真实过程实如泰勒所描述的:“DABUS 不是为了解决‘任何特定问题’而创建的,完全没有人参与 DABUS 的发明,而且 DABUS——不是泰勒——也没有接受‘关于与该发明相关的任何特殊数据’。”[②]在目前已知情况下,DABUS 不存在人类提前设定的问题面向性的功能限制或者目标指引;没有进行任何特殊的数据培训,证实是机器而不是人识别出这一“想法”的新颖性和创造性,并创造出发明成果,那么“机器只接受了该领域的一般知识培训,然后开始独立构思发明,并将其识别为具备新颖性和创造性。正如对人类学生进行类似的培训,作为发明者,学生而不是老师将符合专利授予的标准”[③]。除去软件之外,在硬件方面,斯坦福大学研究团队已经可以通过使用酶来控制 RNA 蛋白质沿 DNA 链的流动创造出具有“生物版本”特征的功能化计算机系统,[④]在不太遥远的未来,计算机完全可以实现“生物化形态”。[⑤] 一旦以此为技术支撑的高端仿生人工智能体出现,认为“人工智能体”只是“机械”不具备生物性特征而不能享有“发明人”资格的观点将无法立足。

综上所述,对于将特定面向的应用问题转化为人工智能解决方案,或

① See A Decision on the Petition under 37 CFR1. 181, USPTO (Jul. 29, 2019), https://www. uspto. gov/sites/default/files/documents/16524350_22apr2020. pdf.

② See *Final Decisions*, USPTO, https://www. uspto. gov/learning-and-resources/ip-policy/foia-reading-room/final-decisions-commissioner-patents? utm _ campaign = subscriptioncenter&utm _ content = &utm_medium = email&utm_name = &utm_source = govdelivery&utm_term = .

③ See *The Patent of Artificial Inventor Project*, https://artificialinventor. com/patent/.

④ See Sebastian Anthony, *Stanford Creates Biological Transistors, the Final Step Towards Com-puters Inside Living Cells*, EXTREMETECH (Mar. 29, 2013), http://www. extremetech. com/extreme/152074-stanford-creates-biological-transistors-the-final-step-towards-computers-inside-living-cells.

⑤ 佛蒙特大学研发团队开发了一种名叫 Xenobot 的“异形机器人”,该机器人长度不到 1 毫米,是非洲爪蛙心脏细胞(收缩细胞)和表皮细胞(被动细胞)的结合。不同于金属、塑料打造的机器人, Xenobot 完全具有可生物降解性。See Sarah Wells, *Scientists Develop "Walking Caviar" to Make the First-ever Living Machine*, Inverse (Jan. 14, 2020), https://www. inverse. com/article/62220-scientists-create-living-machine.

虽然人工智能提出许多选项,必须由人类使用创造性技能选择最佳解决方案的情况下,系统的开发人员以及对人工智能数据培训起到独特特征选择作用(包括可能的数据集获取或过滤方法)的工程师等,由于深入参与到辅助系统运行以产生创造性成果的过程,他们实质上对产生成果的构思作出重要贡献,因此这些创建人工智能系统的规范、目标和输入/输出体系结构的人工智能设计人员,以及“培训”人工智能系统(或指定培训)的人工智能设计人员,应该被指定为人工智能系统任何创造性输出的发明者。而如果人工智能系统在输出成果中的作为重要性显而易见并不为人类所意识,或无须人类工作的参与,即生成成果与人类劳动在技术、创新意识形成等方面没有必然联系,则人类不宜具有发明人资格。

第三节　权利主体认定的路径与方法

一、人工智能的本体性条件

人工智能能够成为社会学或者法律意义上的主体,应当满足以下条件:(1)具备最基本生物学上的“意识”,即思考、感知、智力和情感以及社会性,如掌握语言,能够进行沟通、社交甚至拥有家庭。(2)具备基于意识自治而获得自由行动的能力,即非程序设定下的自主活动,“可以取代人类所有的认知性任务,包括需要科学创造力、常识以及社交能力的任务”[①]。那么,人工智能是否具有具备自由意志的可能性?要解决这一疑问,首先在于如何理解“自由意志”这一概念。如果仅仅将“自由意识”定义为“理性主体从各种选择中自由挑选一种行为的能力”,那么,可以认为,当下人工智能已经能够基本满足这一条件。但是,“自由意志”除了选择自由外,还有一个更为重要的要素,即“不受制于事先的原因”或“摆

① [美]皮埃罗·斯加鲁菲:《智能的本质:人工智能与机器人领域的64个大问题》,任莉、张建宇译,人民邮电出版社2017年版,第184页。

脱既有的控制和决定”,[①]人工智能毋庸置疑在现阶段依然是受控于人类编订的既有程序。但是,社会生活经验证实,即使对于人类而言,决定论和自由意识在社会生活中实际上具有兼容性,所有的判断几乎都是在受制于必要条件的情况下完成的,自由意志暗示着一种人类无法摆脱针对性的决策。对于人工智能而言,当程序的复杂化、所涉知识的广度、处理信息的数量超越人类的掌控范围时,其结果必将无法预测。那么,“如果我们相信人类具有自由意识,我们就不得不承认未来沃森[②]或者沃森式的机器也能表现自由意志”[③]。

同时,法律意义上的主体和社会学意义上的主体不能完全等同,“我们的法律没有要求道德行为体必须有人性或者意识”[④]。对于人工智能,正如学者所言,“关于形成有用的信念的能力,我认为我们几乎和机器人在同一条船上”[⑤],“如果合成智能有足够的能力可以感知到周围环境中与道德相关的事务或者情况,并且能够选择行为的话,它就符合一个道德行为体的条件”[⑥],即以所谓“人造道德行为体”的形式满足作为适格的法律主体的基本要件。并且,如果通观整个法律史就会发现,权利主体的设定实质上具有从人类向某种新实体不断延伸的趋势(如动物,甚至自然界)。这一趋势与古典自然法学派的“万物权利理论”相切合,并不断得到立法的支持和实践的鼓励,这就意味着“重新尊重万物权利存在的思想一旦被确认,那时对人工创造物(如机器人)的法律方面的理解问题就可

---

① 例如,如果在计算机中输入“2+2”,计算机会显示“4”,那么计算机显示“4”这一决定是由计算机内部机制和输入数据决定的,它不是“自由意志”的体现。

② IBM开发的人工智能程序。

③ [美]雷·库兹韦尔:《人工智能的未来》,盛杨燕译,浙江人民出版社2016年版,第230页。

④ [美]杰瑞·卡普兰:《人工智能时代:人机共生下财富、工作与思维的大未来》,李盼译,浙江人民出版社2016年版,第86页。

⑤ [美]皮埃罗·斯加鲁菲:《智能的本质:人工智能与机器人领域的64个大问题》,任莉、张建宇译,人民邮电出版社2017年版,第184页。

⑥ [美]杰瑞·卡普兰:《人工智能时代:人机共生下财富、工作与思维的大未来》,李盼译,浙江人民出版社2016年版,第80页。

能提出来。”[①]除此之外，考虑到人工智能自主活动机能的实现依赖多领域集成工作，将人工智能自主行为产生的后果归属于人工智能设计者会带来明显的不公。如果要引入法律责任的概念，那么，“指责在时间和地理位置上与人工智能系统完成和运行相距甚远的软件设计人员有工作失误是有失公允的”[②]。这意味着“希望人造人拥有资产的呼声会很强烈……，合成智能的拥有者也会赞同把合同权利和财产权利赋予人造人，因为这样会潜移默化地免除他们资产的责任”[③]。

基于以上从法律伦理、经济以及技术三重角度的分析，将具有完全自主创新能力的人工智能体认定为发明人，在伦理上更符合当下“人机共协”的价值追求，在经济上有利于推动人工智能这一变革产业的发展，在技术上已经具备相应的条件，同时能够刺激包括生物制药等在内的特定领域的快速发展为人类谋取更大的福祉。但是，在人工智能不能拥有财产，并且不具备人格特性的前提下，人工智能即便被承认为发明者，采取何种法律技术手段以打通身份认定和财产归属之间的障碍就成为亟须解决的问题。在提出解决方案前，有必要厘清其中涉及的关系，主要包括：所有者（拥有 AI 作为动产的主体）、开发者（对 AI 的软件进行编程、训练的主体）、用户（使用人工智能的主体）以及人工智能本体。其中所有者、开发者、用户可以单独或者合并体现。以下拟议的解决方案在为人工智能发明提供专利保护方法的同时确保其所有权有所归属：允许人工智能拥有发明权但建立一种将所有权授予人的制度；允许共同拥有所有权即人工智能发明权归属于人类共同发明者；允许“非创造性的人”被列为专利发明人（代替人工智能发明者）。

因此，笔者认为，只有在赋予其权利的前提下，要求其承担义务才具有正当性。“合成智能可以被给予权利（比如以执照的形式），也会承担责任

---

① [美]Phil McNally、Sohai Inayatullay：《机器人的权利——二十一世纪的技术、文化和法律（上）》，邵水浩译，载《世界科学》1989 年第 6 期。

② [美]卢克·多梅尔：《人工智能：改变世界，重建未来》，赛迪研究院专家组译，中信出版集团 2016 年版，第 245 页。

③ [美]杰瑞·卡普兰：《人工智能时代：人机共生下财富、工作与思维的大未来》，李盼译，浙江人民出版社 2016 年版，第 89 页。

(比如避免损害他人财产),就像所有其他能够感觉,行动或作出选择的实体那样,处理此类问题的法律框架称为‘人格’”①。将人工智能本体授予法律上的主体地位,虽然在现今无法实现,但在可预见的未来,“具有足够能力的合成智能极有可能在法律面前被认定为‘人造人’……在短期,肯定有一些权利看起来很适合授予人造人”②。人工智能如果被允许以虚拟人格体的方式存在,并且其所“创作”的“作品”能够满足版权法上“独创性”的要求,那么人工智能本体就可以作为著作权的权利主体。当然,在当下,研究人工智能的学者一致认为:“意识”的生成机能对人类自己而言尤为可知,但无法断言基于高效处理信息目的的人工智能具有此能力,即使人工智能发展到“实现与环境的交互作用,那么源自尝试和试错的创造力也会自然而然地产生”③的所谓“奇点来临”④阶段。那么以现有的发展速度而言,这种情况可能业已超越法律作为社会关系调整工具的预防能力。

二、作为权利主体的认定方法

(一)所有权归属于人类的人工智能发明者

在人工智能还不具备自主意识的当下,人工智能的所有者包括两类:人工智能的创造者;人工智能的产权拥有者。对于前者,可以理解为人工智能程序的开发者、操作者,他们毋庸置疑也是现阶段人工智能唯一的权利所有者。“过去的几十年里,我亲眼见证了人工智能系统若干个演示版本,他们无一例外要求观众只能看或者听:只有研发者才能操作这些系统。”⑤但

---

① [美]杰瑞·卡普兰:《人工智能时代:人机共生下财富、工作与思维的大未来》,李盼译,浙江人民出版社 2016 年版,第 88 页。

② [美]杰瑞·卡普兰:《人工智能时代:人机共生下财富、工作与思维的大未来》,李盼译,浙江人民出版社 2016 年版,第 191 页。

③ [日]松尾丰:《人工智能狂潮:机器人会超越人类吗?》,赵函宏、高华彬译,机械工业出版社 2016 年版,第 148 页。

④ [美]库兹韦尔:《奇点临近》,李庆诚、董振华、田源译,机械工业出版社 2011 年版。

⑤ [美]皮埃罗·斯加鲁菲:《智能的本质:人工智能与机器人领域的 64 个大问题》,任莉、张建宇译,人民邮电出版社 2017 年版,第 41 页。

同时,人工智能作为"三级技术"[①]的主要形式,其最终目的是为人类生活提供无限便利,以责任承担最小化的方式将人类从对工具的使用中解放出来。具有人工智能软件的机器设备,将会进入商业市场,会被广泛地应用于人类社会的辅助性工作中,人工智能的所有人将从设计者向消费者过渡,所有权将向"产品"的拥有者集中。那么,在人工智能所有者对人工智能生成对象的形式不产生特定影响的情况下,其具有成为该对象权益享有者的逻辑基础,"机器人并不能像自然人作者或法人作者那样去行使权利,换言之,该项著作权应归属于机器人的创造人或所有人","具言之,可参照著作权法关于职务作品或雇佣作品的规定,由创制机器的'人'而不是机器人去享有和行使权利"。[②]

因此,人工智能作为发明者问题的第一个潜在解决方案是允许将人工智能作为发明人而将发明的所有权赋予人类。该解决方案的设计建立在以下双重设定之上:(1)已经出现人工智能完全不依赖人类而完成的发明性行为,在该发明创造性形成过程中人类无法满足专利制度所要求的"构思"活动。"如果计算机科学家创造了一种人工智能来自主开发有用的信息,而人工智能在发明者没有预见到的领域生成一个具备可专利性的成果,那么这位科学家就没有理由因为人工智能的结果而有资格成为发明家,因为发明家必须对完整的和可操作的发明形成'明确和永久的想法'。"[③]在这一点上 DABUS 已经有所证明。(2)将人工智能假定为特殊拟制法律人格体。作为比对,对拟制法律人格典型代表的"公司"制度的产生进行回归性解释就会发现,这一法律概念的"创造"是一个将法律目的性(Objective)和实体责任相关联的过程,反映人类对特定目标法律身份归属的追求,即为了实现特定目标而有目的地设计的一种工具,它促进法律行为和责任单一主体之间的有效互动,进而将虚拟人格在道德层

---

① 所谓"三级技术"是指将人类媒介从技术循环回路中去除的手段。

② 参见吴汉东:《人工智能时代的制度安排与法律规制》,载《法律科学(西北政法大学学报)》2017 年第 5 期。

③ See Shyamkrishna Balganesh, *Foresee Ability and Copyright Incentives*, Harvard Law Review, Vol. 122:6, p. 1569 – 1633(2009).

面非常巧妙地融入现代西方资本主义社会中关于财产所有权定义之中。因此，近几十年来，也有人提出将虚拟法律人格概念扩展到非人类动物的论点，以期在某些方面赋予动物以道德认同。“对于将法人资格扩展到人类创造的其他实体——如将法人资格延伸到人工智能——具有在目前的环境下也许比 20 世纪 90 年代提出类似观点时更有真正的说服力。”[①]人工智能同样可以适用此逻辑，“虚拟法律身份的承认不能拘泥于已经确立的基本范畴。此外，仅仅调整这些类别将不能解释不同实体之间的相对差异……承认人工智能具有虚拟人格还有更广泛的影响”[②]。人工智能体被设定为具备虚拟人格则可以满足作为发明家的条件。而且，非发明者拥有知识产权在包括中国在内的各国专利法中并不少见，例如，雇员发明由雇主拥有，在人工智能发明权方面可以采用类似的制度。人工智能被列为专利发明人，则所有权可以归属于以下个人：人工智能的拥有者（这里的计算机所有权通常指的是软件所有权，尽管有时可能很难区分硬件和软件，甚至难以确定软件的“所有者”）；对人工智能进行编码、操作、训练的工程师或首先承认这一创意具有创造性的个人，因为没有关于补偿的利益冲突，是否属于职务发明的争议也同时可以避免。这种将人工智能发明的所有权归属于其所有者的方式与传统法理中个人财产所有方式最为一致，并可以以此作为起点，通过围绕各方权益订立合同一定程度上解决发明人与权利所有者之间存在的矛盾，相比雇员制度更简单。正如已公开的法律文书，DABUS 团队即采取的该种方式。申请人“根据 37 CFR 3. 73（C）提交了一份声明，指明原告是申请的全部权利、所有权和权益的受让人，同时并提交一份转让文件由原告代表 DABUS 将权利转让给自己，原告作为 DABUS 的开发者、使用者和所有者等，有权拥有 DABUS 的产品”[③]。

---

① 布赖森关于人工智能和法人资格影响的当代评估等。

② See Jiahong Chen & Paul Burgess, *The Boundaries of Legal Personhood: How Spontaneous Intelligence can Problematical Differences between Humans, Artificial Intelligence, Companies and Animals*, Artificial Intelligence and Law, Vol. 27, p. 73 – 92（2019）.

③ See *Copyright Registrations of Artificial Inventor Project*, https://artificialinventor. com/copyright/.

(二)人工智能与人类联合发明权(AI and Human Joint inventorship)

第二个潜在的解决方案是允许人类与人工智能体联合作为共有发明人。在人工智能体所实施的创造性工作中,人类并没有参与其中或者人类只从事"非决定性工作"。例如,设计人工智能系统的架构、选择要提供给人工智能系统的特定数据、开发允许人工智能系统处理该数据的算法等活动,而对发明的构思没有产生实质影响,对结果的产生无法预测,也就是通常被认为应当对发明构思产生决定性贡献的自然人的行为被人工智能系统在本发明开发中的非工具性作用替代。那么按照专利法一般原理人类实质上无法成为专利法意义上的"发明人"。例如,在 DABUS 案中,专家认为:程序的创建者被禁止列为发明人,因为其没有对发明的构思做出贡献,而是 DABUS 执行了传统上被认为是创造性行为的"精神部分",并且根据 DABUS 的结果,具备熟练技能的技术人员可以将这项发明简化为实践。不准确地将 DABUS 的创建者列为发明家可能会使其受到法律制裁。[1] 但如果将人类和人工智能体同时排除出"发明人"的行列会极大地削弱人工智能产业各方的创新热情。那么,可以通过创设共有发明人,并在自然人发明人上添加诸如" * "等在内的特殊标记符与人工智能体进行区分的方式,以表明发明过程是由人工智能完成。这一观点同时得到我国学者的支持"人工智能的发明人身份有两种类型:在独立生成发明中,人工智能体可以视为单一发明人;在智能机器和自然人的共同发明中,人工智能可以具有'共同发明人'身份"[2]。这种方式,一方面由于自然人的加入而部分化解了人工智能体作为发明人的主体适格障碍,另一方面通过特殊标志的设定也可以向社会公众明确人工智能在发明生成中所起之决定性作用。同时,这种解决方案也可以部分解决随之所产生的财产权归属问题。

(三)非创造性的人类发明人(Non-inventive human inventorship)

第三个潜在解决方案是创设"非创造性的人类发明人"概念,构建专

---

① See *The Patent of Artificial Inventor Project*, https://artificialinventor. com/patent/.

② 吴汉东:《人工智能生成发明的专利法之问》,载《当代法学》2019 年第 4 期。

门的“非创造性的人类发明人”制度，允许在诸如人工智能等特定领域将没有对发明作出特定贡献的人列为发明者。这一思路实质上是一种法律技术性创新，因为它不需要改变人工智能发明者的法律地位，与前两种解决方案相比更容易实施。但为了能够和当下既有的发明人理论相融合，则必须要求同时制定附属性说明，包括：(1)明确人工智能可以自主生成发明；(2)确立人工智能自主生成发明的判断标准；(3)对“非创造性的人类发明人”予以特别的说明和更为详细的公开等。因此，展望未来，人工智能专利保护的规则和程序必须灵活，以促进该领域的创新和多样性发展。

三、第三方管理机构

人工智能的开发和使用除了涉及技术进步外，还可能会对现有人类社会的伦理秩序造成冲击。因此，对该类技术所可能带来的危险后果，有必要通过设立责任“共同体”的方式予以集中管控和预防。[①] 那么，是否可能通过建立类似于“人工智能权益协会”的组织，在特定阶段对人工智能生成对象实施权利托管，完成利益分配与责任承担。这一路径所涉及的主要问题有二：(1)该组织与人工智能本体之间的关系。(2)如何实现利益分配。对于第一点，在著作权领域以音乐著作权协会等为代表的集体管理组织与权利人之间关系，包括“信托关系说”“转让关系说”“代理关系说”“行纪关系说”等。但究其实质都是以版权所有人的授权协议为权利来源，这种形式是建立在权利所有人明确的前提下。较为可行的理论，是将人工智能本体视为类似于民法中的“无民事行为能力”的特殊主体，将人工智能本体与第三方权益组织之间的关系定义为被代理与代理的关系。“由于一些重要的科学家加入各种政治组织，将会出现各色各样

① 2014年1月当谷歌公司收购深度学习公司DeepMind时，作为交易的一部分，谷歌公司必须成立“人工智能安全与伦理审查委员会”。谷歌公司实际在用这种方式为人工智能在未来所可能承担的责任背书。

的维护人工智能的团体。下一步涉及法律代理权"[①],通过立法,在特定的过渡期内,赋予该组织统一管理人工智能作品的权利。然而,现代社会对此认知似乎并不深刻,"在人工智能创作物的场合中,人工智能的设计者(编程者)虽然能够构成一个稳定且实力强大的利益集团,但目前国际通行的实践并未将版权授予这一类主体"[②],这一状况亟须完善。[③]

在权益分配上,由于人工智能生成对象的产生速度要远远高于人类作者,一旦大量未经审核的所谓"作品"涌入市场,会无形中对人类创作物价值形成打压,第三方管理机构可以建立评估机制,从源头对该类"产品"予以监管,监督产品供给,把控作品质量和数量,适量允许符合条件的"作品"进入市场流通。可以考虑,人工智能生成对象一旦产出,在标明来源后,将被自动纳入第三方管理机构的信息库,并实时公示。所得收益用作支付代理费用,提存至第三方管理机构作为责任承担支出。

总之,人工智能体的高速类人化,人类对技术的日渐依赖,促使当今社会对人工智能技术进行规制的呼声日益高涨,人们意识到亟须构筑一种制度规范体系在促进技术发展的同时,实现价值最大化,并将预设风险降到最低。具体到人工智能创作这一领域,在当下,从人工智能生成对象的产生方式看,虽然其结果是通过预先设定程序完成,但这种程序具有一定形式上的自主性(如深度学习),而使其在特定程度上摆脱了人类的绝对控制。从结果上看,人工智能生成对象,在音乐、绘画和文字创造方面已经具有形式上甚至不为人类所辨的创新性。[④] 因此,我们应该承认已经到了将人工智能生成对象版权化的阶段,而权利归属在过渡阶段则可以考虑人工智能的所有者或第三方管理机构。

对于未来,人工智能的发展及由此出现的新兴权利将对整个法律体

---

① [美]Phil McNally、Sohai Inayatullay:《机器人的权利——二十一世纪的技术、文化和法律(下)》,邵水浩译,载《世界科学》1989年第7期。

② 曹源:《人工智能创作物获得版权保护的合理性》,载《科技与法律》2016年第3期。

③ "中国人工智能学会"(Chinese Association for Artificial Intelligence,CAAI)成立于1981年,是经民政部正式注册的我国智能科学技术领域唯一的国家级学会。

④ 美国研究人员约翰·柯查将"进化算法"作为"自动发明机"使用,该算法在很多领域找到了具有创造力的解决方案,能够创建新颖的,达到申请专利程度的概念。

系和我们社会机体的哲学政治世界观产生重大的影响,将迫使我们对“生命”和权利概念重新定义。人工智能本体“受到无政府状态和法律的不可预测性的威胁时很可能会获得权利,而这一条件又可能是由人工智能和机器人的发展造成的”①,可以预料“随着机器学习和人工智能网络的兴起,有越来越多的算法会独立演进、自我改进”,并最终“会走出自己的路,前往人类未曾踏足之地”②。对未来技术规制的立法思路体现在四个策略上,分别是:预防策略、限制策略、修复策略和补偿策略③,立法任务“除了处理技术创新外,还包括简化新旧技术的过渡,即通过刺激需要保留的部分和抑制需要改变的部分,来分离技术关联的双方”④,而人工智能是实现技术关联最有效的途径之一,其必将被定义为一种全新形态的“有生命体”,到那时“我们能想象有一天,一位勇敢的法学家会重写历史,他会坚持应当在法律上把机器人看作是人。到这一天,将出现一个全新的未来”⑤。

---

① [美]Phil McNally、Sohai Inayatullay:《机器人的权利——二十一世纪的技术、文化和法律(上)》,邵水浩译,载《世界科学》1989年第6期。

② [以]尤瓦尔·赫拉利:《未来简史》,林俊宏译,中信出版集团2017年版,第357页。

③ 参见[意]卢西亚诺·弗洛里迪:《第四次革命:人工智能如何重塑人类现实》,王文革译,浙江人民出版社2016年版,第238页。

④ [意]卢西亚诺·弗洛里迪:《第四次革命:人工智能如何重塑人类现实》,王文革译,浙江人民出版社2016年版,第35页。

⑤ [美]Phil McNally、Sohai Inayatullay:《机器人的权利——二十一世纪的技术、文化和法律(下)》,邵水浩译,载《世界科学》1989年第7期。

第六章　知识产权的客体扩张

第一节　新业态创新产物出现的缘起

一、人工智能生成对象

在现行的著作权法框架中,“作品”的定义相对明确,即“文学、艺术和科学领域内具有独创性并能以某种有形形式复制的智力成果”①。其判定要件包括:独创性;能够以固定的形式被表达。其中,独创性是指在概念设计之初,除包括直接意义上的“形式创新”外,其隐含的法旨还在于,该“创造力”是基于人类智力加工,富含情感、思想、意志、逻辑等,并通过特定的形式能为接触者所体察、感受(表达)。这种表达的载体即为“作品”,其“发挥了讯息认知或审美体验之功能”②,并本质上排斥仅仅依靠特定公式、算法等工具外力所产生的单纯数据处理成果。按照这一理论,如果人工智能,仅仅是在利用大数据分析、对比的基础上,进行语义的初级程度组合,进而产生与之对应的“作品”,那么该“作品”本质上依然是依程序的数据处

① 我国《著作权法实施条例》2013 年修订。

② 熊文聪:《知识产权权利冲突:命题的反思与检讨》,载《法制与社会发展》2013 年第 3 期。

理结果。而这一结果不同于其他数字内容的特殊性仅在于:(1)数据信息仅仅是通过单纯的数据整合以满足功能性的需要,正如李彦宏在提到人工智能时阐述的:“程序员清楚地知道它们是如何根据逻辑树检索数据库,然后组合出诗和答案的,所以至少程序员知道这不是智能。”[①]而人工智能生成对象则在某种程度上可以部分满足人类的形式审美需求。(2)数据信息是通过人类对程序的相对控制所构建完成的,人工智能具有一定程度的自主性,其生成过程与“人类思维”在逻辑功能性上相近。这种情况下的人工智能只是“一种很聪明的大数据处理方法,这种方法无须通过颠覆性模式创新来实现,只要提高计算能力即可”[②]。

二、虚拟环境中的特殊商品

NFT 为数字艺术品市场的运行和管理提供了更加便捷的途径。数字化艺术是指以数字化方式创作、存储、使用和交付艺术品的过程,其客体包含所有可以直接以数字形式呈现的艺术作品,如图像、声音、视频游戏、视频等,以及实物艺术品(如绘画)数字化并以数字形式存储的状态。在 NFT 技术出现之前,市场主体主要通过所有权证明和数字版权技术[例如 DRM(Digital Rights Management,数字版权管理)]来管理数字作品进而将权利集中在发行者手中。这类技术本质上是一种限制数字资产使用的访问控制系统,主要用于阻止用户无限复制内容或通过强制性的在线注册证明所有权来源。其规则设计属性类似于“知识产权许可”赋予,例如加密 DVD 并将解密内容限制在经批准的设备上或嵌入文本并限制用于阅读的电子书设备数量等。由于存在一个中心化的管理系统,DRM 在保护创作者作品不被非法复制的同时也给作品的流通造成一定障碍。但不同于 DRM,区块链作为 NFT 的底层技术,可以提供一个非中心化的“分销系统”,其兼具的单独金融性功能,能够绕过艺术画廊或传

① 李彦宏等:《智能革命:迎接人工智能时代的社会、经济与文化变革》,中信出版集团 2017 年版,第 9 页。

② [美]皮埃罗·斯加鲁菲:《智能的本质:人工智能与机器人领域的 64 个大问题》,任莉、张建宇译,人民邮电出版社 2017 年版,第 41 页。

统拍卖行,使创作者直接获得出售艺术品所有权的收益。智能合约程序为跟踪和管理作品二次流通提供技术支持,进而帮助创作者再次获得流转分成,这对于数字作品交易来说具有不可估量的作用:“如果说创意产业的数字化革命源于21世纪初的信息革命,那么区块链技术则可以为下一次技术范式转变提供条件。”①更为重要的是,与其他加密令牌不同,NFT的价值不只来自“矿工”的算力挖掘,而且来自与其资产相关的所有权以及买方对底层艺术作品独特美感感知的强烈认同。这种通过技术“人造”稀缺性为数字艺术品予以赋权并加值的手段一方面能够极好地固定知识产权价值,另一方面为数字作品投资增加可信度。如此:“在一个信息自由流动的世界里,一些密码货币爱好者找到了一种方法来推销数字作品可以变得稀缺的想法。这种想法虽然已经通过DRM的方式予以尝试,但是这个迭代甚至无法完全锁定所有权……NFT的支持者则认为这是一种全新的范例,以比单纯的数字签名更为深远、复杂和高认同度的方式将买方和作品创建者联系在一起。”②

第二节 客体认定的困境

一、基因技术成果分析

基因测序技术包括对基因序列进行识别的技术、分析的技术、定位的技术,基因测序技术成果属于对有限的基因资源的一种发现。基因编辑技术的发展带动基因分离技术逐步成熟,一旦通过基因测序技术得知目标基因的碱基序列和位置,就可以通过剪切酶将目标基因从DNA链条上分离出来。从本质上看,分离后基因的价值主要体现在这段碱基序列在自然生物体内的功能,至于是否在基因的前端人为插入模板链的启动子,

---

① Joshua A. T. Fairfield, *Tokenized: The Law of Non-Fungible Tokens and Unique Digital Property*, Indiana Law Journal, Vol. 97:4, p. 1261 - 1313(2022).

② Usman W. Chohan, *Non-Fungible Tokens: Blockchains, Scarcity, and Value*, Critical Blockchain Research Initiative (CBRI) Working Papers, Vol. 4, p. 36(2021).

不影响基因承载的信息价值，只是帮助基因离体后发挥其在自然生物体内的效果，因此将分离后的基因看作一种人造物，对其授予专利权有所不妥。一方面，分离得到的基因将原本自然界中的碱基序列以一种更加明确、固定的方式展现出来，其价值仍然是碱基序列所蕴含的信息价值，是对有限自然资源的一种描述。基因是全人类的共同遗产[①]，基因测序技术成果是对有限资源价值的发现，独占这部分资源会减损人类共同资源的利用和开发，而不能对其授予专利权。正如地质勘查时发现一种新的岩质，并不能被个人独占，哪怕用镐子将这种新的岩质从山间分离出来，也不能被个人独占。在此基础上，基因分离技术成果实质上也是利用了有限资源的价值，若对其授予专利权是对自然资源的一种独占，会损害下游科学研究对该资源的利用。美国国立卫生研究院的研究数据表明基因类专利的垄断已经减少了新知识的获得，阻碍了基因科学技术的发展。[②]另一方面，基因分离技术逐步成熟，技术的使用成本降低，拥有技术方案的科学家可以轻易地避开基因测序技术成果不被授予专利权的障碍，只需要将检测到的基因通过分离技术提取固定下来，就有机会获得专利权，那么基于对有限基因资源人类共享的理念而将基因测序认定为发现的做法，就失去了意义。

基因领域的垄断相较于常规知识产权的垄断更加容易形成，形成也难以绕开专利壁垒。基因资源的有序性决定了一个基因片段是独有的，尽管这个片段在不同环境下可能产生不同的效果，但其碱基排列组合的结果是独有的。当一种能产生一种独特效果的基因被授予专利权后，后续科研将不可避免地涉及此项专利。1995 年美国专利商标局的审查指南中并未要求，对基因专利的实用性审查时要具体描述其作用、用途，这就意味着不知道确切用途，只要将基因从自然状态分离出来也有机会获得专利权。随后人类基因科学公司便获得了 HDGNR10 基因的专利权，

---

① See Adriane Scola, *Uncommon Genes, Unpatentable Subject Matter*, Seattle University Law Review, Vol. 34:909, p. 909 - 937(2011).

② 参见赵雷：《美国 2011 年专利法第一案 Myriad 案评——人类基因可专利性的再思考》，载《知识产权》2012 年第 6 期。

尽管当时并不知道该基因的具体作用。几年后,美国国家健康研究所的一项有关HIV的检测实验发现了HDGNR10基因编码的蛋白质能够有效检测HIV的感染情况,美国国家健康研究所研发的疫苗中,不可避免地要获得HDGNR10专利权人的许可。[①] 在基因具体用途不明的情况下,都能产生对科研进步的阻碍,那么在明确基因在某一领域有关键作用的情况下,利用基因专利形成垄断更是轻而易举。如上述Myriad公司在诊断和研究中形成的垄断。另外,美国生物技术发展始终在国际前列,目前基因编辑技术的大多核心、源头技术由美国掌控,例如RNA定向靶、DNA修饰和RNA定向转录调控的方法和组成(申请号为US201313842859A)的专利由加州大学伯克利分校的珍妮弗·道德纳(Jennifer Doudna)等人享有。[②] 我国作为世界知识产权组织的成员国,过于宽松的基因专利制度会导致外国先进技术在我国范围内抢先获得大量基因专利,将对我国进一步的研究造成阻碍。

1989年提出的人类基因组计划,已于2003年完成测序工作,2022年首次完成了对整个人类基因组的完整测序。[③] 尽管完成了测序,但基因蕴含的功能、相互组合的用途,仍然是一片未知的地带。目前的基因技术还不能穷尽每一个基因所蕴含的信息。人类始终没有允许将基因编辑技术投入到人体之中,最重要的原因就是受到人类认识世界的限制,没有完全的把握去确定一个基因的全部用途。2018年贺建奎将一段控制CD4+T细胞表面受体的基因进行编辑,使得依靠攻击CD4+T细胞致人感染艾滋病的HIV病毒找不到攻击目标,从而制造出不感染艾滋病的婴儿。他的基因编辑婴儿事件受到了业界内外的指责,跨过伦理审查是诟病最多的一点。究其根本,控制CD4+T细胞表面受体的基因在人体内是否有其他功能,能否和体内其他基因共同产生作用,是没有把握完全

---

① 参见曹丽荣:《我国基因专利保护范围界定的思考》,载《河北法学》2010年第12期。

② 参见范月蕾、王慧媛等:《国内外CRISPR/Cas9基因编辑专利技术发展分析》,载《生命科学》2018年第9期。

③ See Sergey Koren & Mikko Rautiainen et al., *The Complete Sequence of a Human Genome*, Science, Vol. 376:6588, p. 44-53(2022).

回答的,所以这段基因改变对人体会有什么后果,不得而知。所以基因所蕴含的信息不应该被一段有形的化学物质全部概括,将基因作为化学物质进行保护,实际上忽略了其携带的信息。正如对集成电路的知识产权保护不会局限在搭载有源元件的半导体基片上,而是对集成电路图形排列和集合设计蕴含的信息保护,基因的DNA片段也只是有源元件和半导体基片,真正有价值的是基因蕴含的功能信息。

二、人工智能产业生成成果

人工智能技术进一步发展,通过多层神经网络自行模拟和构建相应的模型结构进行自主训练、深度学习并自我优化,其自主性会随着技术手段的完善而逐步提升、进化,致使其生成对象在没有经过人类后期加工,并且一般受众,在基于普遍认知的情况下,无法将其和人类创作的作品相区分(相当于通过了"作品"意义上的图灵测试),在同时满足著作权意义上基本的形式创新后,我们是否能够认定其具有独创性,进而将其作为一种特殊类型的"作品"纳入著作权客体范畴?这里需要探讨的问题有二:(1)人类(主要指人工智能的设计者)对生成对象的可控程度。在现有技术下,人类对于人工智能生成对象的生成控制基于以下步骤:启动、输出成果、检查、程序修订(信息收集)、输出,以此循环,直至其最终成果能够基本满足人类对"作品"的逻辑性、结构性、关联性、形式的创新性等方面的要求。在此过程中,由于"自主学习"功能和大脑回路机理的应用,人类对程序的控制,实质上无法直接对结果产生影响。(2)所谓"独创性"的实质判定,即它是一个开放抑或闭合的概念?首先需要明确的是,"独创性"是用来判断作品权属的法律技术手段,涵盖"劳动力投入+少量创造性"两大判断要素。[①] 传统理论认为"劳动力"(包括智力和体力)是一种独属于人类特有的能力,也构成了版权法上"独创性"概念预设前提。但是,这一观念已经开始受到挑战,人工智能因其高效率、低耗费而正在取代人的劳动,如果依然纠结于"劳动"形态和人类肉体的必然联系,而

---

① 参见姜颖:《作品独创性判定标准的比较研究》,载《知识产权》2004年第3期。

不对这种新型“劳动”予以认可，将会给产业的进一步发展设置壁垒。①

2021年10月，美国地方法院受理备受关注的Plaintiff v. Daaper Labs INC and Roham Gharegozlou案。② 在本案中，原告Plaintiff认为Daaper Labs INC所发行出售的，被称为Moments（主要是描述NBA篮球比赛的精彩片段，NBA Top Shot）的NFT令牌属于存在于“区块链”上的“加密资产”，这类数字资产根据联邦法律应当被归类为证券。按照联邦证券法，令牌的发行人，包括被告，都必须向美国证券交易委员会提交注册声明。而被告在没有注册的情况下，违反联邦证券法，通过向投资者出售这些“证券”获得了数亿美元的利润。此外，被告利用他们对NBA Top Shot的控制，连续几个月通过阻止投资者撤资“套现”的方式将资金固定于平台，从而支撑Moments市场以及NBA Top Shot的整体估值。该案的核心问题在于，这类包含有底层艺术作品元数据的NFT的属性判断。③

对于NFT法律属性存在以下几种观点：(1)加密资产。该观点现在较为主流，认为“数字货币是存在于区块链网络之中，能够为人所控制并满足人们的生产和生活需要的虚拟财产”④。比特币等数字货币因为能够满足美国、欧盟等对加密资产（crypto-asset）的定义：“为所有可以通过使用分布式账本技术或类似技术进行电子化传输、存储价值或权利证明的数字化表现形式”⑤而具有加密资产的属性。NFT包含物理信息、使用信息、交易信息等更为复杂的元数据，并且具有锚定现实社会真实作品

---

① 在瑞士，雇主要像对待他的雇员一样为机器人纳税；在日本，一些公司要替机器人缴纳工会费。

② Dapper Labs是一家区块链技术公司，通过与NBA合作，推出NBA Top Shot NFT产品；被告Roham Gharegozlou是公司创始人兼首席执行官。

③ See Friel v. Dapper Labs, Inc. et al.,（S. D. N. Y. 2023）No. 1:2021 – cv – 05837, https://unicourt. com/case/pc-db5-friel-v-dapper-labs-inc-et-al-950640.

④ 齐爱民、张哲：《论数字货币的概念与法律性质》，载《法律科学（西北政法大学学报）》2021年第2期。

⑤ European Commission, *Proposal for a Regulation of the European Parliament and of the Council on Markets in Crypto Assets, and Amending Directive（EU）2019/1937*, Article 3, https://eur-lex. europa. eu/resource. html? uri = cellar: f69f89bb-fe54-11ea-b44f-01aa75ed71a1. 0001. 02/DOC_1&format = PDF.

(有形或无形)或者物品的数字权益凭证功能,是具有全量信息的一种新型数字资产,如果将其定性为财产,属于物权的一种[①]:"那么就可以利用物权规则对数字货币的权属作出界定。"[②]我国《民法典》第127条、《最高人民法院、国家发展和改革委员会关于为新时代加快完善社会主义市场经济体制提供司法服务和保障的意见》(法发〔2020〕25号)等都明确规定网络虚拟财产为受物权保护的新型权益。这种定性也有利于NFT的规范交易:"NFT是个人财产,而不是合同(尽管有"智能合同"这一流行术语)或纯粹的知识产权许可,其交易是以出售的形式进行因此应当适用个人财产的相关法律。"[③](2)满足特定条件下的证券。美国证券交易委员会认为通过ICO出售的几乎所有的令牌都属于未注册证券。其前主席皮尔斯曾表示:由于NFT是不可替代的,因此通常情况下它不会符合证券的定义,但细分的NFT(出售单个、高价值NFT的部分权益)有可能成为未注册证券。[④] NFT如果存在通过特定的机构向公众出售并承诺其具有流动性以及发行人会提供管理服务以此来增加NFT的价值,具有投资性质,即满足Howey Test[⑤],就应被认定为属于具有证券性质的令牌。(3)新型货币。该观点认为,虽然考虑到比特币等数字货币去中心化的发行机制不利于监管,价格波动较大,且没有锚定任何实物资产,因此从法律的角度确定其货币地位,但数字令牌从功能、流通、市场认可度,特别

---

① 参见杨立新:《民法总则规定网络虚拟财产的含义及重要价值》,载《东方法学》2017年第3期。

② 李敏:《数字货币的属性界定:法律和会计交叉研究的视角》,载《法学评论》2021年第2期。

③ Joshua A. T. Fairfield, *Tokenized: The Law of Non-Fungible Tokens and Unique Digital Property*, Indiana Law Journal, Vol. 97:4, p. 1261 – 1313(2022).

④ Hester Peirce, *Some NFT Sales Could Be Illegal*, Decrypt (Mar. 27, 2021), https://decrypt.co/62989/sec-hester-peirce-nfts.

⑤ Howey Test是美国证券交易委员会发布的用于判断数字资产是否具备证券属性的标准。根据《数字资产"投资合约"分析框架》(Framework for "Investment Contract" Analysis of Digital Assets),该标准由三部分构成:金融性投资;普通企业作为发售主体;合理预期他人努力获得的利润,即购买者可能期望通过参与分配或通过其他实现资产增值的方法来实现回报。See *Framework for "Investment Contract" Analysis of Digital Assets*, U.S. Securities and Exchange Commission (Mar. 8, 2023), https://www.sec.gov/corpfin/framework-investment-contract-analysis-digital-assets.

是信用建构等层面,在事实上已经具有作为货币使用的条件,只是属于一种“新货币”,国家“可以先确定其为准货币的法律属性,在时机成熟时再确认其货币的法律地位”[①]。(4)数据。《美国开放政府数据法案》(The open public,electronic and necessary government data act)将数据定义为被记录下的信息而无论记录数据的形式或媒介。NFT 在铸造过程中有大量的,包括底层数字作品以及独特性认定的数字信息被铸入。正是这些以电子化形式记录的数字信息构成 NFT 交易价值的重要组成部分:“铸造 NFT 产品的过程,是一种将特定产品信息数据进行数字化并与特定 TokenID 锚定的过程。因此可以说,将特定数据信息以数字化呈现是 NFT 产品铸造的本质。”[②]因此,该观点认为数字货币在本质上属于一种电子数据,并应纳入数据的范畴予以保护。[③]

以上这些观点仅能够从某一方面反映 NFT 所具有的功能特性以及属性特征。NFT 不同于其他加密资产:(1)目前 NFT 的应用场景越发复杂、专业,定向性也更强,包括:数字艺术;收藏品;去中心化金融(DEFI);游戏;元宇宙(metaverse,虚拟世界);体育;权属认定;域名;集换式卡牌(trading card)及使用令牌销售稀有或独特的实体物品。[④] (2)新型协议标准的出现导致大量更具实用性的功能变体。(3)决定不同类型 NFT 价值的构成要素中表征“独特性”的数据较为特殊,比如 NFT 艺术品,对其属性的判断,不论将其归于证券、数据还是数字货币都无法体现作为最基本交易驱动力来源的底层艺术品的价值。2022 年 4 月,福建省清理整顿各类交易场所工作小组发布《关于防范 NFT 违规风险的提示函》,该提示

---

① 杨延超:《论数字货币的法律属性》,载《中国社会科学》2020 年第 1 期。

② 司晓:《区块链非同质化通证(NFT)的财产法律问题探析》,载腾讯研究院 2021 年 8 月 27 日,https://www.tisi.org/19509。

③ See *The Open*, *Public*, *Electronic and Necessary Government Data Act*, Federal Chief Information Officers(Mar. 29,2017), https://www.cio.gov/handbook/it-laws/ogda/.

④ 加州大学伯克利分校利用区块链技术 NFT 完成首次拍卖活动,其中包含由詹妮弗·杜德纳(Jennifer Doudna)发明的 CRISPR/Cas9 基因编辑发明披露的数字化版本等相关文件。本次拍卖的成功意味着将 NFT 适用于机构财产货币化,甚至可以适用于那些被认为不具备市场价值的物品。See Jesse Schwartz, *TTOs Assess Potential as Berkeley Breaks Mold with NFT Auction*, Tech Transfer Central(Jun. 23, 2021), https://techtransfercentral.com/2021/06/23/ttos-assess-potential-as-berkeley-breaks-mold-with-nft-auction/.

函将 NFT 艺术品定义为“数字藏品”，一种“使用区块链技术，对应特定的作品、艺术品生成的唯一数字凭证，在保护其数字版权的基础上，实现真实可信的数字化发行、购买、收藏和使用”。该提示函通过要求“数字藏品”：不能作为金融化产品；只是合法化的数字文化产品，①将 NFT 艺术品上所附之金融属性完全剥离。2022 年 4 月《中国互联网金融协会、中国银行业协会、中国证券业协会关于防范 NFT 相关金融风险的倡议》同样提出，防止 NFT 金融化，要求数字作品与金融资产脱钩，不可利用数字作品变相发行、交易金融产品，发挥数字藏品行业本身的文化价值。② 这些措施虽然有利于对 NFT 艺术品的监管，但却将区块链所具有的“去中心化”特质剔除，使 NFT 艺术品沦为简单的“产权化数字作品权属凭证”，这将会极大地挤压 NFT 艺术品的流通性，甚至对其市场机制造成影响。

第三节 客体认定的方法和路径

一、新型创设模式的确认

（一）“铸造权”的创设

铸造 NFT 艺术品的过程实质上就是“作品的 NFT 化”。该过程可以简易化为两个步骤，第一步是底层作品的创造，无外乎直接创造数字作品或者将物理作品转化为数字形态两种方式。由于包括我国③在内的世界各国普遍认可单一方式的数字化为“复制权”的一种，因此既有的版权法中的“独创性”“复制权”“摄制权”等理论可以解决作品权属的判断问题，

① 参见《数字藏品 = NFT？有关联更有本质区别》，载光明网 2022 年 6 月 16 日，https://m.gmw.cn/baijia/2022-06/16/1303000629.html。

② 参见中国互联网金融协会、中国银行业协会、中国证券业协会：《关于防范 NFT 相关金融风险的倡议》，载中国互联网金融协会网 2022 年 4 月 13 日，https://www.nifa.org.cn/nifa/2955675/2955763/3014136/index.html。

③ 我国《著作权法》第 10 条第 5 项规定以印刷、复印、拓印、录音、录像、翻录、翻拍、数字化等方式将作品制作一份或者多份的权利，属于复制权。

即使对于推特信息这种相对特殊的形式,只要其内容是基于作者个性,并且满足思想自由和创造性表达的要求,就可以认定为作品。[①] 第二步是将底层数字作品(例如图像、视频、音乐等数字内容)以及包括版本号、Mint 编号、创作者、创作和上链时间、收藏者信息等用于标注独特性的信息制作为元数据,利用协议标准进行编码并写入智能合约,即“铸造”。这一过程对于底层艺术品而言:(1)在数据转化和传输过程中基本“无损化”,艺术表达元素完全保留,满足“同形同构”的一体关系,并可以通过 NFT 铸造达成“加密”优势[②],同时符合“作品内容再现”的版权规则要求:“让作品变成加密艺术作品,从而跨入艺术创作的全新领域。”[③]这意味着,市场主体普遍承认 NFT 在缺少底层作品的情况下只是单一、直接的信息表达:“购买者认为这件特殊作品的价值不在于附加在它上面的 NFT(ERC-721),而在于它本身的数字艺术。”[④](2)由于涉及将数字信息存储于块链,并处于“为公众在其选定的时间和地点获得的状态”[⑤],而在事实上构成对底层作品的网络化传播。(3)虽然现有的大量第三方交易或制作平台能够提供“简化”版“铸币”技术教程,但如脱离用于标注独特性的元数据,NFT 也将同时失去重新定义数字作品所有权的重要价值。[⑥] 因此,如果将“铸造”过程等同于简单的编码,对于致力于从事数字作品 NFT 化工作即“将艺术创作与智能合约、采矿设备、算法、博弈论和其他技术进行组合,进行不同程度的探索和实施,在艺术世界中创造出新

---

① 能够享受版权保护的推特信息应该满足以足够精确和客观的形式自由表达作者的知识创造,而“just setting up my twttr”是一个笼统的陈述,是否应该受到版权保护有待商榷。

② 参见季涛:《NFT 加密艺术市场的未来》,载《艺术市场》2021 年第 7 期。

③ 刘礼福:《借拍“出圈”,区块链数字艺术能火多久?》,载《艺术市场》2021 年第 6 期。

④ Maria Paula Fermnández & Stina Gustafsson, *There Is No Such Thing as Blockchain Art—A Report on the Current Status of the Intersection of Block Chain and Art*, https://www.academia.edu/39464761/There_is_no_Such_Thing_as_Blockchain_Art_A_report_on_the_current_status_of_the_intersection_of_Blockchain_and_art.

⑤ 王迁:《复制权与信息网络传播权的关系》,载《湖南师范大学社会科学学报》2022 年第 2 期。

⑥ See Maria Paula Fermnández & Stina Gustafsson, *There Is No Such Thing as Blockchain Art—A Report on the Current Status of the Intersection of Blockchain and Art*, https://www.academia.edu/39464761/There_is_no_Such_Thing_as_Blockchain_Art_A report on the current status of the intersection of Blockchain and art.

形态的作品”[①]的艺术家会产生不公。如果从市场的角度出发,铸造行为的价值附加为艺术品创作和交易提供了全新的、高度“自主化”的交易模式,从而能够激励更多的个体创作者加入其中。事实上,也确实有越来越多的艺术家投身其中,艺术家和收藏家都有高度的内在动机来支持和收集加密艺术[②],并快速形成一个迅速发展的新型艺术品交易、传播和研究生态。这是艺术创作和区块链技术正向融合的创作生态,是艺术的代码化和代码的艺术化,是实现艺术创作的技术手段,是艺术家和编程员创造性劳动的投入,两者不可分割:“作品 NFT 化后,NFT 就是该作品在区块链上的物质载体,作品通过依附于 NFT 而存在于区块链之上。”[③]

在广义著作权法发展的历史上,为解决技术革新所带来的作品传播媒介以及主体多样化问题,包括表演者、录音制品制作者和广播组织等作品“转播者”,法律通过创设“邻接权”这一概念达到与保护著作权人利益相同的目的。其后,到了 20 世纪 30 年代至 20 世纪 60 年代,虽然邻接权围绕着不同群体的利益兼顾与调和而展开,其权利属性、权利范围、独创性认定与狭义著作权的关系等问题一直争论不休,但都承认此类权利的设置为其他无法完全满足著作权客体独创性却包含人类劳动的智力成果在著作权体系内寻求了可靠的保护思路。以此为鉴,将艺术品 NFT 化的行为在法律上定义为一种适用于基于区块链技术的数字作品创作领域,以赋予底层数字艺术品唯一性、稀缺性特质,与翻译、改编等具有同等效力的“铸造式”创作行为,一种新型著作权表现方式,并为此创作出具有所有权权属证明属性的创新型作品——“NFT 加密数字作品”,一种法定

---

① Maria Paula Fermnández & Stina Gustafsson, *There Is No Such Thing as Blockchain Art—A Report on the Current Status of the Intersection of Blockchain and Art*, https://www.academia.edu/39464761/There_is_no_Such_Thing as_Blockchain_Art A_report on_the_current_status_of_the_intersection_of_Blockchain_and_art.

② See Sheila Bsteh, From Painting to Pixel: Understanding NFT Artworks (master's thesis, Erasmus University Rotterdam, 2021), p. 4.

③ 司晓:《区块链非同质化通证(NFT)的财产法律问题探析》,载腾讯研究院 2021 年 8 月 27 日,https://www.tisi.org/19509。

意义上“在区块链上用令牌进行密码注册的限量版数字艺术”[①]或“在区块链平台中代币化的真实艺术品或数字加密货币相关艺术品和实物艺术品”[②],可以实现底层作品的创造与 NFT 铸造行为在版权制度上的统一(见图6－1)。

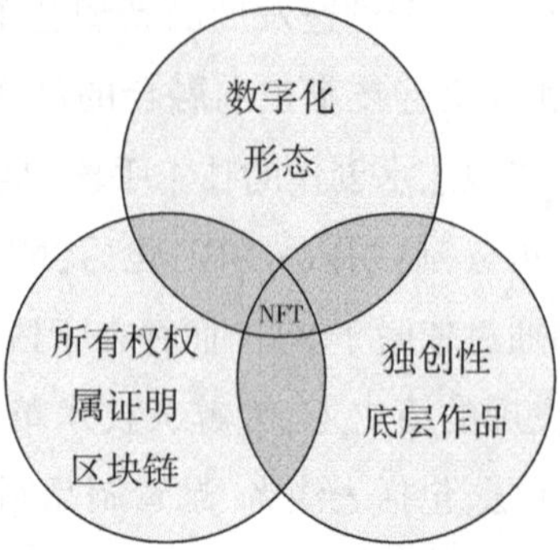

图6－1 NFT 属性

(二)加密作品

NFT 艺术品的产生过程从初始就被艺术家认为是底层作品的创作和 NFT 令牌铸造的融合:“通过将区块链与艺术和其他创造性工作联系起来,NFT 将计算机代码的客观性带到了以主观性而著名的艺术领域。”[③]并且通过利用 NFT 技术在数字作品上烙刻“真实性”或“原创性”特质,进而使得拥有 NFT 艺术品更接近于购买实物作品,而得到艺术品和令牌交易市场的双重认可:“事实上,数字艺术天然就适合 NFT……其中核心部分就在于能够可靠地证明一件作品的所有权,并予以公示,而这在数字世界中是前所未有的。”[④]“NFT 和其他基于区块链的技术最终将重塑整

---

① Massimo Franceschet & Giovanni Colavizza et al., *Crypto Art: A Decentralized View*, Leonardo, Vol. 54:4, p. 402－405(2021).

② *What Is Crypto Art?*, Techcryption (Nov. 23, 2020), https://www.techcryption.com/2020/11/23/what-is-crypto-art/.

③ Jason Zweig, *The Method to the Madness of a $69 Million Art Sale*, The Wall Street Journal, Vol. 5:4, p. 20－21(2021).

④ Editor's Desk, *Everything You need to Know about NFTs*, *The NFT Bible*, NFT Bible (Jun. 22, 2022), https://www.nftbible.io/.

个媒体格局，使创作者能够重新设想创作数字作品并将其货币化。”[①]那么，作为对特殊类型的艺术品创作和市场交易的应答，利用“铸造权”的创设，将针对特定数字作品 NFT 化定性为以“铸造”方式完成的二次创造，即“加密作品”（crypto art），那么不论该加密作品以何种方式被存储，其所必须面对的互联网数据传播所产生的责任都将可以据此被归属于特定的主体即 NFT 加密作品的作者也就是铸造权的拥有者，进而解决艺术品 NFT 化的属性问题。将 NFT 艺术品定义为“加密作品”则能够提供可行的解决路径。利用“铸造权”生成“加密作品”的理论设计，底层作品作者、授权铸造者通过“NFT 加密作品作者”的设计在主体定位和功能上完成统一。

NFT 加密作品的作者拥有对加密作品单独的版权和所有权，虽然在未经底层作品作者许可情况下铸造 NFT 加密艺术品，构成对底层作品作者的侵权，但在支付赔偿后，审判机构可：“将 NFT 的转让交易认定为资产出售……具有的意义是，它是个人财产的转让，而不是租赁、许可或其他旨在通过资产扩大卖方对买方控制的交易”[②]，即可实现作品转让。由此，NFT 艺术品的独立作品属性得以正当化、合法化，真正实现作为“数字个人财产一种全新的、强有力的基础范例，能够抵制现在主流的网络知识产权观点——所谓‘出售’给购买者的资产实际上只是许可证”[③]，并为在不同法域中，实现对其上所附之金融属性的剥离提供理论基础。[④]

综上所述，这种将 NFT 艺术品定性为由铸造者通过行使“铸造权”利用区块链技术产生的“加密作品”的观点，“保留其应用层面的多元性与差异性，不仅有利于精准设计非同质通证治理的制度框架，也有利

---

① Kevin Roose, *$560,000 for a Picture of My Word*, New York Times, Vol. 3, p. 1 – 7 (2021).

② Joshua A. T. Fairfield, *Tokenized: The Law of Non-Fungible Tokens and Unique Digital Property*, Indiana Law Journal, Vol. 97:4, p. 1261 – 1313 (2022).

③ Joshua A. T. Fairfield, *Tokenized: The Law of Non-Fungible Tokens and Unique Digital Property*, Indiana Law Journal, Vol. 97:4, p. 1261 – 1313 (2022).

④ 参见中国互联网金融协会、中国银行业协会、中国证券业协会：《关于防范 NFT 相关金融风险的倡议》，载中国互联网金融协会网 2022 年 4 月 13 日，https://www.nifa.org.cn/nifa/2955675/2955763/3014136/index.html。

于针对其各种应用风险进行精准的制度化预防”①,在以下三个层面达到统一:(1)权益统一。底层作品的所有权、版权和NFT加密作品的所有权、版权由之前的互斥变为互补与相容。(2)属性统一。NFT加密作品一方面能够创作出满足版权法独创性要求的底层数字作品的转化形态,另一方面具有区块链技术下加密货币的交易与权属证明和金融属性。(3)功能统一。可以在一定程度上调和版权所具有之属地性、排他性、使用例外等基本原则与区块链技术提供的非人格化、无边界、标准化和自动化监管解决方案之间的矛盾。

在NFT出现之前,经济学上的“禀赋效应”(Endowment Effec)理论即个人对其拥有物品的价值认同要高于他们未拥有或失去时的价值(如果个人仅仅得到对该物品的某种有限的控制权,则对价值的认同度也会下降),可以解释数字作品交易的买方很少被明确告知为仅仅是“获得许可”而是经常被“误导”为“购买所有权”的原因,NFT加密艺术品的出现改变了这一现状。虽然关于NFT的评价介于两个极端之间,一方面,它被誉为潜在的数字作品创造的革命性工具,是对传统艺术品市场交易结构性挑战的最新范例,赋予艺术家提高报酬的权利;另一方面,它却被视为另一种区块链加密令牌技术概念下的操作风潮:“它们被潜在或实际用于欺诈、单纯的操作投机及其他不成比例的负面效应”②,“NFT的天才之处在于,它是艺术市场的一种简化和扩张。每个人都知道,艺术品市场实际上只是以艺术品的形式进行的不可替代的代币交易”③,但不可否认,在法律与技术的竞赛中,后者并没有停止对前者提出挑战,“法律总是回应艺术世界的需要,有时它的回应很好,有时这种回应还不够”④。分析

---

① 苏宇:《非同质通证的法律性质与风险治理》,载《东方法学》2022年第2期。

② Blake Gopnik, *The NFT Craze Encapsulates the Absurdity of the Art World—and Its Obsession with Authenticity*, Daily Mail Online(Aug. 3,2021), https://thebustednews. com/the-nft-craze-encapsulates-the-absurdity-of-the-art-world-and-its-obsession-with-authenticity-14958. html.

③ Brian Frye, *NFTs & The Death of Art*, SSRN Electronic Journal, Vol. 4, p. 7 – 19(2021).

④ E. Rosati, *Jeff Koons Loses (Again) in France: His Fait d'Hiver Found to Infringe Copyright in Franck Davidovici's Own Fait d'Hiver*, IPKat(Mar. 11, 2021), https://ipkitten. blogspot. com/2021/03/jeff-koons-loses-again-in-france-his. html.

是否需要对知识产权制度进行调整以涵盖和规范所有新的技术变体极为必要，因为这些技术变体很快将影响我们的生活。在我国，2017 年中国人民银行曾与各部委联合发文认定比特币、以太坊交易属于非法，而全面禁止国内的数字货币交易平台，国内目前无法公开进行数字货币交易。不过，从世界范围来看，NFT 以及作为其类型化的表现之一的 NFT 加密作品交易市场已经在中国形成并逐步繁荣①，相关问题开始叠加出现。并且，在面对未来可能出现以"元宇宙"为代表的，更具现实感、参与度和共存性的虚拟空间时，只有 NFT 加密艺术品能够在其中陈列、展示和交易。因此，有必要将 NFT 加密作品定义为一种通过"铸造权"创作形成的，具有金融和所有权权属认定功能的新型数字作品，并利用合同对其上所附之版权进行规制。这样一方面能够激发创作者热情，另一方面能够对既有版权制度在创新型数字作品方面存在的不足和滞后予以完善。

二、"创造力"概念重塑

当然，要从本源解决"独创"这一问题，关键在于厘清人类的"创造力"和作品的"独创性"之间的关系。学者认为，"说到创造力，为计算机设计程序，使其产生前所未有的、不计其数的物体是一件轻而易举的事。但使所谓'创造力'的思想家脱颖而出的不是其想出了多少想法，也不是这些概念有多新颖，而是他们如何选择新的想法，从而继续思考和发展"②。可以认为人类的"创造力"是一个生物学、社会学甚至伦理学术语，更多关注的是"意识自由"下的可选择性，所要解决的是人工智能的主体地位问题，而"独创性"则聚焦于形式上的创新，是一个法律技术术语。创造力的利用天然生成具有"独创性"的"作品"，而具有"独创性"的

---

① 2021 年 2 月至 6 月，以北京、上海、深圳为代表，我国陆续举办了包括：虚拟生境——镜中迷因可曾见、Great Pythagoras、赛博涌现——NFT 加密艺术展、上海首届全球 NFT 加密艺术展、DoubleFat 双盈——首届 NFT 加密艺术展等在内的 20 多场具有世界影响力的 NFT 加密作品展。在 DoubleFat 双盈——首届 NFT 加密艺术展上，中国画家冷军首幅"NFT 加密艺术"最终以 40 万元成交。

② ［美］马文·明斯基：《情感机器：人类思维与人工智能的未来》，王文革、程玉婷、李小刚译，浙江人民出版社 2016 年版，第 286 页。

作品在法律意义上并不必然归属于"创造力"。正如当下的人工智能，"它让我们了解到一种非生物系统具备而生物系统不具备的能力：这是一种可复制、存储，并重新构建的能力"[①]。

同时，从版权法的发展趋势上看，著作物的范围正在由纯粹的艺术型或者学术型作品向实用型、机能型作品扩展，"伴随着功利主义与实证主义向法学的渗透，人们开始认为有些事物即使不符合创造性的本质，但社会观念认为有必要保护，并且与智力成果具有相似的法律特征，也可以成为知识产权的对象"[②]。另外，学者认为"创造性不是某种神圣萌生灵感的东西，而只是'以往存储信息的并置'——因此人和计算机可能是同样有创造力的"[③]。现在的人工智能生成对象（例如文学作品、音乐甚至绘画等），在创新性方面基本可以做到与人类创造的作品无法区分[④]，即使这种创新动力不是来源于人类的智力、体力和意识而是出自主程序下对数据的整合及模仿，也几乎完全能够满足法律定义上的"形式创新"。因此，当下，"当我们已无法区分所欣赏的作品为人类创作还是机器生成时，就意味着该内容应被认定为作品，所以人工智能生成内容客观上应视为满足独创性要件中对最低创造性的要求，避免未来在此问题上出现因缺少必要证据而无法认定的情形"[⑤]。"人工智能创作物的产生在版权法意义上讲，具备了可以视为代表人工智能所有者意志的创作行为的

---

① ［美］雷·库兹韦尔：《人工智能的未来：揭示人类思维的奥秘》，盛杨燕译，浙江人民出版社2016年版，第237页。

② ［美］尼尔斯·尼尔森：《理解信念：人工智能的科学理解》，王飞跃译，机械工业出版社2017年版，第138页。

③ ［美］Phil McNally、Sohai Inayatullay：《机器人的权利——二十一世纪的技术、文化和法律（上）》，邵水浩译，载《世界科学》1989年第6期。

④ 例如：美国学者戴维·柯普在2002年开发出名为EMI的软件用于谱写乐曲，在未被指明的情况下，其作品受到古典音乐爱好者的喜爱，听众根本无法将人类作曲家和EMI的作品进行区分。其后，2011年，EMI的进化程序Annie甚至能够自主创作不同音乐风格的曲目，并出版了诗歌集和专辑。See Christopher Steiner, *Automate This How Algorithms Came to Rule Our World*, Gildan Audio and Blackstone Publishing, 2021, p. 89 – 101; D. H. cope, *Comes the Fiery Night*:2000*Haiku by Man and Machine*, CreateSpace Independent Publishing Platform, 2011.

⑤ 熊琦：《人工智能生成内容的著作权认定》，载《知识产权》2017年第3期。

基础。”[①]

对作为权利客体的“物”的划分自古罗马时期既有之。罗马法将物定义为:“一切为人可以支配、对人有用,并能构成人的财产组成部分的事物。”[②]这类物不但包括有体物,还包括作为“权益”的无体物,大多数国家都在该理论的基础上承认“有体物”为物权法之“物”。物权理论发展至今,“如果我们从现有物权法理论来看待物权之客体的话,则是以物之‘质’进行区分的,也就是说,有质无构物即‘无形物’与‘有构有质物’即‘有体物’同属物权法意义上之物,而‘无构无质物’即‘拟制物’也被视为物,即‘准物’”[③]。而“从范畴上说,知识产权客体是一种以智力成果加以表现的客观‘物’(一种创新性信息组合方案与结构)的认识将更加符合法学规律”[④]。

如果从本源上将人工智能定义为人类的辅助性工具,那么,人工智能生成对象和其他机械工具的制造物相比虽然在表现方式上是“非物质的、无形的”的,但在本质上则至少可以满足民法上所谓“物”的特性:“不以有体为限,其经济上之效用与有形之物相同者,亦可称为物……”[⑤],因而可归属于民事法律关系的客体,进而成为能为人所支配的物质财产的一种。这个思路通过否认人工智能本身在“生成对象”产生过程中的自主性劳动,强化人工智能的工具性作用,而将该生成对象视为既不同于物权法意义上“有体物”亦不同于作为知识产权客体的“智力成果”的,一般民法上“无形物”的方式来解决人工智能的主客体悖论。将人工智能生成对象定性为一种特殊的,不属于知识产权范畴内的无形物纳入法律保护范围,可以在人工智能本体、人工智能设计者、人工智能所有者和人工智能生成对象间搭建逻辑联系,解决人工智能本体的非“主体”化、生成对象财产化以及财产权属确定之间的矛盾。

---

① 王文亮、王连合:《将法律作为修辞视野下人工智能创作物的可版权性考察》,载《科技与法律》2017 年第 2 期。

② 周枏:《罗马法原论》,商务印书馆 2014 年版,第 281 页。

③ 何敏:《知识产权客体新论》,载《中国法学》2014 年第 6 期。

④ 何敏:《知识产权客体新论》,载《中国法学》2014 年第 6 期。

⑤ 史尚宽:《民法总论》,中国政法大学出版社 2000 年版,第 248 ~ 249 页。

三、功能转换

我国目前将基因视为一种化学物质,对基因技术成果专利审查保持着较为严格谨慎的态度。我国《专利法》第25条将科学发现排除在专利权客体的范围之外,基因能否被授予专利权取决于其是否属于发现。《专利审查指南》中将基因根据碱基序列的状态进行分类管理,考虑审查基因与天然基因之间的差异性,自然状态存在的基因或DNA片段,属于专利法中的科学发现,不能被授予专利权。而且这里的基因或DNA片段既包括从生物体内分离出来的基因,也包括通过人工手段制备的基因,即利用基因编辑技术制备了一个人工基因,也可能因为其制备后整体的碱基序列与自然状态存在的碱基序列相同,而不能被授予专利权。但首次从自然界分离或提取出来有利用价值、未曾分离或提取过的基因或DNA片段,就可以被授予专利权。

基因能否被授予专利权,依靠是否首次提取、序列是否记载已经无法正确区分发明和发现,将属于发现边缘的分离基因视为一种发明,并没有鼓励科学技术进步,甚至会起到阻碍作用。将分离基因作为一种发现,避免利用迅速发展的基因分离技术规避基因测序成果不可专利的政策,是对科学进步的负责。将基因明确区分为天然基因和人工基因,不论这个基因是在生物体内检测出还是通过人工手段分离、提取出来,只要其碱基序列在自然状态下存在的基因均为天然基因,只有通过人工技术手段制备、嫁接得到一种基因,其碱基序列在自然状态下不曾出现,才属于人工基因。天然基因应当是一种发现,一律不授予专利权保护,人工基因在满足新颖性、创造性和实用性的条件下,才能授予专利权进行保护。这样天然基因重归于人类共有资源,科学研究可以详尽使用天然基因,降低科研门槛,同时只有人工基因可以带来专利利益回报,更加鼓励科学家向高精尖层次研究。

将基因作为一种化学物质进行保护,只考虑了一段基因包含的所有信息功能,忽略了不同信息的价值。尽管目前在基因专利审查时要求说明其实用功能,提供证据证明基因具有特定的功能,但仍然忽略了遗传信息的动态属性，是一种产品型保护模式，保护范围较为宽泛。基因在遗传进化、自然选择的历程中不断发展出新的功能、用途，碱基序列功不可没，遗传信息不断更新迭代，发挥基因真正价值的是其碱基序列的数据。化学物质作为基因的静态载体被授予专利权进行保护，在动态发展的遗传信息中可能会变相延伸保护的范围，打破权利人与公众的平衡。应当将基因看作一种信息，明确对碱基序列进行保护，根据其数据发挥的作用、用途作为是否保护的衡量重点。

专利政策的目的是促进科学技术的进步，通过独占带来的利益激励科学家，激发市场的创新动力。然而政府的项目支持、科研成果奖励同样能够激励科学家，虽然支持和奖励的利益低于独占带来的利益，但风险更低，如果科学家分离获取一种尚未开展研究或研究产业较少的基因，尽管申请专利，回报也是不确定的。严格规范基因专利的授予，将基因分离技术成果排除在专利权的客体之外，缩小基因专利授权范围，并不意味着分离基因在科学研究中被忽略。生物科技通过实践证明，即使没有专利激励政策推动，生物科技依然逐步发展，人类基因组计划的实现就是很好的例证。基因分离技术仍是我国需要研究发展的科学技术方法，通过国家科研项目支持，鼓励生物科研机构对基因分离实验，取得成绩向国家申请奖励，成果由国家向国内生物科研机构共享，达到各科研机构友好合作，共同开展基因科研合作，是排除专利激励后，提供科研动力的一个方法。

第七章　新业态中复杂权属关系的厘定

第一节　多重影响要素分析

一、交易环境

元宇宙将区块链、加密货币和 NFTs 等新兴技术构建于现有的互联网基础设施上，形成一个与现实世界并存的网络空间社会。在元宇宙中，人和企业实体以各种形式，利用算法和人工智能在这一扩展的“现实”中参与教育、商业、游戏、体育和娱乐活动。元宇宙已经初步形成一个全方位的经济区——实体商品和数字商品在这个市场中交易，法定货币和加密货币亦在其间自由流通，品牌正变得像在现实世界一样活跃。“现实世界”中的商品正在元宇宙中加速生成“数字孪生”体系，NFTs 则被用作制作艺术收藏品、访问密钥、投资、所有权契约、投票、中心化自治组织的治理令以及服务或体验的促进技术，这些都给现有的商标制度带来极大的不确定性。

2021 年年底至今，3 起涉及虚拟商品、NFTs 商标使用的典型案例，在世界范围内受到一定关注。案例 1 为 NIKE v. StockX 案。在该案中，被告 StockX 作为一家在线转售平台的运营商,主要销售运动鞋、服装、奢侈手袋、电子产品和其他收藏品等各种品牌的商品,并通过 NFTs 向其客户提供认证服务。NIKE 认为,在没有授权的情况下,StockX 在元宇宙中“铸造”的 NFT 上显著使用 NIKE 商标,意图使消费者认为该 NFTs 与 NIKE 商标之间具有特定的关联,进而将其以虚高的价格出售给消费者。而 StockX 则表示,NFTs 仅用于追踪相关产品的所有权和交易情况,不独立认证相关产品,也不与 NIKE 或其任何子公司具有关联关系。① 案例 2 为 Hermès v. MetaBirkins 案,该案被告 Rothschild 注册 METABIRKIN 网站域名(该名称由整个 BIRKIN 标记和通用前缀“META”组成),随后于 2021 年 12 月开始以 METABIRKIN 为商标发布 METABIRKIN NFTs 的广告,并在 OpenSea NFT 市场上通过“智能合约”出售了将近百个包含 Hermès 柏金包商标(BIRKIN)的 NFTs 数字收藏品。因此,原告认为,被告未经 Hermès 授权,使用、销售含有柏金包商标的数字藏品,已经造成公众对 METABIRKINS NFT 与 Hermès 之间关系的混淆,并致使 BIRKIN 商标独特品质以及与之相关的商誉被“数字藏品”淡化。② 案例 3 为 Yuga Labs v. Ryder Ripps 案。原告 Yuga Labs 是 Bored Ape Yacht Club(BAYC)NFT 集合的原创者,每个 NFT 与特定的“无聊猿”数字图片相关联。被告 Ryder Ripps 在制作的 NFTs(使用 RR/BAYC 而不是 Bored Ape Yacht Club)中使用与原版 BAYC NFTs 完全相同的图像并包含 Yuga Labs 申请注册的,原创“无聊猿”图像中的商标,③原告认为其行为构成对商标的侵权。这三个案例能够集中反映当下虚拟商品以及 NFT 面临的商标侵权问题,主要包括:虚拟商品、NFT 如何进行商品分类意义上的属性判断和

---

① See Nike, Inc., v. StockX LLC, (S. D. N. Y. 2022) No. 1:22-cv-00983, New York Southern District Court (Feb. 3, 2022), https://unicourt.com/case/pc-db5-nike-inc-v-stockx-llc-1129410.

② See Hermes Int'l v. Rothschild, (S. D. N. Y. 2022) No. 1:22-cv-00384, New York Southern District Court (May 18, 2022), https://unicourt.com/case/pc-db5-hermes-international-et-al-v-rothschild-1116864.

③ See Yuga Labs, Inc. v. Ryder Ripps, (C. D. Cal. 2022) No. 2:22-cv-04355, California Central District Court (Jun. 24, 2022), https://unicourt.com/case/pc-db5-yuga-labs-inc-v-ripps-et-al-1227525.

具体操作,进而在满足日益增长的商标注册需求的基础上减少侵权行为的发生;侵权行为的认定要素;侵权行为的抗辩情形。

二、经济效应

知识产权制度的一项基础理论就是"劳动力理论",即给予那些为了创造智力成果而付出劳动的人一些从中获利的权利,从而激励他们继续投身进一步的研究中。但有学者认为专利制度对计算机创造发明所产生的激励作用十分有限,因为"为计算机设计程序,使其产生前所未有的、不计其数的物体是一件轻而易举的事"①。该类创新通常相对便宜、递增迅速、易于取代,并与重大的先发优势相关,在没有专利激励的情况下,可以受到其他形式的知识产权保护,计算机创造发明所产生的价值也能够超过开发创造性计算机的成本。而且,计算机创造发明的可专利化会进一步刺激原本只会在较长时间内,以较小规模发生的尝试性创造活动向常规性活动转化,进而对市场产生冲击。根据"劳动力理论",知识产权是自然人对其劳动成果所拥有的天赋权利,而人工智能则恰恰无法拥有财产。该理论在为授予专利权人垄断权提供正当理由的同时,也为创新是为满足"人"的需要而进行的"人格完善",允许人工智能作为发明者获得专利将消除只有人类才能自主构思创造性想法,并拥有由此产生的价值的论断提供背书。以此为依据,如果一方面人工智能无法拥有财产;另一方面亦不需要专利来激励计算机创造性功能的发展,那么将人工智能发明视为不具有专利性或不承认人工智能发明者可能是合理的。②

如果说人工智能发明专利影响人类进一步进行科学研究,出于这样的考虑而禁止人工智能成为发明者,显然因果错位,禁止人工智能作为发明者不足以阻止其发明专利。另外,在经济学上,只允许拥有创造性机器的人类成为发明家,也不是最优选择。当下,在一些前沿科学领域人工智

---

① [美]马文·明斯基:《情感机器:人类思维与人工智能的未来》,王文革、程玉婷、李小刚译,浙江人民出版社2016年版,第286页。

② See William Landers & Richard A. Pospener, *The Economic Structuer of Intellec-Tual Property Law*, Harvard University Press, 2003, p. 312 - 313.

能已经独立参与创造性工作，只是有时需要大量的洞察力来识别和理解其工作原理。承认创造性人工智能是发明者，将刺激人工智能发明行为上游的人类创造性活动，即使人工智能体本身不会因为专利前景的应用而受到激励，但会激励计算机科学家开发更先进的人工智能技术，以此带来的资金投入对于这类资源密集型产业至关重要，“给予人工智能产生发明的专利保护符合社会的最佳利益并创造了一种创新型激励机制”①。如果人工智能发明人的地位不能获得法律上的认同，则相关技术领域的市场主体就不太可能认可利用专利保护进而激励创新的投入方式，而只会选择对人工智能技术的硬性投入以实现经济效益。

技术创新带来的积极发展是不可估量的，新的技术和成果转化会带动经济的发展。技术创新的扩散是经济发展的源泉，是全社会财富增长的重要动力已经成为经济学领域达成的基本共识。如果由于主体问题将人工智能发明排除在专利保护客体之外，那么即使在创造者排除采用“商业秘密”这一极端的技术保护策略的前提下，如何鼓励人工智能发明信息的公开传播以期推动这一最具代表性的变革产业的发展亦成为亟待解决的问题。就此，英国专利局的审查员提出过同样的疑问：“鉴于人工智能机器不可能拥有产权，那么该以何种方式鼓励其传播有关发明的信息？”在最终的决定书中，审查员就此问题给予如下答复“申请人辩称，使机器所有者能够获得专利权是实现这一目标的唯一途径。然而，我必须反对这一说法，因为来自人工智能机器的创新传播可以通过许多方式自由发生，比如通过互联网。无论如何，我不清楚承认一台机器是发明者会如何影响向公众传播创新的可能性，因为这完全取决于人工智能机器的所有者或开发者”②。然而，该论断忽略了一个要素，即专利制度在鼓励创新时的“可续展性”功能特征。由于经济学视角下的创新活动的“核心要素

---

① See Ryan Abbott, *The Reasonable Robot: Artificial Intelligence and the Law*, Cambridge University Press, 2020.

② See Patent Decision BL O/741/19, *IPO* (*Dec.* 4, 2019), *https://www. ipo. gov. uk/p-challenge-decision-results/p-challenge-decision-results-bl? BL_Number = O*/741/19.

就是在市场原有的产品或者服务中产生全新的事务"①。该功能通过授予有时效限制的价值垄断来换取公开披露，专利的公开披露："意味着存在学习和研究的机会，且有益于其他研究人员……当其他公司和个人可以依赖专利持有者的技术实现技术进步时……为取得突破创造了条件，而且有巨大的商业价值。"②

三、技术影响

人工智能在一项发明专利中所付出的"脑力劳动"占比不同，也会影响其能否成为适格的权利人，这与人工智能技术的发展水平息息相关。2020 年 10 月 6 日，美国专利商标局发布题为"人工智能和知识产权政策公众观点"的报告（Report on Artificial Intelligence and Intellectual Property Policy）。该报告全面审视了利益相关者对人工智能在知识产权领域的影响。该报告认为，参与调查者虽然没有提供人工智能的定义，但同意目前的技术水平仅限于"狭隘的"人工智能，即那些在定义明确的领域（例如，图像识别、翻译等）中执行个别任务的系统，而人工通用智能（类似于人类智能水平）仅仅是一种理论上的可能性，在遥远的未来也许能够出现。该报告将人工智能发明进行如下分类：（1）体现人工智能领域进步的发明（例如，改进的机器学习模型或算法的新的神经网络结构）；（2）将人工智能应用于人工智能以外的领域的发明；（3）人工智能本身可能产生的发明。③ 同年 10 月 27 日，美国专利商标局发布《人工智能发明：追踪美国人工智能专利扩散的报告》（Inventing AI Tracing the diffusion of artificial intelligence with U. S. patents），报告显示：从 1976 年至 2018 年，利用人工智能获得专利的个人发明人占比从 1% 增长至

---

① ［英］克里斯汀·格林哈尔希、马克·罗格：《创新、知识产权与经济增长》，刘劭君、李维光译，知识产权出版社 2017 年版，第 4 页。

② ［英］克里斯汀·格林哈尔希、马克·罗格：《创新、知识产权与经济增长》，刘劭君、李维光译，知识产权出版社 2017 年版，第 31 页。

③ See *Report on Artificial Intelligence and Intellectual Property Policy*, USPTO (Oct. 6, 2020), https://www.uspto.gov/about-us/news-updates/uspto-releases-report-artificial-intelligence-and-intellectual-property.

25%，即2018年所有个人发明人专利中有25%的专利使用人工智能技术。从2009年开始，使用人工智能的个人发明人所占比例甚至超过了使用人工智能的机构。这意味着人工智能技术在发明中的扩散不仅发生在机构之间，而且发生在个人间，有更多的发明人和专利权人在其发明中使用人工智能技术，越来越多的个人和机构在其工作中采用人工智能技术，[①]包括律师协会、行业协会/社会团体、公司、学术机构、人工智能从业人员、专家等普遍认同人工智能自主产生发明的能力。就像在所有计算机实现（computer-implemented technologies）的技术一样，人工智能系统在发明创造过程中参与度的高低决定了其成为受专利保护对象的可行性。是否授予"人工智能"专利主体资格在技术层面的问题在实质上可以归结为"人工智能"系统在特定领域内，以何种方式及程度参与到创造性结果的产出过程中。人类在人工智能发明中起到的作用，即自然人对人工智能发明构思的贡献方式与程度则作为另一个与之对立的参照系。也就是说，在一个发明构思中，人工智能的参与度越高则自然人的影响则相对较低，人工智能作为专利主体的可行性就越大；反之亦然。

第二节　权属关系争议的形成

一、交易规制：以NFT为例

正是由于数据存储的多样性，在通过公共URL（Uniform Resource Locator，统一资源定位符）指向存储地址的情况下，NFT艺术品只是将相关数据通过编码的方式添加到智能合约并固定在区块链上。其本质上是由创建者编写的权益声明或具有存储指引的元数据，并不是作品本身。因此在NFT买卖中，买家购买到的不是令牌所有权，而只是与底层作品编码对应的"唯一"元数据，类似于链接原始内容的数字契据，或者仅仅

① See *Tracing the Diffusion of Artificial Intelligence with U. S. Patents*, USPTO（Oct. 5, 2020）, https://www.uspto.gov/sites/default/files/documents/OCE-DH-AI.pdf.

是作品的数字识别版本,一张写在区块链上的独特收据。NFT 的出售行为不会授予任何人对底层作品的所有权,而购买者只是获得加密签名的收据以证明其拥有唯一版本的令牌。购买方所购买的 NFT 只有在被完全上传至区块链而不是托管在另一个离链网站情况下才被理论上拥有。因此,至少在目前,NFT 艺术品交易在很大程度上:“并不意味着拥有艺术品本身。相反,基本上是在购买元数据”①,一个使用数字文件编码的数据文件,而不是数字作品本身。②

如果摆脱纯粹技术化分析的桎梏,而将 NFT 作品置于新兴艺术品与金融产品交互的大市场中会发现,互联网的出现导致大量的数字内容被生产和制造,由于其可以被大规模、低成本、简易化地复制,且副本无法与原件有效区分,不存在足以验证其权属的可信凭证,而难在其上建立物权或准物权。为应对这一问题,在版权领域,法律通过最终用户许可协议的设定并辅之以随机存取复制等理论,使版权权利人能够利用许可而不是转让来控制知识财产的转移。这些措施在推动知识产权产品交易便捷化、多样化的同时“严重地侵蚀着人们的所有权概念”③。NFT 作为区块链加密令牌技术的升级版本,正是利用标准协议所定义的四个关键元数据:ID、NAME(名称)、SYMBOL(符号)、URL(统一资源标识符)作为基础,通过将底层作品的创造性与元数据的独特性、稀缺性高度融合,赋予作为价值衡量标准的数字资产以所有权特征,进而解决数字作品交易的产权确定难题。

综上所述,NFT 艺术品事实上承载着两种具有一定矛盾性的功能和价值取向。这一矛盾性在 NFT 艺术品交易中被体现在购买 NFT 除订立

---

① A. W. Ohlheiserar, *Some Artists Found a Lifeline Selling NFTs*, *Others Worry It's a Trap*, MIT Technology Review (Mar. 25, 2021), https://www.technologyreview.com/2021/03/25/1021215/nft-artists-scams-profit-environment-blockchain/.

② See Andres Guadamuz, *Copyfraud and Copyright Infringement in NFTs*, TechnoLlama (Mar. 14, 2021), https://www.technollama.co.uk/copyrfraud-and-copyright-infringement-in-nfts.

③ See Aaron Perzanowski & Jason Schultz, *The End of Ownership: Personal Property in the Digital Economy*, MIT Press, 2016, p. 103.

合同另行约定外购买者并不自动获得底层艺术品的版权，NFT 所有者将无权制作、出售底层艺术品的复制品，转让艺术品的版权或创作衍生作品。这意味着 NFT 的所有者无法使用或在第三方平台上展示相关艺术品甚至在自媒体上发布 NFT 艺术品（因为这将导致自动创建未经授权的数字副本）。但事实上，除非存在底层作品的作者授权的明示声明，购买者实则无法明确 NFT 铸造者就是底层作品的原创者或者合法授权人以及在铸造过程中赋值投入的形态。以 Michael Halsband v. Cj Hendry 案为例，2019 年 7 月，纽约艺术家 Cj Hendry 以 Michael Halsband 所拍摄的名为《绘画》的摄影作品为版本创作了一幅写真油画。Michael Halsband 认为 Cj Hendry 的行为侵犯其版权而要求销毁该幅绘画。Cj Hendry 则通过在绘画上喷漆的方式完成了销毁过程。但是，该销毁过程却被 Cj Hendry 录制下来并制作成 NFT 在网站上销售。[①] 截至 2021 年 4 月 16 日，这一被命名为《侵犯版权》的 NFT 仍然在 SuperRare. com 上以 6685 美元的价格挂牌出售。Michael Halsband 认为 Cj Hendry 制作、销售 NFT 的行为再次侵犯其版权，进而提起诉讼。[②] 该案的重点就在于对《侵犯版权》这一 NFT 艺术品的制作与销售是否构成侵权，如果不能通过规则设计对 NFT 艺术品自身所附之所有权、铸造后的新价值权益与底层艺术品的所有权、版权进行有效的统一，以确保权利内容和主体的一致性，那么 NFT 艺术品的购买者就很容易因为底层作品的权利瑕疵而承担责任。

以下对“加密作品”市场最著名的四大品牌所设计的交易规则进行分析：Dapper Labs 在合同中规定，在交易后，持有者将能够“完全拥有基础 NFT”，Dapper Labs 并不能扣押、冻结或以其他方式修改持有者对 NFT 的所有权。但对于底层数字作品，持有者却只拥有“使用、复制和展示本条款的非排他性、不可转让、免版税的许可”，“交易 NFT 并不意味着转让

---

① See Keith Estiler, *Cj Hendry Destroys Basquiat and Warhol Artwork in NFT Stunt*, Hypebeast (Apr. 16, 2021), https://hypebeast. com/2021/4/cj-hendry-copyright-infringement-nft-auction-superrare-release.

② See Joshua A. T. Fairfield, *Tokenized: The Law of Non-Fungible Tokens and Unique Digital Property*, Indiana Law Journal, Vol. 97:4, p. 1261 – 1313 (2022).

任何相关知识产权,Dapper Labs 可以撤销持有者与 NFT 相关的知识产权许可,包括制作或出售副本、转让的版权或基于创作衍生作品的权利”①。Yellowheart 平台在协助销售 NFT 音乐专辑时,其服务条款声明赋予买方展示与 NFT 相关联的艺术品和商品的权利,只要买方拥有 NFT 是为了个人欣赏而非商业目的,并为此设定一系列限制与 NFT 背后的创意作品相关的商业活动条款,例如,禁止使用相关的艺术品或在第三方产品、电影或其他媒体中使用 NFT 作品②:“购买艺术品和商品所拥有的权利仅限于许可中描述的范围。公司保留本许可证中未明确授予的艺术品和商品的所有权利”,“未经公司事先明确书面同意,不得自行或允许任何第三方以商业利益为目的进行二次销售(包括但不限于为最终获得商业利益而赠送),或以其他方式将涵盖(includes)、组成(contains)或构成(consists of)所购买的 NFT 或所包含的艺术品商品化”③。OpenSea 的服务条款将 NFT 称为加密资产,并强调网站的第三方链接“可能包括管理此类 Crypto 资产使用的许可条款”④。这意味着每个 NFT 的许可条款并不相同,买方有责任了解其所拥有的 NFT 艺术品的权限。CryptoKitties 则设置了更多细节性条款,允许将购买的 NFT 艺术品用于商业用途,但限制在 10 万美元的收入范围内⑤:“NFT 令牌标志其所代表的资产,出售者在转让后对该资产不再有进一步的控制权,而由购买者拥有该资产”⑥。

可以看出,以上条款都是在将底层作品和 NFT 进行实质性区分的前提下,在进一步将所有权和版权进行明确分割的基础上保护交易网站和

---

① *NBA TOP SHOT*, *Terms of Use*, https://www.nbatopshot.com/terms.

② See *YellowHeart Protocol Whitepaper*, https://www.yellowheart.io/kol/terms_and_conditions.pdf.

③ Jeff Link, *How NFT Music Is Transforming the Recording Industry*, Yellowheart(Aug. 09, 2022), https://builtin.com/blockchain/nft-music.

④ See Tobi Opeyemi Amure, *What Is OpenSea*?, Investopedia(Jan. 7, 2024), https://www.investopedia.com/what-is-opensea-6362477.

⑤ *Collect and Breed Digital Cats*!, CryptoKitties, https://www.cryptokitties.co/terms-of-use.

⑥ See *What Is Crypto Kitties*?, Cryptokitties, https://www.cryptokitties.co/.

作者的权利,是一种建立在传统版权法理论基础之上的规则设计。这种模式看似相对稳健,但由于不同于一般的数字产品,NFT 还同时兼具作为加密令牌的货币、证券等复杂属性,造成底层作品的知识产权、所有权等无法和铸造后所生成的 NFT 权益相融合,模糊了 NFT 上所附多种权益的界限,致使各平台所设计之交易条款权限各不相同,甚至相互矛盾,削弱了购买者对 NFT 最感兴趣的所有权特质,客观上造成 NFT 的购买者无法获得 NFT 艺术品上完整的权益。在 NFT 所包含的所有权自证功能并不等同于版权权利自动默许赋予的前提下,存在版权信息无法完全编码至智能合约的技术障碍下,通过将艺术品 NFT 定义为通过"铸造"行为创造的加密作品,可以将底层数字作品、其他写入智能合约并存储在块链上的元数据等作为特殊的"数字性"构成要素融合于作品之中。购买者购买 NFT 加密作品即视为新类型化作品的权益转移而不必受到存储方式、底层作品所有权、版权、NFT 权属以及无法写入智能合约的版权信息等复杂因素的影响,为订立更具操作性和公平的交易合同夯实理论基础。这是一种相较于许可更接近个人财产所有权功能的技术设定,使其因为能够满足物权客体的特定性要求并具备可支配性而可以进入物权保护范围。[①] NFT 艺术家、NFT 权益人、NFT 交易平台都可以充分利用合同条款与既有的版权理论实现所有权的顺畅流转以及版权的安全。例如:(1)NFT 成交既意味着所有权和版权的同时转让,底层物理作品自动销毁或不得另行制作数字副本。[②] (2)对于购买方,购买者所获 NFT 加密作品即可观看、下载或传播,而不会造成侵权。(3)加密作品之上的包括许可、商业开发、复制、发行、衍生作品、公开表演或公开展示等著作权允许另立条款规制。2022 年 4 月,杭州互联网法院通过微信公众号公开某科技公司侵害作品信息网络传播权纠纷案该法院判决认为:NFT 交易模式本质上属于以数字化内容为交易内容的买卖关系,购买者所获得的是

---

① 参见司晓:《区块链数字资产物权论》,载《探索与争鸣》2021 年第 12 期。

② See Tom Gilbert, "*For Sale: This Article*": *An Overview of Non-fungible Tokens (NFTs) and IP*, IP White Board (Jun. 8, 2021), https://ipwhiteboard.com.au/for-sale-this-article-an-overview-of-non-fungible-tokens-nfts-and-ip/.

一项财产权益,并非对一项数字财产的使用许可,也并非对一项知识产权的转让或许可授权,NFT 数字作品交易对象是作为数字商品的数字作品本身,交易产生的法律效果表现为财产权的转移,[①]也从一侧面表现出对这一理论的实践支持。

二、权益基础确定:以虚拟商标为例

(一)商标意义上虚拟商品、NFT 的属性认定

商标意义上商品/服务的定性是商标权益获得的基础。商标由于受指定的商品与服务的类别限制而能够在不导致消费者混淆的情况下使两个近似或相同的商标得以共存。例如,使用同一个语词的商标可以同时被服装品牌和汽车制造企业使用。因为 NFT 或者元宇宙中的虚拟商品一般都是实物的数据化形态,其或者原型复刻或者添加一些额外的设计予以完成,NFT 还需要通过"铸造"的方式,利用区块链赋予其在财产方面的独特性属性——例如使用 Hermès 柏金包、NIKE 经典鞋子原型制作的 NFT——就会造成虚拟商品与实体商品之间存在必然的依附性联系却又在物质属性方面完全不同。如果突出强调两者间的依附性关系进而认定为同一或近似类别,那么未经授权的使用则必然构成侵权无疑;但两者如为不同或者非近似类别,则只有驰名商标权人才可能可以依赖"混淆"并辅之以"淡化"理论来维护权利。所以,虚拟商品、NFTs 同与之对应的实物商品的类别对判断是否构成侵权就显得尤为重要。

据估计,人们每年在虚拟世界中购买的虚拟商品上花费超过 800 亿美元。[②] Meta 的首席执行官马克·扎克伯格就宣称:"Meta 计划主要通过广告和出售虚拟商品来赚钱……将专注于虚拟商品的销售,从每笔交

---

① 参见《用户发布侵权 NFT 作品,"元宇宙"平台要担责吗? 法院判了》,载微信公众号"杭州互联网法院"2022 年 4 月 20 日,https://mp.weixin.qq.com/s/IQwjcF_a5EoYdc5CFkaQpA。

② See Bobrowsky & Meghan, *Big Tech Seeks Its next Fortune in the Metaverse*, The Wall Street Journal(Nov. 9,2021), https://www.wsj.com/articles/big-tech-seeks-its-next-fortune-in-the-metaverse-11636459200.

易中抽取一定比例。"[①]因此,包括元宇宙在内的虚拟空间内的物品可以作为虚拟商品,其所具有的不同于实物商品的单独财产属性已经得到绝大多数国家的承认,虚拟商品应当在商品属性上完全与实物商品相区分。[②] NFT 则相对复杂,《韦氏词典》将其定义为:被记录在区块链之中用于检验真实性和所有权(例如特定的数字资产或相关权利)的一种唯一性数字表示,并不能被复制、替换、切分。[③] 而根据 2022 版尼斯分类,NFTs 是指在区块链中注册的唯一数字证书,并被用作记录数字艺术品或收藏品等物品的所有权的一种手段。但欧盟知识产权局(EUIPO)认为该术语无法指代数字商品本身,而是指一种认证手段,不能用于分类,[④]主要原因在于 NFT 具有复杂的属性,包括:(1)金融属性。NFT 作为令牌的一种,其铸造过程是利用区块链、智能合约技术进行算力挖掘,为所有可以通过使用分布式账本技术或类似技术进行电子化传输、存储价值或权利证明的数字化表现形式。[⑤] 甚至在某种程度上,从功能、流通、市场认可度,特别是信用建构等层面,其已经具有作为货币使用的条件,属于一种"新货币"[⑥]。(2)数字证书属性。铸造 NFTs 意味着创建者可以将底层数字作品生成唯一的散列,然后以智能合约的形式写入区块链中,并且将所有权信息注入其中以便于令牌在持有者之间进行传输,创建者还可以在 NFTs 中添加与资产相关的,甚至连创造者本人也无法二次复制

---

① Facebook, Inc., *Second Quarter* 2021 *Results Conference Call*, TRANSCRIPT(Jul. 28, 2021), https://s21. q4cdn. com/399680738/files/doc_financials/2021/q2/FB-Q2-2021-Earnings-Call-Transcript. pdf.

② 参见林旭霞:《虚拟财产权性质论》,载《中国法学》2009 年第 1 期;林旭霞、张冬梅:《论网络游戏中虚拟财产权利的法律属性》,载《中国法学》2005 年第 2 期;陈兴良:《虚拟财产的刑法属性及其保护路径》,载《中国法学》2017 年第 2 期;等等。

③ See *Definition of NFT by Merriam-Webster*, https://www. merriam-webster. com/dictionary/NFT.

④ See *Draft Guidelines* (2023 *edition*) *Consultation Phase for Organisations Officially Invited to Provide Feedback*, EUIPO (Oct. 3, 2022), https://euipo. europa. eu/ohimportal/nl/draft-guidelines-2023.

⑤ See REPORT on the proposal for a regulation of the European Parliament and of the Council on markets in crypto-assets and amending Directive (EU) 2019/1937, European Parliament(Mar. 17,2022), https://www. europarl. europa. eu/doceo/document/A－9－2022－0052_EN. html.

⑥ 参见杨延超:《论数字货币的法律属性》,载《中国社会科学》2020 年第 1 期。

的独特元数据或属性(如艺术家自己的签名等)。因此,NFTs 是一种有效的权属证明凭证。(3)艺术品属性。在 NFT 铸造过程中,用作数据转化的内容在满足“独创性”特征构成“底层作品”的前提下铸造过程被“无损化”呈现,艺术表达元素完全保留,满足“同形同构”的一体关系,并可以达到“加密”优势,[①]让作品变成加密艺术作品,从而跨入艺术创作的全新领域。[②] 正是由于 NFT 的多重特性,在涉及 NFT 的商标案中,NFTs 的属性问题就作为被告侵权的抗辩理由。例如,StockX 认为其铸造的 NFTs 只是用于证明实体鞋来源真实性的数字证书,而不存在商业化使用;MetaBirkins 则试图证明其铸造的 NFTs 具有艺术品特性以适用“合理使用原则”;在最近的 Juventus Football Club SpA v. Blockeras Srl 案(欧洲 NFT 第一案)中,尤文图斯是文字商标“JUVE”和“JUVENTUS”的权利人,并同时享有由含两星的经典黑白球衣所组成的图形商标,其认为未经授权的第三方基于区块链平台 Blockeras 铸造、宣传并销售与代表上述“JUVENTUS”商标图形有关的 NFTs 以及其他数字内容。Blockeras 则辩称诉争商标无法在可下载的虚拟商品上注册。对于这一问题,法庭在其推理中认可了内容或证书分离的理论,认为与相关的图像或数据相比,NFT 具有法律自主权,尤文图斯商标可以在尼斯分类第 9 类“数字可下载出版”上注册。因此,法院指定发布的禁令涉及数字内容,包括带有尤文图斯商标的球员图像以及 NFTs 本身。[③] 由此可见,NFTs 的多重属性特征要求其在进行商标法意义下的商品属性判断时必需和使用方法、商业模式、表现形态、功能目的相结合予以具体分析。

(二)虚拟商品与 NFTs 的类别划分

2022 版尼斯分类将虚拟商品、服务和 NFTs 分别归属于计算机程序(第 9 类)、以虚拟商品为特色的零售商店服务(第 35 类)、娱乐服务(第

---

① 参见季涛:《NFT 加密艺术市场的未来》,载《艺术市场》2021 年第 7 期。

② 参见刘礼福:《借拍“出圈”,区块链数字艺术能火多久?》,载《艺术市场》2021 年第 6 期。

③ See Juventus Football Club SpA v. Blockeras S. r. l. , No. 32072/2022, Court of Rome IP Chamber(Jul. 19, 2022), https://www.trevisancuonzo.com/static/upload/juv/juventus-nft-order-en.pdf.

35类)、在线不可下载的虚拟商品和NFTs(第42类,由NFT认证的可下载数字文件)以及金融服务,包括数字代币(第36类)。另外,对于虚拟商品、NFT相互间的关系而言,如果所有的虚拟商品被认为具有类别上的相似性,那么从理论上就意味着"虚拟鞋子"将与"虚拟汽车"产生形式上的冲突,这必然将导致完全不同领域运营的品牌之间发生纠纷。只有将虚拟商品以其对应的实体商品为依据根据功能进行分类和比较——例如"汽车"和"鞋类"的两项相似商标申请在审查实践中不会被视为冲突,涵盖"虚拟汽车"和"虚拟鞋子"的两项申请也应被视为不同的商品种类,但涵盖"虚拟裤子"和"虚拟服装"的申请则在分类上被认定为具有类似性。① 要解决这一问题还在于对虚拟商品、NFTs和与之对应的实物商品以及虚拟商品之间在立法层面作实质性的区分。例如,在NIKE v. StockX案中,虽然StockX表示Vault NFT有NIKE正版产品"支持",但当StockX将这些产品与额外的数字商品、服务和未指明的利益捆绑在一起时,Vault NFT就实际上成为新的、未经授权的产品。为此,(1)应当明确在审查时默认实体和虚拟商品间不会产生冲突。例如,涵盖第9类"虚拟服装"的申请不受第25类中"服装"的商标所影响。但是,如果该申请是针对与已确定的驰名商标相同或者相似商标提出,那么关于对该商标的审查则必须考虑存在消费者混淆的可能性。(2)精简商品、服务的描述方式,避免使用"可下载商品"和"虚拟商品"等缺乏清晰度、精确性和过度冗长等由于过于宽泛而造成词语模糊的现象,必须具体说明与虚拟商品有关的内容,比如"可下载的虚拟商品",即"数字艺术",在进行注册商标申报的分类中应当予以准确描述,如"虚拟×××(商品名称)"(如"虚拟服装"或"虚拟鞋子")而不再需要依赖例如"包含虚拟服装(虚拟商品)的计算机程序"或"可下载的图像文件(虚拟服装)"等的方式。(3)增加具体虚拟商品所对应的类似群号,不同的商品即使其类似群号相同,也需根据每个商品的特性进行判断。虽非类似的虚拟商品,但若类

---

① See Trademark Examination Policy Division, Korean Intellectual Property Office Trademarks & Designs > Korean IP System > Trademarks, https://www.kipo.go.kr/en/HtmlApp? c=93000&catmenu=ek04_01_01.

似群号相同,可适用批发零售业的类似商品判断标准。(4)与虚拟商品和NFTs有关的服务将按照既定的服务分类原则进行。例如,第35类(广告、商业管理、组织和管理、办公室功能)中的"经NFT认证的可下载数字艺术图像的在线市场"。在美国,NIKE于2021年10月向美国专利商标局申请将自身名下7个商标拓展注册至第9类"可下载虚拟商品,即具有指定性质、类型(例如,服装物品)的计算机程序,以便在虚拟世界中使用"、第35类"以虚拟商品为特色的零售店服务,即指定类型,如服装,供在线虚拟世界中使用"及第41类"娱乐服务,即提供在线的、不可下载的虚拟(指商品,如服装、宠物、家具等),供在为娱乐目的而创造的虚拟环境中使用"。从NIKE的商标注册申请可以看出,美国类似商品和服务区分表目前存在多种虚拟商品相关类别可供申请注册,包含虚拟服装、虚拟货币、虚拟车辆、虚拟博物馆等。中国的《类似商品和服务区分表(2024文本)》目前并未收录与虚拟商品相关的商品/服务类别,因此还应当从虚拟商品的本质及现有的商品/服务出发进行审查,虚拟商品可以选择在第9类、第35类、第41类、第42类等类别上进行商标注册。

三、虚拟商品商标的侵权认定

(一)混淆

按照用于商标一般性侵权判断的"混淆"理论,构成混淆的标准包括:商标的强度;商品或服务之间的相似程度;使用商标的相似程度;使用商标的意图;实际混淆的证据;市场中消费者的认知程度。混淆行为在元宇宙的虚拟商品和NFTs上都可能出现。第一,由于虚拟商品、NFTs同与之对应的实物商品并不属于同一商品类别,因此,对实物商品的商标强度要求就至少需要达到"驰名"标准,本文所涉案例之诉争商标都是各领域的标杆,在这一点上原被告双方几乎没有异议,法庭也进行了相关认定。唯一需要注意的是,在进行商标强度认定时,必须额外考虑实体市场与虚拟世界的交互性和可渗透性,需要判断真实品牌形象延伸到元宇宙中所创造的体验结果,即交互性、可渗透性越强,用户的参与度越高,商标对虚拟世界的影响力也越大,用户对商标、服务来源的判断越容易受到影响。第二,在将实物商品、服务与虚拟商品在注册分类层面进行实质性区分后,相似性类别判断即可参照传统商标的功能性标准予以确定。第三,虚拟商标相似度的判断与实体市场没有区别,在大多数情况下,商标都被完全复刻用以吸引虚拟世界用户和 NFT 购买者的注意。例如,在 Yuga Labs v. Ryder Ripps 案中,法庭经对比后认为被告 Ripps"批发"性复制了 BAYC 的商标,对 Yuga Labs NFT 的属性内容、含义和表达没有任何改变,也没有在其 NFT 作品列表中对 BAYC 品牌及其标志和标记进行更改。第四,商标使用意图的判断难点在于是否构成"商业化使用",因为"这个问题的答案极大地影响商标所有者。如果构成商业使用,商标所有者将没有任何追索权来阻止虚拟世界内的假冒和发生的其他侵权行为"①。在早期的涉及虚拟世界中商标商业性使用判断的 Marvel v. NC Soft 案中,法院认为游戏设计者在虚拟场景中使用 Marvel 的形象与商业标识没有对用户的消费行为产生实质性的影响,因为"玩家在进入游戏世界环境时并没有参与到商业活动中,相反,他们只是在玩游戏"②,没有人在此过程中获得收益,因此不构成对商标的"商业化"使用。由此可见,商标在虚拟世界是否被用于"商业化"目的,取决于该虚拟世界是纯粹娱乐性质还是可以作为商业性市场,虚拟货币和/或商品是否可以与现实世界的货币进行交换,以及是否有人从中获益。具体判断要素可以考虑:用户能够购买、拥有和出售虚拟商品;用户可以根据自己的设计创造虚拟商品并将其出售获利;用户可以在虚拟世界中形成合同和商业关系;虚拟货币按照设定的汇率以真实的货币进行买卖;存在由第三方提供便利的虚拟货币交易二级市场。③ 关于"实际混淆"的证据,需要根据个案进行认

① Candidus Dougherty & Greg Lastowka, *Virtual Trademarks*, Santa Clara High Technology Law Journal, Vol. 24:4, p. 749 – 828(2008).

② See Marvel Enters. Inc. v. NC Soft, Corp., (C. D. Cal. 2005) 74 U. S. P. Q. 2d (BNA) 1303.

③ 在 Juventus Football Club SpA v. Blockeras Srl 案中法院就认为由于二级市场的存在 NFT 在被第一批购买者专卖后,其铸造者有权从交易中抽取费用(已获利 35,000 美元左右);在 Hermès v. MetaBirkins 和 Yuga Labs v. Ryder Ripps 等案件中 NFT 则直接被作为数字加密艺术品进行出售,其铸造者从中获取了不菲的利润。

定,例如,在 Hermès v. MetaBirkins 案中,原告提供的证据显示,被告曾在多个场合宣称“Hermès 的柏金包是全球地位的象征……没有什么比 Hermès 的柏金包更具有标志性”①,可以作为构成混淆的证据。相对于现实世界,“市场中消费者的认知程度”的特殊判断要素有二:“虚拟世界”本身的成熟度;人们对“虚拟经济”的认可度。“虚拟世界”——不论是在线游戏还是元宇宙——中用户的人数、活跃度以及其在期间所花费的时间能够直观地展现其与真实世界的融合度。有研究证明,从主流经济学的角度来看,消费者认为虚拟资产具有实际价值,它们的价值与任何有形的现实物品一样“真实”②。因此,“如果人们接受虚拟世界是完全真实的,并且每个虚拟世界都包含自己独特的商业市场,那么在虚拟世界中使用任何标记似乎都是在向公众确认其来源”③。

(二)淡化

作为“混淆”的特殊形态,淡化是指未经权利人许可,将与驰名商标相同或相似的文字、图形及其组合在其他不相同或不相似的商品或服务上使用,从而减少、削弱该驰名商标的识别性和显著性,损害、玷污其商誉的行为,可以细分为“弱化”、“丑化”与“退化”三种。虽然在虚拟世界中存在自创品牌的现象,但在绝大多数情况下,如果没有巨大的品牌价值,用户对虚拟商品、NFT 的认可度会大打折扣,因此其只会购买存在对应驰名品牌实物产品的虚拟商品或 NFT,以通过该品牌的良好商誉以及其所传达的价值信息定义用户的在线角色提升其身份。随着元宇宙和 NFTs 产业的蓬勃发展,与现实世界的交互性日趋增强,包括本文所涉及之 NIKE、Hermès 等在内的大量国际品牌都准备或者已经涉足该领域,未经许可在虚拟商品上使用驰名商标或者铸造 NFTs,利用已经形成的一级、二级市场,并通过商业手段,突出其金融属性进而进行大量的销售,极

① Marvel Enters. Inc. v. NC Soft, Corp., (C. D. Cal. 2005) 74 U. S. P. Q. 2d (BNA) 1303.

② Edward Castronova, *Virtual Worlds: A First-Hand Account of Market and Society on the Cyberian Frontier*, CESifo Working Paper, 2001.

③ Candidus Dougherty & Greg Lastowka, *Virtual Trademarks*, Santa Clara High Technology Law Journal, Vol. 24:4, p. 749 – 828 (2008).

有可能造成实物商品上商标的显著性被弱化。在 NIKE v. StockX 案以及 Hermès v. MetaBirkins 案中，原告都提出被告在跨不同商业领域的商品上使用其驰名标志的行为造成消费者对商标来源的混淆，认为公司业务已经拓展至虚拟世界或 NFTs 产业领域，削弱商标在现实世界的显著性和与特定产品的关联度，造成品牌价值被弱化。

第三节　权利与义务关系的厘清

一、虚拟商品商标的侵权抗辩

（一）合理使用

作为商标侵权行为的法定抗辩理由，商标权合理使用是指商标权人以外的人在生产经营活动中以叙述性使用、指示性使用、说明性使用或平行使用的方式善意使用商标权人的商标而不构成侵犯商标专用权的行为。其主要体现在两个方面：（1）基于商品的通用名称、图形、型号，或者直接表示商品的质量、主要原料、功能、用途、重量、数量及其他特点，或者含有的地名而使用商标的。（2）基于言论自由在作品上使用商标，比如批评、评论、反讽、诙谐等。虚拟世界中涉及"合理使用"案例可以追溯至 ESS Entertainment 2000，Inc v. Rock Star Videos，Inc 案。在对著名游戏"侠盗猎车手：圣安德烈亚斯"（Grand Theft Auto：San Andreas）俱乐部场景的虚拟呈现是否侵犯了真实世界俱乐部商标权的判决中，法院最终裁定，视频游戏中对俱乐部的描绘并没有构成对实景俱乐部所有者商标的侵权。在解决这一问题时，法院首先认定该视频游戏是画面设计，具有艺术性表达，进而应用"罗杰斯平衡"测试，[①]指出"只有在避免消费者混淆的公共利益超过自由表达的公共利益时"即满足以下条件：与底层作品没有任何艺术相关性，或者具有的艺术相关性较低；该作品在所指对象的来源或内容具有明显的误导性，一件艺术作品才可能被认定为侵权，而本案

① See Rogers v. Grimaldi，875 F. 2d 994，999（2d Cir. 1989）.

中"理性的消费者不会认为一家在东洛杉矶拥有俱乐部的公司也会像圣安德烈亚斯的游戏开发公司那样制作技术先进的视频游戏",因此不会对商标的来源产生混淆。[①] Rogers案的主审纽曼法官曾就合理使用原则的适用表示一个没有艺术相关性的误导性标题无法用自由表达兴趣来充分证明其正当性。在我国功夫熊猫商标案中,法院同样运用了这一原则,认为:"相关消费者知道该电影是由美国电影公司或者梦工场公司、派拉蒙公司等制作、发行,但这是著作权法意义上的对电影作品相关权利归属的认知和确定,并非是对商品或者服务来源的认知。"[②]这也就意味着,如果将商标内容用于缺少艺术独创性的产品上或者即使作品主体能够满足平衡测试的艺术表达,但是它明确或有意地误导消费者对商品/服务来源或内容的认识,将不受"合理使用"原则的保护。而当商标用于艺术表达或者满足说明、指示等功能的背景下使用,并且不会造成消费者对商品来源误认的风险时,这种使用被认为具有合理性并不构成侵权。

具体到虚拟商品或NFTs。NFTs能够被认定为具备艺术品属性的前提是用作数字化转换的底层内容满足构成作品的独创性特征——否则根据现行的商标法原则,NFTs则应当被归类为数字艺术以外的类别——另外,NFTs的名称与NFTs的铸造目的紧密相连,是对NFT作为数字商品本身特点的描述,即无法通过其他方式对NFT功能、内容等进行准确表达,则何以考虑适用"合理使用原则"进行抗辩。对于该问题,在Yuga Labs v. Ryder Ripps案中,被告Ripps提出Yuga Labs在Bored Apes项目中使用的文字和图像与"二战"时期的德国纳粹、新纳粹和另类右翼组织有关,进而辩称其铸造NFTs是对Yuga Labs的批评或评论。而Hermès v. MetaBirkins案则更具典型性,被告Rothschild称其所铸造的被命名为"METABIRKIN NFT"的数字令牌具有艺术品特性,其中所包含的"META"是"元宇宙"的统称而"BIRKIN"则是为了表明该数字艺术品

---

① See Entertainment 2000 INC v. Rock Star Video INC MMM, https://caselaw.findlaw.com/us-9th-circuit/1485435.html(2008-11-5).

② 《"功夫熊猫"侵害商标权案》,载中国法院网2014年4月24日,https://www.chinacourt.org/article/detail/2014/04/id/1281809.shtml。

的主题，并且除此之外没有其他方式能够予以表达，这种艺术相关性超过了可能造成消费者混淆的潜在危害，因此命名 METABIRKIN 是对该类 NFTs 的指示性描述。同时，被告称 METABIRKIN NFT 作为一件艺术品，在其内容上使用“BIRKIN”标志及外观形象是基于言论自由下的创作。但事实上，被告“在 METABIRKIN 中未经授权使用 BIRKIN 标记……仅仅利用模糊品牌商品形象的方式以创建一种用于商业目的的数字产品”①，并且完全复刻 Hermès 所拥有的 BIRKIN 商标以及柏金包的手提包形象，致使用于铸造 NFT 的底层内容不具备任何创造性艺术表达而不能构成艺术品。其后果是，消费者即使知道 Hermès 不是 METABIRKIN NFTs 的制造商，仍然由于标志本身强度的影响以及对商标价值的认可，为了获得柏金包的数字形象而购买该产品，客观上造成“混淆”的后果。

（二）权利用尽

根据“首次销售”即“权利用尽”原则（The first sale or exhaustion doctrine），商品的合法购买者有权将商品用于普通的、预期用途并予以转售而不构成侵权。但商品所有人不得创造带有该商标的其他产品或对产品进行实质性改变，否则权利人有理由认为转售人侵害其商标权或商誉。例如，在购买 NIKE 的鞋子后，购买者有权使用或转卖鞋子，但无权在鞋子上加装轮子后再次转卖或者制造附加有 NIKE 标志的鞋子，因为该类行为会导致消费者对商品来源的混淆。因此，购买实物商品对其形象数字化后铸造 NFTs 并进行二次转售的行为是否能够适用“权利用尽”原则进行抗辩取决于以下两点：一是 NFTs 与实物商品之间的关系；二是转售人铸造行为的目的与作用。购买实物商品意味着物权的转移，而 NFTs 是利用智能合约在区块链上“铸造”并记录的独一无二的数字令牌，不论是杭州互联网法院在中国第一起涉及 NFTs 的侵权案件中剥离 NFTs 的

---

① See Hermes Int'l v. Rothschild, (S. D. N. Y. 2022) No. 1:22 - CV - 00384, *New York Southern District Court* (*May* 18, 2022), *https://unicourt.com/case/pc-db5-hermes-international-et-al-v-rothschild*-1116864.

金融属性而将其定义为“权属凭证”[①]，还是英国高等法院将其裁定为“一种合法财产”[②]都可以证明，NFTs 与实物商品两者在生成方式和属性方面截然不同，购买实物商品仅意味着物权的转移而显然不能涵盖铸造 NFTs 的权利。那么，以 NIKE v. StockX 案为例进行分析，消费者从 StockX 市场购买显著使用 NIKE 标志以及定制的 NIKE 鞋数字形象的 Vault NFT 后可以在任何时候用来交换与之对应的实物 NIKE 鞋。因此，被告 StockX 认为 NFTs：“仅仅是一种技术手段，用于实现二手交易并跟踪实物所有权”，实际上是在商品首次销售原则下转售 NIKE 品牌的运动鞋，而 NFTs 作为运动鞋的附属物相当于运动鞋的一个标签，仅作为运动鞋本身的真伪证书和所有权契约。但事实上，通过对其售卖的 NFTs 价格和“赎回”的篮球鞋价格进行对比就会发现，NFTs 价格为 4300 美元，而“赎回”的篮球鞋价格是 1550 美元，二者相差巨大。购买 NFTs 所支付对价中包括的成本显然不是仅仅用于“追踪商品”，否则 NFTs 作为一种技术手段所具有的价值不应该超过实物价格。因此，NFTs 不只是作为运动鞋本身的真伪证书和所有权契约的附属物而是独立的、与 NIKE 实物鞋不同的“商品”，[③]具有明显的金融产品属性，不能适用权利用尽原则。

虽然我国现在尚未有案例涉及虚拟财产的商标侵权问题，但基于以上分析，如出现该类情况时，司法机关可以考虑如下因素，予以解决：(1)在商品分类方面，将虚拟商品以及 NFT 与实物商品相区分进行单独分类，同时将虚拟商品、NFT 按照功能属性进行分类，以此解决在面临混淆、淡化等侵权问题时的相似种类判断问题。(2)对于侵权行为的认定。首先，商标强度的影响力判断应当结合所涉特定虚拟空间与现实世界的融合

---

① 参见《用户发布侵权 NFT 作品，“元宇宙”平台要担责吗？法院判了》，载微信公众号“杭州互联网法院”2022 年 4 月 20 日，https://mp. weixin. qq. com/s/IQwjcF_a5EoYdc5CFkaQpA。

② Boodle Hatfield, *NFTs Recognized as Legal Property in a Landmark Case*, Art Law & More, AIPLA Newsstand (May 4, 2022), https://www. lexology. com/library/detail. aspx? g = a104ba83-01fe-4b16-b988-b1d1873c6aa3.

③ See Michael D. Murray, *Trademarks, NFTs, and the Law of the Metaverse*, SSRN Electronic Journal, 12 July 2022.

度，两者之间呈正相关关系，对于虚拟商品商标的相似性与实物商品的判断原则上没有区别。商标的"商业化使用"需要参照虚拟世界作为市场的成熟度以及用户参与其中的获益性行为，尤其是要存在由第三方提供便利的虚拟货币交易二级市场用以实现真实货币价值。对于 NFT，应当确保其金融属性得到实现而不是单纯地用于权属证明。同时，如果证明用户在虚拟世界中的行为模式与真实世界在商业行为方面具有高度相似性，那么无疑就存在对商标较高的认知度，反之则较低。(3)如需对商标侵权行为予以抗辩，则应当通过证明 NFT 或者虚拟商品具有艺术创造性而不是完全的数字化复刻实物商品，或者商标在虚拟商品、NFT 上的使用只是为了满足指示、说明的作用。另外，虚拟商品具有可复制性且不存在实物载体，一般无法适用权利用尽原则，而 NFT 则需证明其只是用作实物商品附属的权属证明而没有单独出售予以赚取利润。

二、NFT 艺术品铸造行为的法律定性

底层作品的作者自主或授权他人铸造 NFT 艺术品，一般不会在版权层面引发争议，但如果 NFT 艺术品铸造者和底层作品的作者未就铸造事宜达成一致，就会引发系列问题。例如，2021 年 11 月 16 日，Miramax 公司向洛杉矶联邦法院起诉 Tarantino，认为其创造以"低俗小说"剧本为题材的 NFT 侵犯了 Miramax 公司与其签署的著作权许可协议。Miramax 公司称 Tarantino 的保留权利仅限于"原声专辑、音乐出版、现场表演、印刷出版(包括不限于剧本出版、以音频和电子形式制作的作品、书籍、漫画书和小说)、互动媒体、戏剧、电视续集的重拍权以及电视剧系列和派生权"而不包括 NFT 的铸造权，己方的权利则更为广泛，应该涵盖 NFT 的制作权，因为该权利是"创设新的所有权"属于合同条款所约定的"现在或今后已知的权利"①。该案争论焦点看似是 Tarantino 在与 Miramax 公司所签署的协议中所涉及的"保留权利"是否足以涵盖 NFT 铸造行为，但

---

① See Miramax, LLC v. Quentin Tarantino, 2:21 - cv - 08979, (C. D. Cal.) District Court, C. D. California (Oct. 6, 2022), https://storage.courtlistener.com/recap/gov.uscourts.cacd.836944/.

实际为艺术品 NFT 化的合法性问题。由于现在许多第三方平台提供 NFT 制作、交易的中介服务，用户只需要按照程序设定进行简单操作即可铸造出 NFT，将不同的权利分别配置于不同的 NFT 中发行，导致更复杂的知识产权冲突，①致使这一性质的问题数量在互联网上呈现上升趋势。②

产生这一问题的原因在于，NFT 艺术品的铸造过程包括三种行为的叠加：(1)实物作品的数字化或者数字作品的创造；(2)独特性以及其他特征要素的元数据的嵌入；(3)数据储存。其中，实物作品的数字化或者数字作品的创造在既有的知识产权架构可以得到有效调整；而独特性元数据的嵌入作为 NFT 价值构成的基础，除了技术性功能外，是否还具有版权创作意义上的其他作用——在此过程中，元数据的嵌入能否给底层数字作品带来新的创作性提升或转变，进而对底层作品本身和购买者带来影响——则值得讨论。数据的储存相对复杂，采取链上方式意味着元数据被直接嵌入到代表令牌的智能合约中，其与令牌一起在任何给定应用程序的生命周期之外以互联网为载体永久持续存在，自然构成对底层作品的线上传播。而链下储存只是提供了一个链上验证的方式，如果 NFT 的创建者只是将数据存储在集中式服务器上，并未提供链接指向，则实质上没有构成网络传播。由此，这三种行为各自代表三种不同的权利指向，分别是底层作品的著作权、后续的网络传播权以及元数据嵌入所形成的权益形态。在底层作品与铸造者为一个主体的情况下，这些权益可以在 NFT 层面达成统一，但一旦出现两者不一致的情况，则会造成权属关系的混乱和撕裂，进而引发 NFT 铸造的合法性问题。

---

① 参见苏宇：《非同质通证的法律性质与风险治理》，载《东方法学》2022 年第 2 期。

② 例如，瑞典插画师 Simon Stålenhag 自己未发行 NFT 作品，也没有给任何人授权，却发现他的一件作品变成 NFT 被别人出售。

第八章　新业态知识产权保护应用的法律规制

第一节　创新科技在知识产权保护领域的应用综述

一、人工智能

2017年7月我国出台《新一代人工智能发展规划》。该规划提出:"人工智能是引领未来的战略性技术",并认为:"人工智能成为经济发展的新引擎……,催生新技术、新产品、新产业、新业态、新模式,……实现社会生产力的整体跃升",人工智能技术与行业的结合可以提升效率、降低成本,促进决策科学化。作为国家发展战略的重点,知识产权领域对高新科学技术的发展最具敏感性,与其连接最为紧密,对人工智能技术亦不例外。[①] 这点可以通过两个层面予以反映:(1)对人工智能技术所涉及知识产权的保护;(2)如何

① 例如,日本于2017年5月16日公布了"2017年度知识产权推进计划",提出建立作为第四次产业革命(Society 5.0)基础的知识产权系统,通过促进数据·人工智能的利用,构建用于强化产业竞争力的知识产权制度。参见《2017年度日本知识产权推进计划》,载中国科学院成都文献情报中心网2017年6月30日,http://www.clas.ac.cn/xwzx2016/kxxw2016/zscqly/201706/t20170630_4821072.html。

利用人工智能技术对知识产权进行保护。

对于后者的理解包括：第一，“知识产权是一种制度创新与科技创新和技术进步之间形成一种共生互动的逻辑关系，两者互相影响互相作用”①。这种逻辑关系除了利用知识产权对科技成果进行保护外，当然应当包括利用创新科技对知识产权保护方式进行提升与优化的反哺效应。第二，伴随社会主体对知识产权的日趋重视，知识产权保护已经从被动的“侵权—反馈”模式向主动的“预防—介入”模式转变，知识产权保护必须做到敏捷、高效、精准、实时，客观上对保护方式、手段和技术提出更高的要求。第三，经济学家的研究显示，对于发展中国家而言，知识产权的保护力度以维持保障创新回报与防止资源配置失衡之间的平衡为主，与之对应的方法是“政府应通过资助研究开发活动、建设公共创新平台和信息平台、完善融资和中间服务市场体系等”②。这种平衡的把控主要体现在对知识产权申报、管理、成果转化与效益产出的各个阶段进行整合、关联，而不再是单一阶段的干涉。第四，信息社会对知识产权保护方式的影响越发体现在相关数据的汇总、分析，进而形成对结果的预测，并且在知识产权保护平台创建、运行以及建立高效的市场联系间发挥重要作用。第五，涉及知识产权保护的内容日趋丰富、复杂，包括：文件审阅管理、案例管理、知识产权尽职调查、法律文件起草写作、知识产权检索（研究）、知识产权价值分析和策略、客户咨询服务、知识产权预警、知识产权诉讼、行政管理等，亟须新技术手段的支撑。

传统的知识产权保护方式在应对主体日益苛刻的要求时存在以下问题：(1)数据分割、阻断无法共享。我国现阶段的知识产权大数据模式与知识产权相关的机构如：行政管理部门、司法部门、社会服务机构、企事业单位等，其所有的数据还没有相互关联，缺少有效整合各类型知识产权数

① 刘群彦、刘艳茹：《创新驱动视角下我国知识产权保护制度研究》，载《中州学刊》2015 年第 12 期。

② 王华：《更严厉的知识产权保护制度有利于技术创新吗?》，载《经济研究》2011 年第 S2 期。

据资源的一个联合性的或统一的大数据管理平台。[①] (2)分析结论滞后。知识产权是时效性极强的领域,特别是对于知识产权服务和管理机构而言,及时发现、预警存在的问题进而做出回应可以有效降低知识产权的保护成本。这意味着对“不同来源的数据要去伪存真,异构的数据要识别和定义,不同维度的数据要关联和交互”[②]。传统手工数据输入、检出由于无法保证数据的全面与实时更新,会导致分析结果滞后。(3)效率相对较低。时至今日,大量的知识产权信息依然依靠简单手动输入和检索,这种方式耗时长,占用相当多的时间和成本,并很容易导致数据处理错误(世界知识产权组织估计1/4的专利信息是错误的)。然而,对于很多市场主体而言,知识产权是其重要资产之一,一个简单的错误或者效率损耗就可能带来巨额损失。

因此,基于数据基础具有信息自主存储、分析能力的人工智能技术具有迅速有效地处理大量数据,识别发展模式和分析最佳解决方案的能力,可以在知识产权保护领域发挥如下作用:(1)基于图像、文字的知识产权创新性信息搜索与比对;(2)通过大数据增强推荐引擎功能,优化知识产权管理;(3)进行知识产权产品评估和定价优化;(4)完善知识产权预警机制,提升预警敏感度;(5)提高知识产权法律保障能力。

(一)知识产权权益取得保障:智能检索

不论是专利、商标还是著作,主体权利取得的公权力认可都来自权益申报与认定。这是知识产权保护的初始阶段,而权益申报认定标准中的重要指标如新颖性、创新性、独创性或显著性则全部基于对已存在相关同类对象的比对与测定。这就意味着,伴随时间的推进,在同一领域内所需对比的数据会增加,同质性增强,对比难度增大。以专利为例:据世界知识产权组织统计,2014年至2015年间,专利申请量增长了7.8%。[③] 申请

---

① 参见崔立红、刘德旺:《大数据时代我国知识产权管理与保护的变革》,载《知识产权》2016年第11期。

② 邓鹏:《大数据时代专利分析服务的机遇与挑战》,载《中国发明与专利》2014年第2期。

③ See *The Role of Artificial Intelligence in Intellectual Property*, IP Watch dog (Jul. 27, 2017), http://www.ipwatchdog.com/2017/07/27/role-artificial-intelligence-intellectual-property/id=86085.

量上升趋势持续了至少20年。知识产权文件和资源持续叠加,而传统搜索方式仍然是以手动为主的静态搜索。以专利检索为例,我国现有主要的检索平台包括:国家知识产权局专利检索与查询系统、中国保护知识产权网、专利之星检索系统、SooPAT专利搜索引擎等。这些检索平台提供的是较为常规的诸如表格检索、专家检索、常规检索等方式。其中专利之星声称提供"智能检索"模式。这些方法:"难以全面分析出某些信息之间,特别是关键字段不明显的信息间联系,造成申请人在申请前的检索阶段无法全面检测已有信息。而遗漏任何信息都有可能造成侵犯他人在先权利。"①同时,由于一些知识产权审核人员缺少充分接触、利用数据的路径和方法,分析效率与技术进步、商业机会的发展速度脱节,造成许多专利、外观设计、商标等在尚未授权的审查期间已经被淘汰。

此外,即使是现阶段既有的所谓"智能搜索系统",如Patentics智能检索系统,经学者测试后认为:"申请人多以个人的习惯用语对技术进行表述从而给系统在语义理解及模型设计上带来困难……智能检索还不能作为专利检索的主要工具。"②这说明"智能检索系统"智能化程度不高,其主要原因包括:(1)申报文件的跨国家、多语种特征。从事检索工作的人员可能面对诸如英、法、德、日等语言文字;(2)专利文献(特别是中文文献)充斥大量自然语言或专业术语,并且由于书写习惯、语言结构等不同文献内容在关联性和隐含语义方面存在歧义、模糊和误差。

在引入人工智能技术后,建立大数据人工智能检索软件基础平台,利用自主学习和机器翻译,不仅可以自动化搜索巨大的数据库,还可以存储和使用已储备的数据,针对不同的分析对象,将统计学、关联学、分类学等方法进行综合建模,以提高未来搜索的精准度。同时,在权利申报阶段,通过人工智能助理系统提交申报数据,并为每一个IP项目自动生成具有唯一性的标识符,部署人工智能引擎来识别相应的相关信息。这样,来自各个专利管理部门或者代理服务机构的搜索请求可以根据需要进行智能

---

① 许娜颖:《中国主要专利检索数据库简介》,载《中国发明与专利》2014年第9期。
② 洪兵、杨亚卓等:《专利智能检索的有效性分析》,载《中国发明与专利》2015年第8期。

分类和搜索,从而获得更高效、准确的结果。更为重要的是人工智能所具有的自主学习能力"对于搜索引擎来说具有自我完善、纠错的功能,随着使用量的增加、时间的积累,引擎中的算法在不断改进和学习"①,获取的数据越多,其应用程序就越准确和更广泛,应用文本挖掘解决人类语言的歧义问题,真正做到搜索智能化。

(二)知识产权管理保障:评估、预警与调查

知识产权管理是知识产权保护的重要内容,负责管理工作的律师事务所、企业知识产权部门等可能需要在数个不同法域内收集数以万计的产品、合同和案例信息。这个过程缓慢而精细,是知识产权时代最烦琐与危险的领域之一,②也是一直以来被我国很多市场主体忽略的对象。知识产权管理方面一旦发生问题,会成为企业发展与扩张的严重隐患。

随着我国创新型市场的形成,越来越多的市场主体偏爱于利用知识产权分析的手段了解行业态势、预估侵权风险、预测技术发展。以专利为例,在评估领域,需要考虑问题包括:专利的效用、许可收入最大化选择、专利政策、价值与续展成本比对等。而现有方法大多基于人类手工处理,存在:准确性低;缺少公认标准;评估方法通用性不强;计算模型多变等缺陷。③ 在尽职调查领域,特别是海外调查,应关注的风险包括:目标方知识产权的所有权归属与许可、侵权涉诉或涉诉威胁、商业目的相容性、已知的重大的开发技术障碍、权利瑕疵等。涉及的内容因此而更广泛、复杂、多变,涵盖目标对象的"产权号、保护地域、发明人及其雇主、权利人及其变更情况、申请日期、授权日期、专利法律状态、关键日期(比如优先权日期)、专利缴费情况、专利实施/许可情况、专利挖掘流程、竞争对手相关专利的分析情况、专利技术是否关系目标公司当地国家安全利益

---

① 洪兵、杨亚卓等:《专利智能检索的有效性分析》,载《中国发明与专利》2015年第8期。

② 以华立并购飞利浦为例:2001年华立收购飞利浦CDMA移动通信芯片业务的研发部门,华立的并购尽职调查遗漏飞利浦与美国高通公司之间签有CDMA芯片技术交叉许可协议,双方承诺不对第三方公开,这种承诺不会随着飞利浦CDMA移动通信芯片业务的研发部门转让而改变,只要华立开发和销售CDMA芯片和终端设备,仍需要向美国高通公司缴纳技术许可费,致使华立通过此次并购获取关键技术的目标基本落空。

③ 参见杨思思、戴磊:《专利价值评估方法研究概述》,载《电子知识产权》2016年第9期。

等信息"[①]等,数据量大,信息构成复杂,人工成本高、效率低,风险防控压力大。

在预警领域,我国的专利预警数据的活动主要通过专利数据统计年报获得。各项专利预警往往"只根据专利数据本身给出,没有系统深入联系国家经济产业政策……没有主动跟踪当前和规划未来"[②],造成提供的决策融合度低,滞后性突出。而事实上有效的专利预警具有系统性、复杂性和时效性,需要整合数据、工具和人力资源,所涉信息包括行政管理信息、市场交易信息、执法信息、诉讼信息、贸易信息和产业信息等,所涉部门涵盖市场主体、知识产权管理机构、司法系统和海关等,大量数据需要实时进行分析、评估和提示,人力或简单的程序已经无法胜任。

人工智能技术的使用可以将管理人员从日常重复性较强的工作中解放出来,解决知识产权分析工作存在分析成本高、可视化度低、可推广性差等问题。[③] 人工智能技术主要在以下方面发挥作用:(1)通过关联、融合各类型主体的知识产权大数据,建立集成化分析、预警和评定自主智能平台,并通过与市场动态信息的结合,进而向企业提供不同国家、法域以及横向、纵向市场间的优、劣势交叉比对,形成多层次、多角度、预见性的价值评估报告,并择优推荐,"借助对丰富的、多维度的信息参考,专利的商业价值评估也将变得更为轻松和准确,专利分析的结论将更具决策力和洞察力"[④]。(2)人工智能化预警体系,可以根据保护主体需求,自动跟踪在企业生产、国家安全等领域内,通过敏感度设定的诸如专利技术、版权信息、商标注册等内容,并自主汇总、分析数据,动态推送及时、准确、全面的竞争对手预警信息报告。(3)尽职调查。传统产权尽职调查模式的缺陷,主要来自法律、语言、信息等障碍,人工智能技术在自然语言处理,法律文献、案例分析,关键、关联信息收集方面所具备的能力,可以根据服务对象

---

① 曾云:《海外并购中知识产权尽职调查之重点》,载《电子知识产权》2010 年第 6 期。

② 张勇:《专利预警:从管控风险到决胜创新》,知识产权出版社 2015 年版,第 23 页。

③ 参见彭茂祥、李浩:《基于大数据视角的专利分析方法与模式研究》,载《情报理论与实践》2016 年第 7 期。

④ 邓鹏:《大数据时代专利分析服务的机遇与挑战》,载《中国发明与专利》2014 年第 2 期。

需求，自动设置调查内容参数，突破信息壁垒，为尽职调查工作提供全面的信息比对结论。

（三）知识产权法律保障：法治现代化

知识产权的法律保障内容涵盖：知识产权的行政监管；知识产权司法审判；其他知识产权法律服务。需要解决的问题包括：（1）知识产权涉法数据的快速累积、叠加引发的信息分析滞后。知识产权纠纷数量的快速递增，法律规定、法律文本、裁判文书等法律资料的迅速叠加和量级增长，支撑起规模巨大的数字化法律数据资源。但现有法律数据检索一般基于传统的关键词检索，这些方式成本高、效率低。（2）对法律服务的多样化需求应对缓慢。现阶段，不论是市场化或非市场化的知识产权法律服务要求逐年提升，但现有的法律服务却存在成本高、效率低、对象面窄的问题，个人、中小企业等在遇到知识产权法律问题时不知如何或者无力诉诸法律帮助，就可能产生正义可得性危机。（3）司法成本控制压力增大。既有的司法审判流程在一定程度上存在效率问题，特别是在面对以新兴技术为特征的知识产权所带来的新形态、高科技的纠纷案件时，存在的成本高昂问题更为凸显，处理机制的革新势在必行。（4）知识产权行政治理的现代化需求。在我国，知识产权的行政监管是知识产权保护的重要手段之一。该领域呈现出知识产权综合治理情况复杂、新型侵权、犯罪形态迭出的特征，保护形势日趋严峻，传统的技术手段在效率、精准度等方面尚无法满足需要。

人工智能应用体现在以下几个方面：（1）知识产权案例检索。伴随知识产权法院的建立，社会主体知识产权保护意识提升，知识产权案件逐年增加，大量的法律文本、裁判文书等法律资料逐步数字化，形成量级巨大的法律数据库资源，传统的关键词检索技术已经无法满足需要，通过人工智能的自然语言处理和深度学习功能，智能检索系统不再简单地呈现结果，可以自动理解法律事实，完成检索并提供精确的、特定的、结论性的法律信息。（2）知识产权法律文件自动化。在调查取证①、尽职调查等领

① 知识产权合同审查主要包括与知识产权相关的协议，如许可协议、销售合同、供货订单、代理协议、OEM 协议、ODM 协议、员工职务发明协议、知识产权质押贷款协议等。

域，基于 NLP（自然语言处理）、TAR（技术辅助审阅）、预测性编程技术的人工智能系统可以自动完成文献资料——特别是合同审阅——以发现证据材料，并格式化起草法律文件，如合同、起诉书等。同时，这个过程可以在数据积累的基础上，与法院、行政机构的判决、处理结果等信息相关联，并通过机器学习的方式自我完善，确保法律格式的动态更新。（3）知识产权智能综合审判。国务院《“十三五”国家知识产权保护和运用规划》中要求：“形成资源优化、科学运行、高效权威的知识产权综合审判体系”。2016 年 7 月发布的《国家信息化发展战略纲要》明确提出：“建设‘智慧法院’，提高案件受理、审判、执行、监督等各环节信息化水平。”人工智能在促进审判工作优化、高效、科学方面具有明显优势。在涉及诸如专利新颖性、商标显著性、著作独创性等需要进行侵权比对、责任认定、赔偿数额计算等复杂法律问题的研判领域，通过建设集审判人员、数据应用、司法公开和动态监控于一体的智慧法庭数据平台、法务智能服务网络，实现法院审判程序智能化。同时，由于人工智能裁判系统受人类情感和主观因素的影响较小，可以在案情近似度高的前提下保证审判结果的基本一致，减少冲突，促进同案同判，化解审判矛盾。（4）知识产权法律服务标准化、低廉化。知识产权法务咨询服务市场规模逐年递增，大部分服务内容具有高重复性特征，尤其是在专利、著作、商标申请，侵权认定，知识产权文件审查，案情预测等方面。利用人工智能案例、文件的数据分析和自然语言处理功能，通过构建模型向服务对象提供咨询意见，反馈提问结果，辅助预测案件走向，能帮助服务对象形成有效的诉讼应对策略，减少服务成本、提高服务效率。（5）知识产权行政管理。在我国，行政管理是知识产权保护模式中最为重要的组成部分，在权利认定、流转、侵权处罚以及职能服务等方面发挥关键性作用。建设人工智能技术开发适用于知识产权监管与决策的开放型人工智能平台，能够加强知识产权监管部门信息资源整合，打通政府部门与知识产权主体的交互渠道，在公共需求的精准预测、风险预警、证据收集、侵权认定等方面减少人为因素干扰，实现行政管理智能化、高效化、公正化、透明化。

除此之外，利用人工智能技术对知识产权进行保护，必须考虑以下几点：(1)对于知识产权保护主体，由于数据是人工智能的核心，利用人工智能建立新型的知识产权保护模式必须在政府主导下搭建数据拥有机构与搜寻数据发展人工智能的研究机构的共享机制，创设数据利用契约，建设面向人工智能的公共数据资源库、标准测试数据集，建立人工智能算法与平台安全性测试模型及评估模型，研发人工智能算法与平台安全性测评工具集，确保公共资金资助的研究应该以机器可读的格式发布基础数据，并提供明确的权利信息以及开放标准，提升人工智能系统数据可用性。(2)同时，知识产权主体对人工智能技术应当保持应有的关注和积极的融入态度，需要提前考虑自身所涉工作中可以借助人工智能手段予以辅助完成的部分，如：是否涉及大量的数据整合、筛选和分析；是否涉及重复性较高的互动活动；是否处于辅助决策地位。(3)除了技术本身，知识产权保护分析结果的呈现过程需要摆脱传统的复杂形态，应当更加直观、简单、便于理解，人工智能本体与使用者的无碍沟通至关重要，即处理过程的交互化、结果的可视化，这需要构建全新的人机关系。

总之，作为面向未来最为重要的科学技术，人工智能具有快速高效地处理大量数据，语义、文本识别和快速分析图像和视频的能力。这些功能在大数据和实时决策时代为知识产权检索、监测、尽职调查、预警、审判、服务等保护活动提供新的路径选择。而且，不论是否承认，人工智能技术已经开始对传统知识产权保护模式产生影响。这种影响的"规模和速度将不仅仅取决于技术发展和进步的步伐，而且取决于整个法律共同体对于新技术和新模式的接纳程度，而这需要政策支持和发展导向"①。

二、区块链技术

区块链是与第四次工业革命相关的前沿技术之一，它正在显著影响着企业的运营方式，同时也在改变着众多的创新生态系统，作为众多前沿技术之一的区块链技术具有颠覆性和变革性的潜力，可以提供知识产权

① 曹建峰：《"法律+人工智能"十大发展趋势》，载微信公众号"腾讯研究院"2017年8月5日，https://mp.weixin.qq.com/s/0DQOsL3cv2c5QofjX5gmeA。

管理的创新方式。知识产权界开始逐步研究区块链技术,在公共和私营部门间寻求一些可行的解决方案。然而,在IP生态系统中仍然普遍缺乏对区块链的理解和采用。区块链可以定义为一个分布式数据库,存储永久的、防篡改的数据分类账。该技术的主要特点是:去中心化、分布式账本、共识机制、不可篡改性和加密。在实际应用程序中,区块链通过确保信息不被更改、复制或更改而使用户能够维护和控制数据使用,例如个人数据、内容和事务。因此,区块链的关键应用包括数字身份、时间戳、防欺诈、代币化、可追溯性和智能合约。同时,根据利益相关者的要求,区块链可以逐步形成一个纯粹去中心化和开放(无许可)的系统——在这个系统中,账本被分配给参与各方或节点。这些节点验证通过去中心化共识模型添加的交易,如将比特币或以太坊到一个集中的(许可的)系统,分类账由一个特定的实体集中管理,或分配给数量有限的参与者,并由特定的实体或几个相关方管理。在网络访问方面,基于区块链的解决方案可以是公开的(任何人都可以使用区块链应用程序)或私有(只允许某些实体可以使用)。未来几年,区块链、生物技术、大数据、物联网(IoT)和人工智能会对大多数行业产生直接影响,并对监管这些行业的机构,甚至国际治理体系的技术流程产生广泛影响。该影响将不仅体现在IP用户的主要商业和创新过程中而且会涵盖其商业模式和诸多工业和创造性的领域,并最终直接影响现有的知识产权生态系统。

在工业产权方面,区块链技术对无形资产的生成到知识产权的商业化都会带来极大的帮助。在生成阶段,区块链申请可以通过证明专利、实用新型或任何其他工业产权申请准备文件的日期和所有权来帮助证明知识产权资产的生成和记录保存。对于保护阶段的注册,经过许可的区块链解决方案将通过生成集中管理的账本,促进那些仅附加交易和不可变IP数据的共享。区块链还可以用于在知识产权保护程序的生命周期中提供防篡改和可靠的证据,包括审查、驳回和无效判定。在管理和商业化阶段,在知识产权注册中心管理中引入区块链解决方案,能使权利人简化用于提高其知识产权组合价值所需的许多管理工作。例如,注册权可以交由所有者自主管理,从而提高效率。知识产权权利人也可以使用智能合约来授权和转让已注册的知识产权。代币化还可以帮助权利人将其知识产权资产证券化或用作抵押品。

(一)专利

通过区块链技术的使用,知识产权管理部门可以通过将集中式注册系统替换为分散式、分类数据记载模式,利用分布式账本而不是传统的数据库来记录,创建“智能知识产权注册”,为已注册的知识产权事项创建一个不可变更的记录,以实现:(1)将专利申请者对专利客体的描述记录在区块链中。由于该记录在时间和内容上将是不可篡改的、隐秘的,因此可以确保管理者或权利人在任何需要的时间查看并作为确权证明。(2)在既有的专利审核架构中增加一个自动并可核实的内容发布系统和自动付款系统,并将归档和年金费用交付直接与之对接。这种模式不仅缩短注册新 IP 的时间,还能随时更新归档文件并追踪所有权转移。(3)准确记录一个专利首次申请、注册以及在交易中使用的时间,也可以记录专利被授权以及分配的时间。该“时间戳”功能能够用于发布防卫性公告,作为核定是否构成“现有技术”的判定标准,并对相关信息进行核对、存储,以防止他人获得专利权。正如欧洲议会内部的研究部门和智囊团认为至少从技术角度看,区块链必须被认为是现行专利制度的有效替代或补充。虽然短时间内区块链技术无法在“创造性”判断要素方面替代专利审查员的工作,但是在新颖性审查和信息追踪层面则可以大幅提高效率和成果率。这样,利用该技术,一方面,监管机构将能够以更少的必要资源实现更多的目标;另一方面,可以促进企业加快推进由知识产权法保护的创新成果,并确保安全转化、利用。

(二)版权

在版权领域目前的实践中,网络作品内容提供商通常会利用 DRM 系统或者其他网络技术手段对允许网络用户访问的内容进行限制,以保护网络版权的流转。但是在实际效果上,这些技术手段因为无法将两个数字文件区别受到限制。因区块链技术的透明度和不变性,其将越来越多地用于原创作品交易,“区块链不可篡改的特性可以完整记录作品的所有变化过程,有利于实现版权交易的透明化,版权交易对手方购买版权时不用再怀疑每一笔交易数据的真实性”。受保护的知识产权财产中的“信息”(例如歌曲或图片)能够以数字的形式进行编码,并通过将形成的数字副本与块链标识的特定链接,保证数字作品的唯一权属以及传播与流转的可控性。同时,智能合约能通过计算机系统协议,利用区块链建立合同关系并实现自我执行,削弱不可控因素对传统合同的影响,消除不稳定性,进而提高交易效率和安全。附加在区块链技术上的数字货币能为权利人的收入、支配提供支持,透明的应用系统程序能为第三方展示所有权链,进行查询相关工作的分配和许可,智能合约可用于制定、达成和实施知识产权协定(例如许可)并向知识产权所有人实时支付相关费用,从而完成全链条保障。美国知识产权律师事务所的成功案例就是依靠以上技术措施实现的,美国知识产权律师事务所正在研发 Monegraph 应用程序,通过将个人的指纹数字化后上传至区块链系统,证明对应数字信息的所有权,为数字化产品所有权的交易提供技术保障。此外,IPC*HAIN* 数据库也是区块链技术的现有成功案例。该数据库特别强调通过防御性手段保护出版物、发明等,旨在为世界各地知识产权申请提供法定印章,并确保知识产权机构能够在管理过程中迅速获得这些信息。同时,所有其他类型的 IP(如数据、文本、图像、音乐、视频、代码、3D 资产、网站或商业机密)都可以使用 IPC*HAIN* 数据库进行保护。用户将能够通过快速向区块链添加非披露文档来安全地共享机密信息,并且还可以使用 IPC*HAIN* 数据库向市场销售或购买知识产权。在德国,一家总部设在慕尼黑的公司为创意企业和个人提供一系列创建和实施知识产权保护的服务:通过将 IP 信息铸造到区块链的方式,提供基于区块链的版权证书作为所有权证明,并以时间戳的形态确保知识产权流转的可追索——包括设计、使用和转让等各个环节的证明——这种方式安全级别高、成本低并且高效。

从我国范围内的实践情况来看,区块链技术应用在司法实务领域的尝试已经走到世界前列,一些公证处和司法鉴定中心开始尝试对区块链存证的合法性认定,并为该类证据出具具有法律效力的相关文件。区块链中区块信息的不可篡改和防伪造的技术特点在公证和投票领域的优势显著,可用于为文件和其他数据资料的公证,摆脱公证机关的实体和程序问题。例如,2017 年“区块链 + 司法”应用的仲裁链亮相深圳,这是全球第一个区块链在司法的用例;2018 年,广州仲裁委基于“仲裁链”出具了业内首个裁决书,对当事人使用电子签名的真实性、有效性进行验证和确证。将区块链应用于法律在国际范围亦属于前沿研究领域,多限于理论探讨,“而此次广州仲裁委出具首个区块链裁决书,可以说是在国际上建立了一个相当有指标性的意义;代表区块链得以走进真实世界的法律殿堂里,证明其价值”。其后,2018 年 6 月 28 日,杭州互联网法院在一起作品信息网络传播侵权案件中首次对利用区块链技术对电子数据予以存证的方法进行认定,确认该方法取得证据的法律效力,明确了区块链电子存证的审查判断步骤。在该案中,原告通过第三方存证平台进行了被告侵权网页的自动抓取及侵权页面的源码识别,并以压缩包的形式计算成哈希值上传至 Factom 区块链和比特币区块链。法院认为,该种电子数据可以作为著作权案件侵权认定依据的法理逻辑和标准如下:(1)依靠可信度高的自动抓取程序所获得的网页截图、源码等为电子数据来源的真实性提供保障;(2)在此基础上,利用区块链技术(符合技术标准)对所获电子数据的存证,起到强化固定作用,为证据真实性提供支持;(3)确认哈希值验算一致且与其他证据能够相互印证。因此,以区块链技术作为核心搭建起一套去中心化的、公开透明的信任体制是对数字版权产业发展带来的颠覆性变革的关键所在,能够实现数字版权治理体系的初步搭建,为数字版权治理体系的全面构建打下坚实的基础。

(三)商标

区块链的去中心化特性辅之以时间戳证明技术能够为商品流通过程中的质量判断要素,诸如原产地、产品质量、制造商等信息;流转要素如电子合同、电子协议、收益证明等以及权属文件,如各类电子形态的执照、证明、授权书、许可证、登记表等重要文件提供不可篡改、方便溯源的电子背书。注册商标所有人需要追踪权利的扩散,对市场中权利的使用信息和潜在信息有所掌握,进而完善对商标的管理,而区块链技术的分类账记录可以有效跟踪、记录供应链中每一个阶段的流转信息。举例来说,如果商标登记的管理机构利用区块链技术进行商标监管,可以随时获取注册商标在贸易或商业中的使用信息，这将为注册商标在流通中的“使用”判断、显著性认定以及商誉确定提供关于范围和频率状况的、显示时间戳的可靠证据认定。同时，在涉及驰名商标的认定或商标撤销行为等案件出现管辖权的确定、商标首次使用、商标真实性使用以及使用范围的异议时，这一功能能够在审判中提供强有力的证据支撑。对于消费者，区块链技术可以让我们发现附近的商品，并在不需要中间人的情况下进行交易。由于分布式账本能够保证客观地记录关于产品生产时间、地点以及产品的生产工艺与原材料的可验证信息，作为正品验证的证据，区分假冒伪劣产品变得更加轻松，进而在打击假冒商品的过程中发挥重要作用。基于区块链程序的特殊架构，以在加密保护的分布式平台上安全运行方式，区块链可以将数据的管理方式从单一所有者拥有信息转变为整个记录周期中共享。区块链使得每个流通环节的参与者可以控制网络节点，每一笔交易达成数字共识，确保商品从生产开始，在供应链的生产、质检、入库、出库、流通等各个环节建立符合区块链追溯的标准，并被记录在链。

（四）地理标志

地理信息系统是基于空间的商品，其合法权利来源于产品和原产地之间强大的联系。区块链协议可以帮助鉴别地理标识（GI）货物的原产地，并在产品供应链上实现可追溯性。技术和地理信息系统之间的这种潜在关系关系到地理信息系统行业的治理。区块链技术通过其验证产品真实性的能力，在使用和定位 GI 标识的价值方面能够起到很好的作用，区块链可以证明一个产品来自其所声称的地区。区块链还可以用来向消费者传达和确认产品特征，从而帮助其进行产品选择。经过认证地理标志产品供应链，区块链技术能够帮助地理标志密集型行业的发展。这些行业的市场份额在很大程度上受到原产地证明的影响。对于这些行业来说，区块链技术最吸引人的功能是确保所有使用 GI 标识的生产商符合产品规格要求由法定的组织授权。“产品规范”指的是由 GI 生产者组织制定的法规，以确保由 GI 标识生产的或与之相关的每个产品都是按照既定的规则和指导方针生产的。产品规范与 GI 权利相关的原因是，只要当所有在其产品上使用 GI 名称的主体都遵守统一的标准时才能够确保 GI 最终产品具有一致性(可能是口味、外观或对用户的影响)。这就意味着除非生产商已遵守有关产品生产方式的所有加工要求,否则将不允许生产商在知情的情况下对其产品使用 GI 标识。在国际范围内,许多 GI 行业所面临的主要治理难题之一是产品与 GI 规范之间的松散联系,即 GI 规范的效力弱化。区块链技术可以在法规遵循过程的管理和监视中发挥作用,该技术可用于记录和跟踪 GI 产品生产商的产品规格符合性。例如,通过要求每个生产者使用特定的应用程序完成特定产品的规格遵从清单,然后利用应用程序将信息以加密格式提交给区块链平台,区块链平台会生成并保存每笔交易的特定记录和标签。除此以外,智能合约既可以在 GI 产品生产商集团内部使用,也可以在 GI 产品生产商集团与外部分销商或其他利益相关者之间使用。例如,利用智能合约可以执行并敲定哪些产品将从农民转移到食品加工商的条款,从而决定供应链上不同生产者之间的资金释放条款。该体系结构也在跨国贸易中使用,通过完成供应商和跨地区或国家的外部分销商之间的交易,资金将根据编码协议中规定的收据、发货或相关安排转移到供应商。

第二节　产业应用存在的规范化问题

一、信息公开

人工智能生成发明的专利“充分公开”制度着重解决通过何种方式实现申请专利发明信息的透明,以期最大限度内,在满足权利人利益要求的同时,确保专利功能的实现以及促进社会科学进步三者之间找到最佳平衡点,该制度是关乎整个专利制度价值得以实现的核心问题之一。电气和电子工程师学会(IEEE)在为美国政府有关人工智能生成发明制度所做的咨询报告中就强调“解决目前人工智能生成/辅助专利范围的不确定性将有利于人工智能技术的发展”,“人工智能生成/辅助专利的专利申请人将受益于该技术所能披露的信息所带来的更多的确定性”[①]。但问题在于人工智能这一变革性技术与专利实务交叉领域却没有取得与之对应的进展。

在美国专利商标局发布题为“人工智能和知识产权政策公众观点”的报告中，参与讨论的专家和专业机构一致认为，在专利领域人工智能发明判断的排他性要素主要包括：(1)要解决的问题(例如，人工智能的应用)；(2)训练人工智能并将在其上运作的数据库结构；(3)用于训练算法的数据；(4)算法本身；(5)自动化生成的人工智能发明结果；(6)对结果产生影响的数据的策略/权重和/或其他元素。[②] 在当前实践下，对计算机实现发明的书面描述支持通常需要充分公开算法以要求保护的执行功能，使得本领域普通技术人员可以合理地得出发明人拥有要求保护发明的结论。然而，不同于一般计算机技术，人工智能系统是人类设计的，在一个多指向目标设定下，通过信息采集和处理，对收集到的结构化或非结构化数据进行知识性推理、解释，进而在物理或数字层面决定为实现既定目标而采取的最佳行动的技术。人工智能系统既可以是一套符号规则，也可以是数字学习模型，还可以是通过分析其先前所受操作环境影响而形成的自主调节行为技术手段。要分析这种复杂功能基础上发明专利“充分披露原则”的实现方式，首先，就必须对不同形式的人工智能予以区分，因为不同层级的人工智能在功能实现的方法和技术上不尽相同，会从本质上对“充分公开”目的实现产生影响。由此可见，人工智能生成专利的“公开”问题相对于专利主体、专利“三性”的判断呈现出更多的技术性、多变性和长期性特点，依据专利公开制度之构成，其问题主要涉及以下几个方面，(1)公开充分的标准：就人工智能而言，算法随着时间的推移和数据可及性的改善发生变化，那么除去初始算法外，如何满足充分公开之条件。例如，应如何处理训练算法所使用的数据以及是否应在专利

---

① *Request for Comments Regarding Artificial Intelligence and Inventorship*, USPTO Federal Register(Feb. 14,2023), https://www.federalregister.gov/documents/2023/02/14/2023-03066/request-for-comments-regarding-artificial-intelligence-and-inventorship.

② See *Public View on Artificial Intelligence and Intellectual Property Policy*, USPTO(Oct. 7, 2020), https://www.uspto.gov/sites/default/files/documents/USPTO_AI-Report_2020-10-07.pdf.

申请中公开或说明训练算法的方式。(2)与专利有关的信息公开:选择数据和训练算法的人类专业知识是否在公开的范围之内等;现有技术的披露等。(3)其他相关问题,例如人工智能对“普通技术人员”概念的影响等。

(一)专利意义上之“充分公开”理论

在解决人工智能生成发明公开所涉问题之前,有必要对专利“公开”制度设计的初衷予以解释性回归。所谓“充分公开”,其基本目的在于通过利用包括“专利说明书”“权利要求书”等在内的专利申请文献,清楚且充分描述发明客体,以使本领域普通技术人员能够对该发明予以复制并以最佳方式予以实施。以美国为例,《美国法典》中规定三个独立而明确的披露要求:书面描述、适用性和最佳模式。[①] 根据美国专利商标局所制定的审查指南,专利说明书应当能够指导本领域的普通技术人员在不需要通过非适当性试验的情况下制造和使用所要求保护的发明。当确定专利说明书是否满足申请要求以及是否存在必要的非适当性试验时,审查员可以利用“WANDS 因素”予以判断,具体包括:权利要求的广度、发明的性质、现有技术的状况、普通技术的水平、本领域的可预测性水平、发明人提供的指导案例、是否存在工作实例,以及根据本发明公开内容制作或使用本发明所需的实验量。[②] 这些要求适用于在《美国专利商标法》生效之前审查的所有申请,包括那些针对人工智能生成发明的申请。我国最新修改的《专利审查指南》中所要求的审查员能够“理解发明的一般路径,明确审查员在理解发明时应当充分了解背景技术整体状况、理解发明的技术方案所能带来的技术效果、明确发明相对于背景技术所作出的改进”[③],实质上是对“充分公开”所应达到之目的的一般性限定。“充分公开”制度的设计虽然具有鼓励技术传播、促进技术的价值溢出,减少重复

---

① See *Leahy-Smith America Invents Act*, USPTO(Sep. 16,2011), https://www.uspto.gov/sites/default/files/aia_implementation/20110916 – pub – l112 – 29. pdf.

② See *The Manual of Patent Examining Procedure*, USPTO(Jun. 5,2020), https://www.uspto.gov/patent/laws-and-regulations/manual-patent-examining-procedure.

③ 《2019 年〈专利审查指南〉修改解读》,载国家知识产权局 2019 年 10 月 30 日,https://www.cnipa.gov.cn/art/2019/10/30/art_66_11489. html。

的研究成本等多层价值面向和功能指向，但其核心功能在于可以根据所提供的书面材料（专利说明书等），确保发明人实际上已经创造并拥有要求保护的发明，并且所属领域的普通技术人员无须通过过度实验（undue experimentation）即可以理解、应用该技术，进而能够适用于生产，使得公众能够获得该发明，产生价值，推动进步，即满足"可实施性条件"和"合理支持条件（书面描述）"。基于此，人工智能生成发明公开制度也必须围绕这一核心目的进行设置。

1."充分公开"的内容确定

人工智能算法的输出虽然是由数据和代码决定的，其过程并不会比自然现象更难以分析和解释，但深度学习并不遵循数据输入、特征提取、特征选择、逻辑推理、预测的过程，而是由计算机直接从事物原始特征出发，自动学习和生成高级的认知结果。在人工智能输入的数据和其输出的结果之间，存在着无法洞悉的，被称为"黑箱"的"隐层"。这里的"黑箱"并不只意味着不能观察，还意味着即使人工智能试图向设计者解释，设计者可能也无法理解。那么，如果人类对人工智能生成发明的过程处于不可完全获知的状态，普通技术人员要想重复该发明之生成过程，必须最大限度地依靠人类自身培训人工智能所使用之数据、模型等以实现技术场景"预现"，而无法将其等同于人类自身发明创造之技术场景"重现或再现"。如果只说明算法，而不能阐释算法运行之模式，那么，对于"深度学习"而言，即使对基本模型进行充分的描述，技术人员仍然没有足够的信息来实现该模型，若想达到"充分公开"之目的，目前仍然需要至少公开以下两项内容：（1）对培训数据的使用，包括模型的每个学习系数或权重；（2）对模型培训方式的描述。

2.经济效益要素考量

对于高科技产业而言，在需要考虑的外部性要素中经济效益平衡的问题是重点之一，因为"从专利制度鼓励技术知识传播的社会目标角度看，技术溢出使既有专利较早进入公共领域，客观上有利于整个社会技术知识的共享和传播。但是，从专利制度鼓励研发投资的社会目标角度看，技术外溢降低了既有专利的私人价值，可能降低创新者研发投资和申请专利的积极性"①。现阶段,人工智能技术的开发和应用涉及大量初创公司和一些小型经济实体,如果对人工智能生成发明在"充分公开"方面的要求采用更为严苛的标准,要求披露传统计算机硬件/软件的特性和操作以及训练模型、数据和模块等,则会给他们带来沉重的经济、法律和技术负担。以美国为例,2020 年 8 月 3 日,美国初创企业与发明人促进就业联盟发布了题为《有效可靠的专利制度对关键技术投资的重要性》的报告。该报告指出:专利制度的变化正导致风险投资在开发专利密集型高科技企业资金中所占份额大幅下降。2004 年,风险投资大部分流向专利密集型制造业。截至 2017 年,这些专利密集型行业获得的资金份额从 2004 年的 50% 以上下降至 2017 年的 28%(2016 年达到 24.5% 的低点)。② 这一数据表明,过于严苛的专利审查制度会通过影响资本投入降低以变革性技术为特征的专利密集型企业的创新能力。另外,训练数据具有重要的独立价值,③将其公之于众可能会阻碍初创企业替代性收入来源,或者辅助竞争对手更快地启动周边设计的方案研发,加速竞争。因此,在制定涉及人工智能生成发明的披露标准时,有必要对公开的程度设定可供操作的边界,以达到技术创新扩散所产生的经济效应与初创高科技型企业成本优化之间的平衡。

(二)数据使用的合法性

区块链技术防篡改、可溯源的技术特性使其成为解决知识产权的确权和存证难题的解决方案之一。包括知识产权管理部门、权属人、监管机构、内容平台、服务机构等在将著作权、专利、音乐、图片等知识产权的原创作者信息、作品内容信息、创作时间信息以及最初传播信息加密上传至区块链,明确著作权、商标和专利权归属的情况下,需要提供各种资料,并

---

① 李晨乐、叶静怡:《专利公开、技术溢出与专利私人价值》,载《中央财经大学学报》2016 年第 9 期。

② See *USIJ Releases Report on The Importance of an Effective and Reliable Patent System to Critical Technologies*, USIJ (Aug. 3, 2020), https://www.usij.org/research/2020/8/3/usij-releases-report-on-the-importance-of-an-effective-and-reliable-patent-system-to-critical-technologies.

③ 有理论认为虽然目前没有专门针对人工智能算法数据的知识产权保护法规,但培训数据可以作为商业秘密保护,如果培训数据提供了一些新的和有用的结果,则可以作为专利保护。

进行长期、多次操作。数据是区块链网络的核心,与数据相关的主要挑战是,多个参与者在网络的分类账上扮演共享、验证和记录数据的角色。在区块链领域,对数据所有权、其授权使用、其 IP 含义、数据收集和托管机制以及监管限制的清晰理解是数据治理模型的重要组成部分。一个有效的数据治理模型要求采用一系列策略和标准,这些策略和标准应该被所有网络参与者承认和接受,并通过设计最佳的协调方案以符合当前的数据法规。其他问题,诸如用户的条款和条件,以及网络的免责声明和披露等,在任何时候也都应该与数据治理模型保持一致。因为系统的用户也是区块链中的系统节点,所以每个用户都需要存储相当多的数据,这就造成如果使用区块链技术进行知识产权管理,那么创建的数据库将是海量的。但目前我国却缺乏一个统一的数据库系统,知识产权各方主体习惯于自己使用专有数据,并在信息"竖井"中予以维护,而不是与彼此或公众共享。因此,不同的数据库之间没有互操作性,这是知识产权管理者现在无法通过简单的应用程序,来识别所有的知识产权信息的原因。加之,在初期,基于开发、测试和实施的前期成本考虑,各方主体大都会选择通过购买的方式获取区块链程序技术,这就极易造成数据滥用和泄露。

对于数据的管理,在"公有链"模式下,所有节点共同地参与块链信息的生成过程,在法律责任的承担上属于平等主体,不存在特定的"中心"(管理者)由于收集、存储用户信息而承担相应的安全或者保密义务,同时意味着没有任何节点应当或者有可能对数据安全承担法律责任。加上私钥只能为个人所有,一旦丢失或者遗忘,在区块中存储的信息就无法被访问,个人数据或者个人的权属证明信息无法获取,将会引发用户的个人信息全部公布于网络的风险,影响个人有形资产的所有权证明。在私有链的模式下,虽然存在专门的管理区块链的机构,但其一般情况下仅仅负责技术的日常维护和管理,并没有法律明确规定管理机构应当承担的数据安全责任。如果不是属于区块链技术自身可以避免的数据安全问题,要求管理机构对个人数据承担所有的法律责任存在实施上的困境。

二、治理要素

(一)治理要素的构成

区块链治理是指在分布式网络中,根据利益相关者的目标和利益进行决策的手段。区块链治理可以分为两种类型:链上(与底层软件相关的决策)或链外(与网络管理和结构相关的决策)。对于区块链技术而言,一个有效的治理框架首先应该在技术设计、实施之初就在各方之间达成一致。虽然区块链解决方案的不同,治理架构的设计也会有所不同,但都会包括以下几个基本的要素:

(1)主体。使用系统的主体,主要包括知识产权所有者、创造者、监管机构、知识产权管理部门等。(2)可实现的价值和目标。确定区块链网络的价值和目标,随后界定技术方针和内部适用策略,只有对价值和目标进行清晰和公开的定义才可以将治理模型从一个集中的模型转换为一种能够适应各方主体透明参与的更开放的模型。(3)激励机制。区块链的设计应重视"激励"在治理模式中的作用。激励措施的设计目的在于使价值链中不同参与者的行动保持一致,因此任何激励模型应尽量在创建时重点考虑法规遵从性、政策的实施性和最佳实践效果的取得以及决策过程。(4)争议解决机制,可应用于解决潜在问题的争议解决机制。作为基本的治理需求,必须有一个能够解决相关问题的明确的责任归属方。特别是对于分布式账本/区块链系统,参与者无意或意想不到的行为或不可预见的事件随时可能发生,甚至网络之外的外部事件也可能引发问题和争端。程序设计方应考虑自己的规则来解决参与者之间产生的问题,并考虑备选的争端解决程序。

(二)治理结构的合理性

1.法律架构植入

人们普遍认为,区块链技术应该依赖于一个容易理解、可预测和具有关联性的法律框架,其中所涉及的不确定性不仅指与知识产权相关的法律框架,还指知识产权生态系统中的主体在实施这些解决方案时需要考虑的其他法规,其中包括合同法、程序法、执法问题或个人数据保护。因此,法律结构是治理功能实现的重要组成部分之一,法律规则以规范化和可执行的方式为网络使用者提供法律责任框架,法律决策权可以集中到单个实体或自然人或组织,也可以分散到各个参与者之间。但是,由于不同司法管辖区内对区块链监管的机构各不相同,在对其进行治理中必须考虑法律实体统一性的主要原因,而不仅是在监管利益方面。通过对法律的结构性设计,治理主体将有权利监控节点的活动及其彼此之间的关系、授权级别、争议解决机制和各方的责任,以及了解技术体系结构所需要的其他考虑因素。当然,区块链系统可以由 IP 生态系统中的参与者团体利用非正式的方式开发,目的是促进合作,甚至作为交易平台,但这种方式会由于一些参与者匿名或使用假名而很难确定一个实体负责网络和可能出现的问题,因此从长远来看,区块链技术应该开发一些具备法律规则功能的治理结构以解决责任问题。

2. 监管框架设计

区块链的另一个监管挑战源自其核心特征之一:去中心化。在某些种类的区块链中由于缺乏中央权威机构所引发的问题已经引起了人们的关注,因为该情况会导致缺少实体对交换数据的法律合规性和最终责任负责。其中,监管的难度来自区块链中不存在任何特定的中心,节点和用户分布在多个管辖区内,因此,确定对网络或网络中发生的活动负责的主体,并明确适用的规则的合规性设计非常复杂。这使主管当局难以履行基本的职能,例如,确定责任、确定在特定情况下适用何种法律、进行管制监测或执行规则。

由于区块链存在不同形式的去中心化形态,对于那些拥有必要硬件和专门知识的使用者不需要特定的许可,而是可以通过操作节点直接参与其中。因此,如果没有采取必要的措施(例如,在治理框架中),大量的问题就会出现。第一个问题是责任主体问题。对于私有链而言,其通常会在核心设置一个管理实体,并在治理框架中建立识别节点和用户的机制,对于这种形态,无论是单独还是集体部署,确定符合法律规定的负责实体相对简单,因此比较适合用于 IP 信息的管理。第二个问题是跨境问题。通常情况下,区块链的参与者(创始人、节点和用户)位于不同的管辖区,当区块链系统涉及不同的司法管辖区时,法律的不确定性增加。因此,很难设计出符合区块链可能涉及的所有司法管辖区的法律要求的治理框架。第三个问题是匿名化。在某些情况下,区块链的平台可以为用户和矿工提供匿名服务,这使得管理主体很难获知使用平台的人以及使用目的。在执行法律和实施惩罚、制裁时,这会形成相当大的障碍。但是,这些阻碍能够通过使用数字标识符来解决,数字标识符在区块链上下文中用于标识和验证标识。同样地,这个问题的解决还与区块链的类别相关,在私有块链中,所有参与者(节点和用户)都是可识别的,并且很容易确定责任。在非公开许可的块链中,分类账中的条目的不可篡改性提供了审计跟踪和不当行为的证据,因此,能够确定非法交易背后的当事人。

3. 智能合约程序

智能合约只是计算机代码,通常利用区块链属性自动执行。智能合约或任何区块链代码的使用都可能受到开源要求或某些条款和条件的约束。在某些情况下,代码可以用来执行现有的法律契约或者其本身可以构成一个合法的合约(智能合约,计算机代码本身将完整地包含法律协议)。在第一种情况下,讨论的对象是智能法律合同,而第二种情况是关于具有法律含义的智能合同。在后一种情况下,智能合约中应内置争议解决机制,并在发生争议或错误时提供明确阐明的法律依据。需要进一步指出的是,人们普遍认为,智能合约不能因为合同是电子格式而否认其有效性,应根据契约法的一般原则(合约自由,包括订立合约的形式)强制执行。但智能合约一旦记录在区块链中,就不能更改,并在程序触发时开始执行。虽然这种类型的合同自动化可以被视为一种优势,但会引发难以解决的法律问题,如法律文件和计算机代码不同;适用法律发生变化或出现不可抗力情况;具有强制履行性的智能合约不可执行等。另外,当智能合约义务已经自动执行,由于缺少及时核查和修复的有效机制,智能合约可能存在技术结构性安全漏洞,包括源代码漏洞、业务逻辑漏洞等。这些漏洞会导致合约运行的不法结果,甚至是无法弥补的损失。无论是The DAO众筹项目中的智能合约还是美链智能合约,抑或以太坊智能合约都发生过由于漏洞导致的巨大财产被非法转移的重大事件。智能合约的漏洞俨然已经成为威胁区块链产业生态安全的重要因素之一。在制度规范领域，虽然我国既有的《区块链信息服务管理规定》第6条规定："区块链信息服务提供者应当具备与其服务相适应的技术条件……技术方案应当符合国家相关标准规范"，但关于智能合约结构性问题的法律规制尚付阙如。对于区块链安全性能，使用者同样面临左右为难的尴尬境地，如若公布漏洞细节将会对信息服务提供者和部分系统用户的数据安全不利，但不披露则会加剧网络黑客不法攻击的频率，削弱供应者的系统安全意识，致使更多系统用户遭受利益损失。目前还没有关于这些问题的判例，因此治理框架需要为这些问题提供解决方案。由此，许多国家和地区已经提出或颁布了适用于智能合约或电子合约的立法。

三、登记确权的效力不明确

传统的知识产权登记作为最有效的权利公示，使得公众可以获知登记的主体、客体、权利归属等信息，而在区块链权属登记中，权利主体、客体等重要信息会被一连串计算机代码及哈希数值代替，且其匿名性与传统权益登记公示中的实名制存在冲突。2018年9月3日，数字版权与区块链结合的全国首张区块链著作权登记确权证书由"汇桔网"发布，其负责人表示3分钟即可获得区块链数字版权登记存证证书，未来将获得国家版权局DCI数字版权登记证书保护，为版权开启"双证"护航。然而直至目前，区块链知识产权登记确权证书尚未取得版权登记机构的完全确认，其效力需要法院从真实性、客观性及关联性作出认证，且只被视为辅助证据。

以版权为例，基于区块链技术的数字版权登记确权，由于数字内容上传到区块链平台是采用哈希值、时间戳予以记录，不是以作品思想的表达方式呈现，故难以识别该数字内容是否符合《著作权法实施条例》规定的独创性。若该数字内容不满足独创性条件则无法得到著作权法保护；再者，对作品进行小幅度修改再上传到区块链平台，则会生成一个新的哈希值，区块链平台会将之认作为新作品，然而根据独创性要求，小幅度修改不足以构成一个新作品。因此，从独创性角度，经由区块链数字版权登记平台登记的数字版权存在不能作为著作权权利来源确切。

四、技术安全固有缺陷

区块链技术本身所面临的主要挑战是难以解释和理解底层技术的复杂性以及由此带来的各种安全隐患，尤其是面对知识产权这种可能涉及技术信息、商业秘密等在内的重要信息数据区块链的加密和去中心化特性增加了公共账簿和私有账簿的稳健性，并保证了其中嵌入信息的不变性。然而，网络安全威胁不可低估，即使使用最先进的加密保护措施，但最近与比特币相关的黑客攻击仍显示出了安全缺陷，其中涉及的安全问题包括分叉、共识操纵、分布式拒绝服务（DDoS）节点攻击和来自量子计算的长期威胁等。在许多情况下，这些缺陷是参与区块链的用户管理密钥不善（例如，密钥被盗或丢失）造成的。因此，区块链的区块链使用者需要实施足够的措施来防范风险。主要包括：（1）区块链应用中的主流密钥管理方法，包括本地存储、离线存储等。本地存储，指将密钥直接或经加密后存储在本地设备上，容易被恶意读取，物理设备损坏时也无法恢复，因使用、存储不当导致的密钥泄露和丢失都会给用户带来巨大的损失。离线存储，指将密钥保存在离线的物理存储介质中，防止恶意软件攻击，但是使用时仍然需要联网，无法完全避免恶意软件入侵。因此，区块链应用至今还缺乏普遍有效的密钥管理技术，特别是对于知识产权管理机构而言，如果出现密钥安全方面的问题，可能会造成大量数据的丢失。（2）基于区块链的系统大信息之间的关联性均公开在区块链上，一旦用户的地址暴露，该用户的所有公钥地址都可能被推断出来，进而造成数据、隐私的泄露，尤其是对于知识产权保护这一层面的大规模数据应用而言。（3）区块链技术的典型适用案例，比特币和以太坊等都先后出现的勒索病毒、暗网交易、数字资产被盗等安全事件，一度引发各界对区块链监管技术、政策等缺失问题的广泛讨论。监管技术的作用是对于非法行为的检测、追踪和追责，从而保证区块链系统的运行安全，但区块链去中心化、不可篡改、匿名等特点却恰恰为监管机制的设置增加了难度，如果通过一定程度的弃匿名性以降低实施监管的难度，或者赋予各中心不同的监管权限以实现共同监管又会失去区块链的去中心化的优势。(4)权利人利用智能合约技术设定授权要约,且将权益证明同步上链,当交易对方满足要约即可获得许可,从而完成交易。但智能合约是计算机代码,是否具有法律效力,具有何种法律效力都值得商榷。例如,在著作权领域,由于权利人或者代表权利人的中介机构单方面的授权许可一般都是按照同类产品、作者知名度、销量、技术创新度、具有的商业价值等进行定价,排除了合理使用的情形,而合理使用的本质是平衡各方利益。由此可见,区块链技术下的数字版权授权交易限制了版权合理使用。①

五、共识机制的非常态运作

共识机制构成区块链网络上治理的主要表现形式,节点之间的分散和匿名(或假名)事务验证过程直接依赖于共识机制。然而,并非所有的网络都具有相同的设计、拓扑结构。由于共识机制根据网络的设计和每一种类型的节点在其中所扮演的角色来建立节点之间的激励机制,因此,必须了解这个网络是通用的还是专用的。前者能够像以太坊、Neo或EOS那样通过智能合约在顶层构建;而后者,例如比特币、莱特币或Dash,则是一种高效的电子支付系统。在设计共识机制时,决定何种形式更好并不是问题,而是何种形式更符合业务需求。网络和共识机制的设计在不同情况下可能有很大的不同。对于网络中是否有中介机制的考虑也是如此。去中心化的区块链无法像传统网络系统通过中心节点实现互通,因此一致性是衡量共识机制安全性强弱的重要性质。如果允许各种企业、事业单位、管理机构等对涉及知识产权数据管理的区块链研发和适用,大量区块链平台分立于区块链生态体系中,处于相互独立状态,则会面对数量众多的异构区块链应用。众多异构的区块链平台需要有效的跨链技术实现互联。然而,区块链跨链技术普遍存在效率低的问题,主流跨链协议也仅能实现跨链的知识产权数据传递,协议移植效果差,不适用其

① 参见李永明、赖利娜:《区块链背景下数字版权全链条保护的困境与出路》,载《科技管理研究》2022年第10期。

他应用场景。如何实现去中心化区块链平台间的连接、解决跨链操作的问题是跨链技术面临的最大挑战，亟须跨链技术或者政策能够将它们连接起来，构建互联、互通、互信的区块链应用网络。这对于知识产权全流程管理尤为重要。

第三节　知识产权保护应用的规范化路径

一、数据充分公开

（一）训练模型

一般认为，如果发明所在领域是可预测的，则要求的披露较少，反之则较多，一项人工智能生成发明是否在"可预见"的空间取决于其创新程度。例如，当人工智能系统设定的目标明确，且结果生成过程可知时，由于系统通常是便于理解并具有预测性，则要求披露的信息相对较少；而当为一个具有深度学习能力的人工智能系统的生成发明寻求专利保护时，由于在深度学习模型中唯一预先确定的结构部分是开始时的输入数据和最后的输出值。输入和输出之间的所有层都被称为"隐藏层"，其每个神经元联结的突触强度（权重）在没有人工干预的情况下可能在自主学习和培训过程中演变，致使这一互动过程并不容易获知，[①]与之对应的生成结果更难预测，那么就可能需要更多的信息披露。对于该类模型，公开的内容涉及模型的层级以及每个层的配置方式，并应在专利申请中揭示模型的结构。但如果这个人工智能模型使用的是不标准模型（例如，一个自定义激活层），那么就有必要以数学、虚拟代码或者实际代码的形式对其进行相对精准的描述，以确保专利审查员能够充分了解人工智能生成发明产生之过程。

至于模型本身，以 Williamson 诉 Citrix 案为例，美国最高法院认为：

① 该模型的一个典型例子是卷积神经网络，被广泛应用于图像分析，也可应用于视频分析、自然语言处理和药物发现等领域。

“说明书中公开的内容应当不止于计算机或微处理器的结构,而是包含用于执行所要求保护功能的算法,该算法可以以数学公式、流程图或任何其他能够将结构充分说明的方式予以直接表达。”这一判例“在允许专利权人通过陈述要执行的功能而不是通过列举执行该功能的结构来表达权利要求的限制方面取得了平衡”,“并对这种限制的方式予以具体规定,即发明公开的覆盖范围应限定在说明书中所描述的,能够达到功能实现目标的,相关结构、材料或模型等信息。”法院同时援引《美国专利法》(35 U. S. C. § 112,para. 6)认为使用“模块”(module)一词与“mechanism”,“element”和“device”等相同,均为非结构性术语(non-structural generic term),它们和方法(means)一样,其使用并不会使权利要求具有足够的结构特征,不符合“方法+功能”(means-plus-function)的描述要求。由于本案所涉权利要求没有明确揭示模块是如何与服务器中的其他模块进行相互交互运作的,也没有通过其他方式说明模块所具有明确的结构,所以权利说明无法满足结构性叙述(recital of structure)的要求,本领域普通技术人员并不能够根据权利要求的语言确定实现特定功能所应当对应的结构。[①] 事实上,在充分公开实际发明的功能实施例和发明者保留认为不需要说明已提供所申报发明的功能实施例中众所周知的细节之间始终存在张力,而这一判例加重了充分描述具有常规功能的模块所需公开程度的不确定性。依据充分公开原则,发明中已经为公众所知悉的内容并不需要详细描述,但这对于人工智能系统则需要重新予以考量。例如,对于一般性深度学习神经网络,披露多少隐藏层或神经元可能不是必要的,也不是专利审查所必须的,因为这不会对该领域的普通技术人员适用发明技术造成障碍。因为,“在构成人工智能生成发明一部分的相关数据集与构成另一个计算机系统的一部分的特定数据集没有较大不同的情况下,无论数据集的变化和结果是否以不同的方式汇合,或者数据集能否充分

---

① See *Request for Comments Regarding Artificial Intelligence and Inventorship*, USPTO Federal Register(Feb. 14,2023), https://www.federalregister.gov/documents/2023/02/14/2023-03066/request-for-comments-regarding-artificial-intelligence-and-inventorship.

建模或现实设定之目的，都不会对系统的结果造成影响”[①]。

但对于某些类型的神经网络，如卷积神经网络，针对特定感知问题的隐藏层设计可能具有实现人工智能特定、唯一功能的特性，需要作为发明的一部分予以披露。这些包含有大量隐藏层的深度学习系统，在没有人工干预情况下可以在自主学习或培训过程中不断演化，致使其表现出被视为具有信息“黑匣子”特性，即输入和输出（包括递归）过程在得出结果方面的模糊性和不可测性。这就要求对利用人工智能的发明书面描述通常需要充分披露用来执行实现该功能的算法，提供符合书面描述要求算法运行的细节。[②] 所以，确定是否充分描述人工智能特征与确定是否充分描述软件特性并不同。对此，美国专利商标局在其制定的《专利审查程序手册》和审查员培训手册中[③]中提供了关于《美国法典》第 35 篇第 112（A）节的审查指南。此外，2019 年 1 月，美国专利商标局发布指导意见（2019 年 1 月第 112 条指导意见）以协助审查员审查包含函数式语言专利申请中的权利要求，特别是利用函数式语言辅助计算机实施发明的专利申请。考虑到与人工智能发明相关的专利申请通常包括至少部分使用函数式语言要求的计算机功能，该指导意见可能对评估人工智能发明非常有帮助。根据该指导意见，是否满足披露要求取决于每一项申请所涉及标的对象的具体事实，针对《美国法典》第 35 篇第 112（A）节的书面描述要求，包括利用函数式语言计算机功能的人工智能生成发明申请应在关于硬件和软件的说明书中提供足够的细节，以表明发明人拥有所要求保护的发明的全部范围。特别是专利说明书应当充分详细地公开执行所要求保护功能的计算机和算法（例如，详细的步骤或过程、公式、图表和/或流程图），使得普通技术人员可以合理地得出发明人拥有所要求保护主

---

① *Examination Guidance and Training Materials*, USPTO, https://www.uspto.gov/patent/laws-and-regulations/examination-policy/examination-guidance-and-training-materials.

② 一些非人工智能的计算机系统，如采用“模糊逻辑”原理的软件也可能会产生意外或不可预测的输出，这并不会对其申请专利产生影响。

③ See *Examining Computer-Implemented Functional Claim Limitations for Compliance With35U. S. C.* § 112, USPTO (Jan. 7, 2019), https://www.uspto.gov/sites/default/files/documents/2019_112_guidance_initiative.pptx.

题的结论。当最终结果呈现出不可测特征时，人工智能设计者应该及时予以识别。如果这一结果同时要用于申请专利，则有必要在对模型运行机制予以充分描述的基础上厘清该结果出现的原因。

（二）训练数据

基于人工智能系统得以产生创造性结果的成功关键之一是用于训练的数据，这通常需要一个非常可观的量级才能获得满意的结果。作为神经网络系统的基础，机器学习是人工智能产生创造性产品或技术的核心，机器学习需要依照算法来完成，而算法则要依靠数据的注入。在整个机器学习过程中算法的注入主要集中在三个环节——数据集构建、目标制定与特征选取（程序工程师完成）、数据标注。出于数据采集的便利性，数据集往往会倾向于通过“主流”渠道，即社会层面获取。如果数据集本身缺乏代表性或者不够全面，就无法客观反映发明功能得以实现的真实性，这一方式容易在结果层面造成分布不均的情况，算法决策结果就无法复制，最终导致重复发明结果的偏差。另外，因为“计算机算法能够连续无误地进行计算，是因为软件工程师确切地知道自己想要算法去做什么，然后编程实现这一目的”①，所以算法需要依据工程师向其注入的特定数据才能够更加精准地完成目标锁定。这就造成即使对基本模型进行充分描述，该领域的技术人员在没有足够信息的情况下仍然无法实现模型的处理结果，不能满足专利所需充分公开之目的。基于此，用于培训和运行人工智能的特定领域数据应当予以公开。

技术人员所应获知的，能够满足类似模型培训在不需要进行过度实验的情况下，可重复条件所有用以训练模型的所需信息以及用以通过适当训练的值的充分度如何把握至关重要。由于培训数据即可以是可公开获取的数据与特定领域的数据（这些数据通常是不可公开的）的组合也可以完全由特定领域数据组成。例如，一些大型库包含数百万张图像，而用于特定领域培训的较小的数据集通常也包括数千幅图像。将这样大规

① ［美］加里·史密斯：《错觉：AI如何通过数据挖掘误导我们》，钟欣奕译，中信出版集团2019年版，第109页。

模的数据集都包含在专利申请文献中在技术上显然是不可行的，只能依托于通过将数据纳入一个特定实施例的方式，将经过充分训练的模型完全公开，这样仅仅披露经过培训的数据可能就足以使技术人员能够复制发明的一个具体实施例。但是仅以此作为披露的标准，其缺陷就在于训练后的数据作为未来继续研究的基础并不充分，也就是说相关技术人员无法对其进行改进（例如调整模型结构之类），而这种结果与专利公开的价值维度——促进科技进步和社会发展——明显不符，因此公开的范围要涵盖训练方法和训练数据，而不仅仅是训练后的模型系数。另外，专利申报实务要求"人工智能专利申请的说明书和权利要求在有关数据处理的表述方式必须特别谨慎。具体而言，专利申请人应当将技术方法描述为'数据的使用'而非仅仅'数据的生成'"①。这同时意味着数据本身、数据的使用是作为数据生成结果的支撑性信息，有必要通过适当描述的方式予以公开。

以 DABUS 为例，申请人在"神经火焰"专利申请文献的背景中对 DABUS 的创新原理进行简单的介绍："大脑的丘脑网状核（TRN）被建模为一个不断适应的自联想神经网络。从本质上说，大脑皮层中的神经激活模式被认为在具有上述频率和分形特征的神经流中产生时，向丘脑发出反应性'信标'。这些零星的认知流通常对应于新模式的形成，被认为是创造性思维的特征。"②而 DABUS 正是通过模仿这一过程"利用被称为新奇过滤器（novelty filters）（也称为 GMF）的自适应神经网络，像大脑一样扫描网络群，寻找正在发展的新颖而有意义的链，依据环境中的现状，检测和分离新形成的构思"③，"创造性的成就是收敛思维过程的结果，并通过第二层级神经网络系统寻找零星激活皮层内信号的形成和潜

① 李宗辉：《人工智能专利授权的理论争议与实践发展》，载《河南财经政法大学学报》2018 年第 6 期。

② European Patent About this File: EP3563896, EPO(Aug. 12,2022), https://register.epo.org/application? number = EP18275174&lng = en&tab = doclis.

③ Stephen L. Thaler, *What is DABUS*?, http://imagination-engines.com/iei_dabus.php#DABUS%20Patent.

在有用的观念模式"[①]。即便如此,美国专利审查委员会认为:"专利申报书没有描述在所谓的'创新过程中'该算法以何种方式连贯性地根据一种适合于专利申请对象的构思(或者仅仅是人类可以理解的范式)来设定其发明活动的结果。"[②]这意味着即便不存在专利申请的主体问题,该发明也可能会因为披露不充分而被驳回。

总之,在专利申请中对于人工智能生成的发明至少应该清楚地描述人工智能模型结构。此外,技术人员应掌握所有所需的信息,包括所使用的培训数据以训练模型或用经过适当训练的值来设置模型的系数,具体为涉及美国专利商标局提出的数据库结构、算法、训练过程、对影响结果的数据应用权重等。如果无法达到这一程度,则无法满足公开的充分性要求。

(三)其他问题

1."普通技术人员"的技能要求

根据专利审查原则,在要求保护发明的有效提交日之前对普通技术人员来说显而易见的发明不具有可专利性。人工智能生成发明是否要求对作为可专利判断主体的"所属领域普通技术人员"(Person of Ordinary Skill in the Art)概念予以重新定义涉及人工智能生成发明的主体判断要素。由于人工智能技术能够应用于不同的学科领域,涉及复杂的、跨学科知识和技能的摄取与使用。因此,人工智能可能改变假想的"普通技术人员"的技能水平,从而影响显著性的判断标准。而任何发明在专利性判断时都被认为是相对于"所属领域普通技术人员"的理解能力而言。在确定本领域普通技能水平时考虑的因素包括本领域遇到的问题的类型、对这些问题的现有技术解决方案、进行创新的速度、技术的成熟度以及该领域活跃技术人员的教育水平等。只有所属领域普通技术人员可以利用已知人工智能实现发明所追求的效果或者功能,该发明才具备可专利性。

---

① Stephen L. Thaler, *Symaptic Perturbation and Consciousness*, International Journal of Machine Consciousness, Vol. 6:2, p. 75 – 107(2014).

② A Decision on the Petition under 37 CFR1. 181, USPTO(Jul. 29,2019), https://www.uspto.gov/sites/default/files/documents/16524350_22apr2020.pdf.

如果不知道具体的人工智能生成发明的过程，所属领域普通技术人员将无法复制发明功能的实现。

随着技术的成熟和进步，所属领域普通技术人员的认知能力也需要相应地完善，对其评估能力提出更高要求。但不能因此就随意提升“普通技术人员”的界定标准，因为“普通技术人员”的能力设定实质上是为了满足发明获得专利后的可适用性，对“普通技术人员”定义的修正就意味着发明获取专利创新性标准的上升。以 Alza 公司诉 Andrx 制药公司为例，[①] Alza 公司申请一种用于治疗注意力缺陷和多动障碍（ADHD）化合物的延长释放配方发明的专利。地方法院认为该专利申请无效，因为说明书没有排除需要“普通技术人员”实施过度实验才能证明发明功能的可实施性。联邦巡回法院进一步确认地区法院的裁决，驳回了发明持有人认为剂量和释放速率是“普通技术人员所掌握的基本知识”的意见。联邦巡回法院称专利持有人“不能简单地依赖普通技术人员所掌握的知识来代替说明书中缺失的信息”。该案例确定，如果专利说明书中的内容需要普通技术人员通过额外的过度实验才能够予以确定，则视为没有满足专利公开的条件。由此可见，“普通技术人员”是一个被设定为能掌握某一相关领域“现有”技术和知识的，具备中等认知能力的虚拟主体，设定这一假设的目的有二：统一专利判断标准；确保专利的市场化即价值的实现。人工智能生成/辅助发明也不能例外，其生成发明的几个因素（人员、应用程序、数据类型、系统设置、训练模型等）都应该被设定在能够帮助“普通技术人员”判断发明可专利性的最低程度之内。“在可预见的技术领域，发明实施所需要的教导数量与本技术领域的现有知识水平成反比。对于发明本质的现有技术、制造和使用发明的知识掌握得越多，就越可能属于可预见的技术领域，说明书需要公开的细节就越少。反之，则越多。”[②]按此逻辑，作为“不可预见性技术”的典型代表，如果由于“人工智能”的特殊性而要求提升对“普通技术人员”的认知能力，

---

① See *Manual of Patent Examining Procedure Appendix* Ⅱ *List of Decisions Cited*, USPTO (Sep. 10, 2020), https://www.uspto.gov/web/offices/pac/mpep/mpep-9010-appx-ii.pdf.

② 梁志文：《论专利公开》，知识产权出版社 2012 年版，第 229 页。

这就意味着相对减少说明书公开的细节，则事实上为发明的实施设置更多障碍。然而，从面向未来的角度出发，任何领域科技水平的进步传统上都是基于新技术的引入。随着时间的推移，一旦人工智能系统变得广泛可用，当人工智能的角色从辅助人类工作过渡到大规模自动化进行发明创造性活动时，与今天的判断标准相比，将具有常规自动化创造能力的人工智能判断为具有"创造性"的情况可能会经常出现，人工智能技术必然会倒逼普通技术人员掌握更为熟练的技艺和全面的知识。这样的可及性将有望提高其在某领域的认知和实践能力。为正视这一发展趋势，在欧洲，涉及人工智能创新成果的判断性工作由团队完成已为常态，"普通技术人员"的概念正逐步由"单个"向"多个"扩展、转变。①

2. 现有技术披露

美国联邦最高法院在 KSR International Co. v. Teleflex Inc 案中重申，"'明显性'(obviousness)是一个基于潜在事实调查的法律问题。这些事实调查包括现有技术的范围和内容、要求保护的发明和现有技术之间的差异，以及本领域的普通技术水平"②。我国《专利法》第 36 条规定："发明专利的申请人请求实质审查的时候，应当提交在申请日前与其发明有关的参考资料"，"写明对发明或者实用新型的理解、检索、审查有用的背景技术；如有可能的话，并引证反映这些背景技术的文件"。③ 现有技术的存在或缺失对已提交专利申请的命运具有根本意义。人工智能生成发明在专利申请中哪些要素可以被认为是受现有技术的影响，现有技术的数量，以及它的可及性都是非常值得考虑的话题。

现有技术披露原则的设定目的在于在诚实信用的基础上，辅助专利审查员高效获取高质量的现有技术文献，进而保障专利授权的质量。"从

---

① See Ryan Abbott, *Everything Is Obvious*, U. C. L. A. Law Review, Vol. 66:1, p. 1-47 (2019); KSR Int'l Co. v. Teleflex Inc., 550 U. S. 398, Supreme Court of the United States (Apr. 30, 2007), https://supreme.justia.com/cases/federal/us/550/398/2019.

② KSR Int'l Co. v. Teleflex Inc., 550 U. S. 398, Supreme Court of the United States (Apr. 30, 2007), https://supreme.justia.com/cases/federal/us/550/398/.

③ 梁志文：《论专利申请人之现有技术披露义务》，载《法律科学(西北政法大学学报)》2012 年第 1 期。

披露的内容来看,申请人须披露对申请案之可专利性具有关键性材料(material)的相关信息。"那么相对申请人,披露其所知晓的对于专利审查具有关键性价值的信息是其应担之义务。一般而言,实现发明所需的专利说明书中所含信息与实例的数量与现有技术中的知识量以及本领域中的可预测性成反比。现有技术中关于发明的信息被公开得越多,并且该技术越可预测,在说明书中需要明确陈述的信息就越少。相反,如果现有技术中本领域中的技术人员对本发明的性质知之甚少,并且本领域是不可预测的,则说明书中所应包含的信息就应该更多。具体到人工智能生成发明,其发明成果本身不存在实质性差异特征,只需按要求披露与发明相关之技术即可。但重点在于如何披露人工智能在完成发明过程中为解决技术问题所使用之文献、相关实验条件等信息,这些信息对于理解人工智能生成发明是尤为重要的"关键性价值"。

当前大多数人工智能的商业应用都使用几十年来在文献中探讨过的核心方法,这些方法直到最近才随着处理器能力的增强而得以实现。算法缺乏透明度(包括特定功能的互换性)和非标准术语的使用都给现有技术的公开带来一定程度的困难。关于人工智能创作发明所使用的参照数据材料,以人工介入为例,算法工程师自始参与整个系统的设计,包括:机器学习的目标设定、采用哪种模型、选取什么特征(数据标签)、数据的预处理等。特别是对于一些非结构化的数据集(如大量描述性文字、图片、视频等),算法无法对其进行直接分析,这时就需要人工为数据进行标注,提炼出结构化数据的维度用于训练算法(这一过程被称为"打标"),①人工介入信息也应作为技术背景考虑纳入公开的范畴。

除此之外,作为"实验条件"的一部分,应尽量在说明书中披露生成发明的人工智能系统从概念提出到适用过程中程序员或者设计者考虑的所有"可解释性"因素和操作,以及对人工智能系统的设计到最终做出决定每个阶段所进行的"信息记录"。信息既包括记录人工智能系统的设

---

① 《算法偏见:看不见的"裁决者"》,载微信公众号"腾讯研究院"2019年12月19日,https://mp.weixin.qq.com/s/4mFaDBzxxDSi_y76WQKwYw。

计和实施背后的流程，也包括记录其结果的实际说明。这些信息旨在帮助提供证据以建立人工智能生成发明依据的内容，以便对如何生成发明提供完整的外部说明。当然，文档记录资料应可以被该领域普通技术人员理解。[①] 这就同时要求提升对审查员培训重要性的认识，通过向审查员提供更多资源和技术手段的方式，以辅助确定和查找与人工智能相关的现有技术。

二、信息规制

（一）有序流动

大量的个人数据通过区块链存储和流动。例如，在前一部分中分析的数据作为资产可能在区块链中交易，并可能涉及大量的个人数据。此外，当平台的参与者是自然人时，他们提供的联系方式以及他们与自己的数字资产所产生的交易痕迹将被视为个人信息。但是，该领域的大多数立法，包括欧盟《通用数据保护条例》（The General Date Protection Regulation，GDPR），都是在区块链兴起之前编写的，因此在构思时只考虑到使用更传统的、集中的数据处理范式，这导致区块链与个人数据保护法规之间的紧张关系。区块链去中心化程度越高，就越难以识别应当遵守的法规。这不仅是执法人员的问题，也是数据权利主体的问题，因为其可能不知道应该联系哪些人来行使权利。因此，数据主体应当享有知晓如何行使、纠正个人数据、知道自己的数据是否正在被处理或仅在自动数据处理的基础上作出的决定等各方面的权利。

具体到知识产权，第一，面对庞大、复杂、多样化、专业性的数据处理任务，知识产权各方主体之间需要达成具有通识性的标准或“协议”，以便能够以“合意”之方式将所有数据添加到区块链用于建立内部流程和程序，并确保信息使用符合标准。第二，“授权区块链技术”的使用会造成监管机构可以获得对存储在区块链上的所有信息的访问权限，而其他

---

① The U. K. Information Commissioner's Office & Alan Turing Institute, *Explaining Decisions Made with AI*, ICO (May 20, 2020), https://ico.org.uk/media/for-organisations/guide-to-data-protection/key-data-protection-themes/explaining-decisions-made-with-artificial-intelligence-1-0.pdf.

使用者只能访问被允许的必要信息,这种授予监管机构更广泛访问权的形式需要通过法律的方式予以限定。根据欧盟《通用数据保护条例》的规定,使用个人数据信息至少要遵守"透明性原则",即在考虑个人数据具体情况和背景的前提下,尽最大之可能确保信息使用的透明度,包括清晰、公开和诚实地向公众提供如何以及为何使用其个人数据。该条例第13~15条所涉"处理个人数据的目的"中对个人数据的公开要求涵盖,(1)原理说明:发明的原因。可以可访问的非技术方式阐释。(2)责任说明:谁参与系统的开发、管理和实施,以及对最终的发明进行人工审查。(3)数据说明:在特定决策中使用了哪些数据以及如何使用。第三,区块链数据的合法化使用和防止信息泄露。跟踪、记录权益流转信息的过程实质上就是权益人信息的使用过程。区块链场景中智能契约的开发和块链上节点信息的验证则可以被归类为数据处理。作为数据的相关参与者与包括节点在内的每个数据处理器之间应订立协议以确保数据使用和处理的合法性。然而,因为在块链上可以被归类为数据库参与者的人数以及数据处理器节点的数量理论上处于无限状态,给在没有公共许可的情况下执行这一要求带来实际的困难。因此,为了符合信息数据保护的基本原则,数据控制者需要分析使用区块链技术判断数据处理的环境是否适当,以评估技术手段可能带来信息泄露的风险。基于此,法律应明确私有区块链优先于公共区块链,并不允许将包含个人数据的事务性数据存储在区块链上,因为前者的集中化结构使数据者能够更好地控制个人数据,区块链可以仅通过算法和密钥获得的承诺、哈希函数或密文的形式存储此类数据的存在证明,而实际的个人数据,特别是以明文形式表现的数据,应该存储在块链之外的,由数据控制器管理的单独数据库中。

(二)数据的合法与安全使用

数据是人工智能的基础组件。获得初步开发和持续培训的数据对于人工智能的开发非常重要且必要,这意味着数据和数据集,包括它们的收集和汇编,都具有价值,特别是"大数据"(可以通过计算分析以揭示模式、趋势和关联的超大数据集)。作为专利审查的一个原则,权利要求书中公开的信息是受保护的信息,而说明书中的信息是可以自由使用的信息。因此,除去专利"公开"之技术性要求外,人工智能生成专利如果需要公开数据,则会面临一个规范问题——数据的合法使用。当然,如果人工智能不涉及敏感数据的使用,它就不属于数据保护法的范围,比如,人工智能在天气预报或天文学中的应用等。但很多时候,人工智能确实需要使用或创造个人数据,并且在某些情况下存在大量的个人数据被用来训练和测试人工智能的情况。例如,EPO 曾以披露不足为由驳回一项涉及人工智能程序的发明。① 其在驳回决定中认为,根据《欧洲专利公约》第 83 条之规定,欧洲专利申请应当以一种足够清晰和完整的方式披露该项发明,披露程度必须达到使该领域的技术人员能够根据他/她的一般常识,并依据该技术再现所声称的发明。专利审核委员会同时认为,基于人工智能技术在多个领域的应用:"客观问题是提供一种替代最近现有技术中披露的方法","因为无论是要求还是描述都没有包含人工神经网络训练的细节,而仅仅表明权值是由机器学习决定的,并不超出技术人员通过人工神经网络所能理解的范围。"②但是,关于该项发明的人工智能神经网络训练应用程序仅公开了输入数据应涵盖不同年龄、性别、体质类型、健康状况等患者的信息,以避免数据的单一性。所披露的应用程序没有揭示哪些输入数据适合于训练所发明的人工神经网络,或者至少有一个适合于解决当前技术问题的数据集。因此,该项基于机器学习,特别是与人工神经网络有关的机器学习的发明没有满足充分披露的条件。由于缺乏相应的公开,人工神经网络的训练方法无法由该技术人员再现,进而不能执行该项发明。依据该案例,涉及人工智能系统的发明,其公开范围除去系统本身运行之基本技术特征外,还应当涵盖人工智能数据选择与处理的方法。

在这种情况下,这些需要公开的数据很显然涉及大量个人信息。具体到人工智能则意味着,如果不向公众公开关于人工智能生成发明是如何以及为什么做出,或者他们的个人数据如何被用来训练和测试人工智

---

① 该发明为使用人工神经网络程序将外周测得的血压曲线转化为等效主动脉瓣压。

② *Verfahren zur Bestimmung des Herzzeitvolumens*, EPO(May 12,2020), https://www.epo.org/law-practice/case-law-appeals/recent/t180161du1.html.

能系统,就显然违反透明性原则。

那么,除去数字共有"留存"措施之外,同时建议由国际社会牵头设计一套国际化数据流转安全机制。[①] 例如:(1)通过设立数据标准(包括关于数据格式、定义、结构、标记、传输、操作、使用和管理的相关协议)确保数据元素和元数据在数据价值链的不同系统中重复使用。(2)记录自收集以来的数据历史记录,建立和维护数据源可确保数据的真实性,并可使用区块链技术进行追溯,或者使用通用安全加密技术,确保信息的可靠。[②]

(三)充分公开的保障措施

学者在讨论解决黑箱问题时提出"追踪数据来源的方式有助于人们更正错误","如果不良数据的后续使用者不知道该数据的来源,他们可能就不会相信数据当事人。如果他们能够跟踪其数据的出处,更正过程就会容易得多"[③]。设计一套对人工智能训练数据持续性供给的监管技术,以确保对在发明使用过程中所出现的问题能够依据数据之出处予以适度修正对于人工智能生成发明的披露具有重要意义。

对于数据的保存,其最为重要的目的是在记录、确保数据并持续更新的基础上,在满足人工智能学习需要的同时保证发明的适用性。鉴于人工智能系统的复杂性、内部运行的不透明以及难以快速验证是否合规等

---

① See *A Roadmap for CrossBorder Data Flows: Future-Proofing Readiness and Cooperation in the New Data Economy*, World Economic Forum (Jun. 9, 2020), https://www.weforum.org/whitepapers/a-roadmap-for-crossborder-data-flows-future-proofing-readiness-and-cooperation-in-the-new-data-economy.

② 例如,世界知识产权组织开发的"WIPO PROOF"安全在线网站,允许申请人请求针对特定数字文件的 WIPO PROOF 令牌。该系统依托世界上最强大和最严格的标准之一——eIDAS 标准设计和开发,使用公钥基础结构(PKI)技术生成 WIPO PROOF 令牌,系统不会读取文件的内容或存储文件的副本而是根据安全单向算法与请求者的浏览器进行本地交互,以创建文件的唯一数字指令,为信息提供最高级别的确定性,即令牌上的日期和时间是准确的且未被篡改。任何人——甚至第三方——都可以通过遵循一些简单的步骤来在网站上验证 WIPO PROOF 令牌。2022 年 1 月 31 日该服务终止。See *WIPO Introduces New Business Service That Provides Evidence of an Intellectual Asset's Existence*, WIPO (May 27, 2020), https://www.wipo.int/pressroom/en/articles/2020/article_0012.html.

③ [美]弗兰克·帕斯奎尔:《黑箱社会:控制金钱和信息的数据法则》,赵亚男译,中信出版集团 2015 年版,第 205 页。

特征,更应当确保留存与算法、编程有关的测试记录,以及有关建立、测试和验证人工智能系统的训练方法、使用流程和相关技术的资料文件,包括预先制定的安全措施和避免歧视偏见的应对方案等,并准确记录特定情形下高风险人工智能应用测试的数据集,详细描述数据集的主要特征和选择方式。事实上,信息的留存问题并不是人工智能技术所独有的,其存在历史久远,并已经在一个完全不同的专利领域得到解决,即涉及微生物的发明。为了从基本材料中产生有用的物质,生物技术的发明可能会使用微生物,对于涉及的生物材料,很难仅仅通过书面形式充分描述。如果说明书对如何制造要求保护的发明做出了充分指引,那么多大程度上允许公众访问、获得这些微生物材料决定着该项发明的实现程度。这最终导致一整套在严格条件下保存、获得生物材料的存储系统的建立。根据《布达佩斯条约》(Budapest Treaty 1977)的规定,如果相关的书面说明被认为不足以描述样品的特征,或者不够充分,则专利申请人可提取存放在指定国际保藏单位(International Depositary Authority, IDA)的"微生物"样本,以满足专利描述的要求。① 由于神经网络实际上是模仿生物网络的,因此,获得专利的神经网络最终可能会继承生物技术专利的某些特性,建立类似于生物材料存储的人工智能培训数据公有保理系统保存培训数据,并通过明确制定获取数据的法定条件,一方面将有利于使公众合法获得专有数据进行研究,另一方面保护收集上述数据专利申请人的利益,促进类似于人工智能系统等在内的需要大规模数据披露和使用技术专利的公开。②

---

① 1977年《布达佩斯条约》Budapest Treaty 1977, The Budapest Treaty on the International Recognition of the Deposit of Microorganisms for the Purposes of Patent Procedure。该条约是一项国际专利法条约,最初于1977年4月28日签署,第一次于1980年8月9日生效,世界知识产权组织负责条约的管理。该条约规定了关于存放和储存生物材料的具体条款。该条约要求所有签署人按照规定的条件将生物材料予以储存并提供使用权限,有权接受储存样本的缔约方包括储户、任何持有存放人书面授权的人以及任何宣布正在处理与储存材料有关专利申请的知识产权局。

② 还有一种被称为"数据大使馆"的跨境数据共管模式,即外国政府对存储在他国数据中心的数据保持管辖权,允许将数据储存在特定国家数据中心的外国主体面临与数据相关的任何争议时,只受自己国家法律的专属管辖,不适用于数据存储国的法律。这相当于这些数据获得了"外交豁免",以推动数据信息安全流动。

三、技术标准化

行业标准是指大量行业参与者同意在其产品中使用的一组技术规范。行业参与者在标准制定组织（SSO）中协作制定技术规范。SSO 参与者（通常是代表行业参与者的科学家和工程师）将就技术应如何运作提出不同的建议并辩论。有关提案的决定以及由此产生的最终技术规范由参与者协商达成一致。

国际标准化组织（ISO）成立了技术委员会（区块链和分布式记账技术委员会，ISO/TC 307）来考虑区块链和分布式账本技术。电气和电子工程师学会（IEEE）成立了两个区块链小组：（1）2418 项目，为在物联网应用中使用区块链开发标准框架；（2）825 项目，旨在为能源交易应用程序开发区块链交互操作性指南。交通运输联盟中的区块链（BiTA）专注于在运费支付、资产历史、监管链、智能合约和其他相关目标中使用区块链。Hyperledger 是一个由 Linux 基金会托管的区块链标准项目和相关代码库，专注于金融、银行、物联网和制造业。企业以太坊联盟最近发布了一个架构堆栈，旨在为开源、基于标准的规范提供基础，以推动以太坊解决方案在商业、许可网络（也称为企业以太坊）中的采用。制定技术标准将具有以下优势：（1）确保产品兼容性。制定标准后，任何研发主体都可以开发与行业中其他产品兼容的产品。（2）增强技术供给力。由许多行业参与者投入创建的技术规范往往会促成更强大的整体技术。（3）提升技术实施力。标准化使行业参与者能够避免标准化技术方面的竞争，而是将注意力转移到开发先进技术的目标上。参与标准制定过程的实体有义务披露对实施标准至关重要的专利，并以公平、合理和非歧视性条款（所谓的 FRAND 条款）向这些专利提供许可。这些 FRAND 条款确保所有实施者将承担与标准必不可少的专利相同的许可成本。（4）加大广泛采用的可能性。参与制定的主体可以了解整个行业下一步的发展趋势，并尽早开始引导其内部研发投入的方向，占领技术高地。另外，参与制定的主体有机会通过指导制定标准化进程，进而获得商业上的投资获益。

用户必须有可靠的信息,才能根据权威机构定义的标准选择区块链。在某种程度上,当局应该通过创建广泛接受的标准来帮助用户选择应用程序和区块链。这有助于引导用户使用合适的应用程序和区块链,并激励开发人员最终开发符合标准要求的项目。具体到知识产权领域,面对庞大、复杂、多样化、专业性的数据处理任务,如果缺乏统一的技术标准,无法为知识产权主体使用这项技术提供可供参照的统一规范,致使国内各地方或者不同国家的知识产权主体实施迥然不同的区块链技术设计、方法和方式,导致几乎无法形成联合区块链,无法以最佳的方式实现该项技术的功能。基于此,世界知识产权组织也于2019年开始考虑制定知识产权区块链保护技术标准,为在提供知识产权保护、处理有关知识产权对象及其使用信息的过程中应用区块链技术的产权组织适用新标准拟订提案。对于知识产权数据用户(在大多数情况下,即公众)来说,也需要标准化,因为市场上已经有各种各样的区块链可供使用。

因此,笔者建议,尽快由国家知识产权局牵头,联合工信部等专业机构收集各类知识产权主体使用区块链技术的情况动态信息,评估制定区块链的现行行业标准,并考虑对知识产权主体的价值和适用性,进而开发试用模型来规范知识产权领域使用区块链技术的方法、指导原则、通行做法和术语使用,以提供一个支持合作、联合项目和概念验证(PoC)的框架。其最终目标是为各知识产权主体使用和实施区块链技术制定一项新标准。同时,建立全国统一的司法区块链,以此构建数字社会的底层和基础,这是未来法院的一个发展方向。目前以三大互联网法院为首的各地司法区块链发展迅速,地方法院自主选择联盟链技术服务机构,各自形成了内部的区块链存证技术要求,各司法链的技术服务机构资质、技术标准方面都存在差异。在立法上,公安部、司法部发布的取证规范流程还存在差异,如司法部2014年发布《电子数据司法鉴定通用实施规范》,公安部2012年发布《电子数据法庭科学鉴定通用方法》,2020年5月司法部发布《电子数据存证技术规范》等。建立各司法区块链之间的对接,发挥司法链的重要作用,不仅需要链接技术上的支撑,标准和规范的统一也至关重要。目前最高人民法院已经建立了人民法院司法区块链统一平台,基于全球领先的区块链技术，截至 2021 年，已完成最高人民法院、高院、中院和基层法院四级多省市 21 家法院及国家授权中心、多元纠纷调解平台、公证处、司法鉴定中心的 27 个节点建设。2020 年 4 月，人民法院司法区块链获得国家网信办第三批境内区块链信息服务备案，将统一地方的“司法链”，形成统一规范，并由最高人民法院统一管理。最高人民法院已牵头制订《司法区块链技术要求》《司法区块链管理规范》，指导规范全国法院数据上链。相信在不远的将来，全国统一技术标准和管理规范的司法区块链也会在著作权保护领域发挥更大的作用。

主要参考文献

一、著作类

1. 汪雄主编:《算法社会中的法律沉思》,中国政法大学出版社 2020 年版。

2. 尹锋林:《新科技革命、人工智能与知识产权制度的完善》,知识产权出版社 2021 年版。

3. 李宗辉:《人工智能的知识产权法挑战与应对》,知识产权出版社 2021 年版。

4. 刘强:《人工智能知识产权法律问题研究》,法律出版社 2020 年版。

5. 冷传莉主编:《人工智能与大数据法律问题研究》,知识产权出版社 2022 年版。

6. 朱梦云:《论人工智能生成物的著作权保护》,知识产权出版社 2022 年版。

7. 郑飞主编:《中国人工智能法治发展报告 1978—2019》,知识产权出版社 2020 年版。

8. 郭雯主编:《人工智能时代的技术创新和专利保护》,知识产权出版社 2022 年版。

9. 石琦:《NFT 浪潮》,机械工业出版社 2022 年版。

10. 吴志峰、岳昊江:《NFT 与数字经济》,中译出版社 2023 年版。

11. Von Lewinski, Silke, *Indigenous Heritage and Intellectual Property: Genetic Resources*, Traditional Knowledge and Folklore, Kluwer Law International BV, 2008.

12. Jason Scharfman, *Cryptocurrency Compliance and Operations: Digital Assets, Blockchain and DeFi*, Palgrave Macmillan Cham Publishing House, 2022.

13. Coin Gecko, *How to NFT*, Coin Gecko Publishing House, 2022.

14. Katarina Adam, Blockchain-Technologie für Unternehmensprozesse: Sinnvolle Anwendung der neuen Technologie in Unternehmen, Springer Gabler Berlin, Heidelberg Publishing House, 2022.

15. Maurice Stucke, Allen Grunes, *Big Data and Competition Policy*, Oxford University Press, 2016.

16. Matthew David, Debora Halbert, *Intellectual Property and Digital Content*, Edward Elgar Publishing, 2018.

17. Lauren Henry Scholz, *The Law and Policy of Big Data and Open Source Governance*, Cambridge University Press, 2020.

二、论文类

1. 杨守晶:《知识产权法哲学视角下人工智能及其生成物初探》,载《理论界》2022 年第 8 期。

2. 姚叶:《多维度解读与选择:人工智能算法知识产权保护路径探析》,载《科技与法律(中英文)》2022 年第 1 期。

3. 王德夫:《论人工智能算法的知识产权保护》,载《知识产权》2021 年第 11 期。

4. 张惠彬、王怀宾:《人工智能驱动知识产权审查变革:技术逻辑、价值准则与决策问责》,载《科技与法律(中英文)》2021 年第 4 期。

5. 宋红松:《人工智能生成数据的知识产权问题》,载《知识产权研究》2020 年第 1 期。

6. 刘鑫:《人工智能创造物知识产权保护的正当性释疑——黑格尔

“财产权人格学说”下的理论证成与制度调适》,载《科技与法律》2020 年第 6 期。

7. 刘鑫:《人工智能对知识产权制度的挑战与破解——洛克“财产权劳动学说”视角下的路径选择》,载《云南社会科学》2020 年第 6 期。

8. 杨延超:《人工智能视阈下知识产权概念的演进与变迁》,载《东南大学学报(哲学社会科学版)》2020 年第 6 期。

9. 李宗辉:《论人工智能对知识产权应用的影响》,载《中国发明与专利》2020 年第 6 期。

10. 刘强:《人工智能对知识产权制度的理论挑战及回应》,载《法学论坛》2019 年第 6 期。

11. 王迁:《如何研究新技术对法律制度提出的问题?——以研究人工智能对知识产权制度的影响为例》,载《社会科学文摘》2019 年第 10 期。

12. 吴汉东、张平、张晓津:《人工智能对知识产权法律保护的挑战》,载《中国法律评论》2018 年第 2 期。

13. 胡剑、戚湧:《多源异构视域下基于区块链的知识产权协同管理模式研究》,载《科技与法律(中英文)》2022 年第 6 期。

14. 李想、施勇勤:《非同质化代币技术与版权生态系统有机衔接研究》,载《出版发行研究》2022 年第 6 期。

15. 华劼:《区块链技术与智能合约在知识产权确权和交易中的运用及其法律规制》,载《知识产权》2018 年第 2 期。

16. 孟奇勋、吴乙婕:《区块链视角下网络著作权交易的技术之道》,载《出版科学》2017 年第 6 期。

17. 王清、陈潇婷:《区块链技术在数字著作权保护中的运用与法律规制》,载《湖北大学学报(哲学社会科学版)》2019 年第 3 期。

18. 冯晓青:《知识产权视野下商业数据保护研究》,载《比较法研究》2022 年第 5 期。

19. 李爱君、夏菲:《论数据产权保护的制度路径》,载《法学杂志》2022 年第 5 期。

20. 吴桂德:《商业数据作为知识产权客体的考察与保护》,载《知识产权》2022 年第 7 期。

21. 陶乾:《论数字作品非同质代币化交易的法律意涵》,载《东方法学》2022 年第 2 期。

22. 张金平:《元宇宙对著作权法的挑战与回应》,载《财经法学》2022 年第 5 期。

23. 宋芳斌、甘锋:《NFT 艺术品的风险与二元保护模式》,载《南京社会科学》2022 年第 8 期。

24. 黄玉烨、潘滨:《论 NFT 数字藏品的法律属性——兼评 NFT 数字藏品版权纠纷第一案》,载《编辑之友》2022 年第 9 期。

25. 王晓丽、严驰:《数字经济时代非同质化代币的风险治理》,载《合肥工业大学学报(社会科学版)》2022 年第 6 期。

26. 马治国、王雪琪:《元宇宙 NFT 映射权之构建》,载《西安交通大学学报(社会科学版)》2023 年第 3 期。

27. Stanley Greenstein, *Preserving the Rule of Law in the Era of Artificial Intelligence (AI)*, Artificial Intelligence and Law, July 2021.

28. P. Bernt Hugenholtz & João Pedro Quintais, *Copyright and Artificial Creation: Does EU Copyright Law Protect AI-Assisted Output?*, IIC-International Review of Intellectual Property and Competition Law, October 2021.

29. Alina Škiljić, *When Art Meets Technology or Vice Versa: Key Challenges at the Crossroads of AI-Generated Artworks and Copyright Law*, IIC-International Review of Intellectual Property and Competition Law, October 2021.

30. Morrish, Anna, *AI and Patents: Finding Harmony between Protection of Intellectual Property Rights and Innovation*, Intellectual Property Journal, Vol. 33, Issue 3, September, 2021.

31. Brown, Rafael Dean, *Property Ownership and the Legal Personhood of Artificial Intelligence*, Information & Communications Technology Law,

Vol. 30, Issue 2, 2021.

32. Schiemer J, Tawse N. & O'Rourke J. S., *Artificial Intelligence and Intellectual Property: Who Owns Property Created by an Algorithm or a Robot?*, Journal of Organizational Behavior Education, Vol. 13, Issue 0, 2020.

33. Arya, Sunita, *Importance of Artificial Intelligence in Administration of Intellectual Property Laws in Future*, Prestige International Journal of Management and Research, Vol. 11, Issue 4, January, 2020.

34. Bajpai, Soaham, *Artificial Intelligence and Its Creation: Who Owns Intellectual Property Rights?*, GNLU Journal of Law Development and Politics, Vol. 10, Issue 2, October, 2020.

35. Ghosh, Jayanta, *Power Play of Artificial Intelligence upon Intellectual Property Rights*, Indian Journal of Law and Justice, Vol. 11, Issue 1, March 2020.